태양신 라 라(Ra, Rah, Ré)는 고대 이집트 신화에 등장하는 태양신이다. 고대 이집트 제5왕조 때부터 주신으로 숭배받았다. 그는 낮, 정오의 태양신으로서, 아침에는 케프리, 저녁에는 아툼이라고 불리었다. 벽화에서 라는 매의 머리로 코브라가 태양을 둘러싼 모양의 왕관을 쓰고 있다.

호프 다이아몬드 호프 다이아몬드(블루 다이아몬드)는 세계 4대 다이아몬드 중 하나로 지금은 미국 스미스소니언박물관에 전시되어있다.

미국 노스캐롤라이나주의 프리메이슨 본부 심벌 왼쪽의 태양은 바알신을, 오른쪽의 달은 아세라를, 중간의 전시안(全視眼)은 사탄을 상징한다. 전시안을 중심으로 빛의 광선이 뿜어나오며, 사탄은 자신을 '깨달은 지식의 전달자'라고 지칭한다. 둘러싼 모양의 왕관을 쓰고 있다.

부적으로 쓰인 민화에 등장하는 삼목견 부적은 미신적 무속신앙에서 나온 것이다. 굳이 종교적으로 말하면 기도하는 효과를 얻고자 하는 것이다. 우리 삶의 온갖 재앙을 막고 무엇인가 자신이 원하는 것을 성취하고자 하는 자기암시, 마음의 안정, 행운에 대한 기대감 등으로 오늘날에도 부적은 사라지지 않는 것 같다.

알아두면 잘난 척하기 딱 좋은
설화와 기담사전
_2_

알아두면 잘난 척하기 딱 좋은 설화와 기담사전 2

초판 1쇄 인쇄 2024년 10월 2일
초판 1쇄 발행 2024년 10월 10일

지은이	이상화
펴낸이	이춘원
펴낸곳	노마드
기 획	강영길
편 집	유연식
디자인	Do'soo
마케팅	강영길

주 소	경기도 고양시 일산동구 무궁화로120번길 40-14 (정발산동)
전 화	(031) 911-8017
팩 스	(031) 911-8018
이메일	bookvillagekr@hanmail.net
등록일	2005년 4월 20일
등록번호	제2005-29호

ISBN 979-11-86288-77-1 (03810)

책값은 책표지 뒤에 있습니다.
이 책은 노마드가 저작권자와의 계약에 따라 발행한 것이므로 저작권법에 따라 무단 전재와 복제를 금합니다.

알아두면 잘난 척하기 딱 좋은

설화와 기담사전
_ 2 _

이상화 지음

차례

머리말

Part 1 | 종교 체계와 우주론을 갖춘 신화 |

신화와 설화는 누가 만들었을까 · 14
천강신화와 난생신화 · 17
몽골 신화와 수간(獸姦) · 25
우리에게 생소한 중남미 신화 · 31
서양 신화의 여주인공 아프로디테 · 37
상상의 새, 불사조 · 44
늑대 젖을 먹고 자란 로마의 건국 영웅 · 49
무속 신화 · 57

Part 2 | 일정한 구조를 갖추고 입에서 입으로 전해오는 설화 |

불교의 구세주 미륵 설화 · 68
아이를 점지해준다는 삼신할미 · 75
설화의 핵심 요소를 담은 거타지 설화 · 80
부적과 비형랑 설화 · 84
청룡과 서동요 · 92
왕건의 조부 작제건(作帝建) 설화 · 97

Part 3 | 옛날부터 전해 내려오는 전설 |

악마의 전설, 루시퍼 · 110
세계 곳곳에 퍼진 흡혈귀 전설 · 117
진또배기 · 122
귀신 이야기의 단골 소재, 구미호 · 128
망부석의 놀라운 사실 · 136
인간의 상상력이 빚어낸 우렁각시 · 142
동물이 사람으로 변신해 관계 맺는 지네 각시 · 148
결혼도 못 해보고 죽은 총각의 몽달귀신 · 154
아사달과 아사녀의 사랑 · 163
바람잡이 봉이 김선달 · 169

Part 4 | 유별난 패거리 |

님사딩과 사딩패 · 176
서민 애환의 대변자 각설이와 품바 · 183
신비스러운 비밀결사 조직 프리메이슨 · 193
전통춤 추다가 죽는 인도 힌두 축제 · 201
'지구 최후의 날'에 대비하는 사람들 · 205
세계적으로 유명한 쌍둥이 마을 · 210
조폭(gang)이 지배하는 나라 · 215

Part 5 | 세상을 놀라게 한 기인(奇人)들 |

5천 년 동안 얼음에 묻혀 있던 고대인 외치 · 222
예수의 초상 · 228
외계인에게 납치당한 사람들 · 234
여자친구를 잡아먹은 일본 남자 · 244
바위산을 뚫어 길을 만든 인도 남자 · 251
정글 속에서 29년간 혼자 숨어지낸 일본군 · 255
평생 아무것도 먹지 않은 수도승 · 262
세계에서 가장 털이 많은 사람 · 267
세계에서 가장 많은 자녀를 낳은 남녀 · 272
히틀러의 그림값은 얼마? · 276

Part 6 | 우연 그리고 믿기 어려운 현상 |

미래를 알려준다는 예지몽(豫知夢) · 284
성모발현(聖母發現)과 눈물 흘리는 성모상 · 289
검은 성모상 · 296
흉가 - 유령의 집 · 302
염소의 저주 · 308
우연의 일치가 있을까 · 319
사라진 '호박 방' · 323

단 한 표 차이로 역사가 바뀐다 · 328
크리스마스는 정말 성탄절일까 · 334

 Part 7 | 세계의 황당한 사건들 |

소기름 파동으로 식민지 인도를 잃은 영국 · 342
메뚜기떼의 대습격 · 348
카메룬 니오스 호수의 대재앙 · 353
죽음을 부르는 호주 칼카자카산 · 358
아마존의 길이 12km 초대형 고대 암각화 · 362
새똥 때문에 잘사는 나라, 나우루 · 368
사람 잡아먹는 인도의 코끼리 · 373

머리말

　이 세상에 신화, 설화, 전설, 민담 등이 없는 민족은 없다. 아프리카나 아마존의 원시 부족들에게도 자신들만의 독특한 옛날이야기가 있다. 그것은 자기 민족이나 부족의 정체성을 말해주고 후손들에게 긍지와 자부심을 품게 하는 것이다.
　하지만 우리는 그것들을 거의 모른다. 현지에 가서 보고 듣지 않으면 모를 수밖에 없다. 다행스럽게도 그 가운데는 탐험가나 학자들, 매스컴을 통해 알려진 것들이 있다. 말하자면 확실히 검증된 것만 하더라도 무궁무진하다. 한편 많은 사람의 호기심을 자극하고 큰 관심을 끌게 하는 놀랍고 충격적인 기담들도 많다. 당연히 우리나라, 우리 민족에게도 수많은 신화와 설화, 전설, 기담 들이 있다.

몇 년 전(2020년), 그 가운데에서 대표적인 내용들만 간추려서 <설화와 기담>을 발간했었는데 독자들로부터 좋은 반응을 얻었다. 그럼에도 지은이로서는 아쉬움이 있었다. 그 당시 서양 편, 동양 편의 두 권으로 기획했었는데 하다 보니 의욕이 앞섰는지 양이 많아져 부득이 동서양을 혼합해서 단행본으로 발간했었다. 그 때문에 어쩔 수 없이 수록하지 못한 외국의 설화와 기담들이 많았다. 특히 우리나라의 가치 있는 옛날이야기들이 너무 적어서 아쉬웠다는 지적이 있었다.

　다행스럽게도 도서출판 노마드의 독자들한테 큰 인기를 얻고 있는 '알아두면 잘난 척하기 딱 좋은' 인문학 시리즈에서 <설화와 기담>(2)의 출간 기회를 주었다. 그에 따라 이 책에서는 제1권에서 빠뜨렸던 외국의 흥미 넘치는 사례들과 함께 우리나라의 잘 알려진 설화와 기담들을 대폭으로 수록하게 됐다.

우리나라의 신화, 설화, 전설 등은 대체로 서민 사회에서 만들어지거나 자연 발생한 것들이다. 따라서 그것들에는 우리 민족의 민중 의식과 정서가 고스란히 담겨 있으며 민속학적으로도 매우 높은 가치를 지니고 있는 것들이 적지 않다.

더욱이 우리에게 아주 잘 알려진 친숙한 설화나 전설 그리고 민속놀이일수록 한층 더 가치가 크다. 그리하여 이 책을 통해서 기록과 자료를 남기고자 하는 의미에서 수록했다. 또한 이미 우리가 잘 알고 있는 것들을 다시 한 번 되짚어보면서 그 속에 스며 있는 우리 민족의 의식과 정서, 사유(思惟), 상상력 그리고 사고방식과 가치관을 느껴보는 것도 흥미 있고 보람이 있는 일일 것이다.

우리에게 잘 알려진 옛이야기일수록 당연히 변형이 많고 지역에 따라 버전이 다양하다. 그 때문에 자료 조사에 긴 시간이 걸렸다. 되도록 원형과 보편성에 충실히 하고자 했다. 좋은 기회를 준 출판사와 제작진의 노고에 머리를 숙여 감사드린다.

저자 이상화

Part 1.

| 종교 체계와 우주론을 갖춘 신화 |

신화와 설화는 누가 만들었을까

천강신화와 난생신화

몽골 신화와 수간(獸姦)

우리에게 생소한 중남미 신화

서양 신화의 여주인공 아프로디테

상상의 새, 불사조

늑대 젖을 먹고 자란 로마의 건국 영웅

무속 신화

신화와 설화는 누가 만들었을까

오늘날 물질문명으로 빈틈이 없고 각박한 현대 생활에서 우리가 전혀 경험하지 못한 아주 먼 옛날이야기들인 신화, 설화, 전설, 민담 등은 정신세계를 풍요롭게 해주고 어린이들에게는 꿈을 준다. 그러면 신화와 설화, 전설에는 어떤 차이가 있을까?

결론부터 얘기하자면 사실 넓은 의미에서 큰 차이는 없다. 다만 굳이 구분하자면 약간의 차이가 있을 뿐이다. 아울러 오늘날의 시각에서 보자면 매우 황당한 그런 옛날이야기들은 도대체 누가 만들었을까? 상당한 의미와 가치가 있는 신화, 설화, 전설을 소개하기에 앞서 그것들에 대해 간단히 설명하고자 한다.

먼저 신화(神話)는 글 뜻 그대로 신들의 이야기다. 신들은 실제로 볼 수 없는 가상의 존재들이다. 신들이기에 초능력과 초자연적으로 기이하고 괴상한 행태를 보여주기도 한다. 가끔 초자연적 능력을 갖춘 괴물도 등장하고 실제로 그 시대에 살았을 것으로 짐작되는 영웅적인 실존 인물도 등장한다.

신화가 형성된 시기는 대체로 신석기시대, 청동기시대, 철기시대다. 물론 신화는 어디까지나 꾸며낸 상상과 가상의 이야기다. 그런 의미에서 신화는 설화나 전설일 수도 있다. 신화를 설화라고 할 수 있는 것들도 많다.

전설도 설화일 수 있지만 보편적으로 신화나 설화의 시대보다 후대의 세상에서 있었던 일들이다. 인간의 사고와 행동, 특이한 자연물, 기물 등에 의미를 부여하고 동물을 의인화하기도 한다. 이를테면 멀리 보이는 높은 언덕에 서 있는 바위에 망부석(望夫石)이라는 이름을 붙인다. 그리고 상상력으로 멀리 떠난 남편을 기다리다가 숨진 아내가 그 자리에서 죽어 망부석이 됐다는 이야기를 덧붙이는 것이다.

그러면 이러한 신화나 설화, 전설은 누가 만들었을까?

길게 설명할 필요도 없이 당연히 그 시대의 인간들이 만들었다. 아주 먼 옛날, 그 시대 사람들에게 가장 궁금한 것은 세상은 어떻게 만들어졌으며 자연과 인간은 어떤 과정을 통해 태어났을까? 인간들로서는 어쩔 수 없는 초능력이나 초자연현상은 왜 나타나는 것일까?

이러한 의문들에 대해 상상력과 자신들의 경험을 바탕으로 이야기를 꾸며낸 것이다. 또한 그러한 이야기들이 전해지면서 그 시대 사람, 다음 시대의 사람들이 부분적으로 내용을 가미하고 짜임새를 가다듬어 오늘날의 형태로 만들어진 것이다. 그런 과정에서 신들이 탄생하고 인간이 신격화되고 영웅이 탄생하고 온갖 자연물에 의미를 부여하기도 한 것이다.

결국 신화, 설화, 전설 등에는 우리 인간의 우주관, 자연관, 내세관(來世觀), 인생관, 특히 삶과 죽음 같은 인간의 사유와 자연과의 일체감이 고스란히 담겨 있다고 볼 수 있다. 물론 신화나 설화, 전설 가운데는 작가들이 창작한 문학작품들도 있다.

천강신화와 난생신화

그리스 로마신화를 비롯한 서양(유럽) 신화에서 신들의 탄생은 그다지 중요하지 않다. 신들이 산 위에서, 바다에서, 바닥에 떨어진 남자의 정액에서도 태어나는 등 탄생하는 방식도 다양하지만, 그보다는 대부분 신들이 생활에 초점이 맞춰져 있다.

어떻게 태어났든 신들은 저마다의 특기가 있고 마음대로 변신(變身)하는 초능력을 지닌 특별한 존재이지만 그들의 삶과 생활은 매우 인간적이며 실제 인간의 삶과 깊숙이 연결돼 있다. 물론 신들끼리의 관계도 있지만 전반적으로 우리 인간의 삶과 같다.

그들의 신은 인간세계를 오가며 사랑, 질투, 질시, 불화와 갈등, 모함, 복수, 간통, 전쟁 등 인간의 행위와 똑같을 뿐 아니라 인간과의 관계가 대부분이라서 서양 신화에는 이야깃거리가 풍부한 편이다.

그와는 달리 한국, 중국, 일본 등 동양 신화는 창세(創世)와 개국(開國)의 과정이 신화의 중심이며 신들은 모두 고귀하고 초능력을 지닌 특별한 존재로 묘사된다. 따라서 신들의 탄생 과정이 신화의 중심이 되는 경우가 대부분이다. 그것이 천강신화와 난생신화다. 천강(天降)신화는 세상을 열고 자기들 민족을 다스릴 특별한 존재가 하늘에서 내려왔다는 것이며, 난생(卵生)신화는 알에서 깨어났다는 것이다.

중국 신화에서 세상을 창조한 신은 '반고(盤古)'다. 그는 무려 1만 8천 년 동안이나 알 속에 잠들어 있다가 알을 깨고 나왔다. 난생신화다. 그리고 하늘에서 내려온 '복희와 여와' 남매가 성관계를 맺고 인간을 창조했다. 그것은 천강신화다.

세계의 신화들에서 남매가 교접해서 인간을 창조하는 사례는 무척 많다. 말하자면 근친혼이다. 다만 동양 신화에서 하늘에서 내려온 남매는 곧바로 성관계를 갖지 않는다. 남매 사이에 성관계를 가져도 좋은지 하늘에 묻는다. 즉 하늘에서 내려왔기에 하늘의 뜻을 묻고, 하늘의 허락을 받아 성관계를 갖는 것이다.

일본 신화도 예외가 아니다. 일본 최고의 신은 하늘의 아마테라스(天照) 여신으로 그녀는 태양의 신이다. 그녀가 어떻게 탄생했는지는 명확하지 않지만 그의 아들을 지상에 내려보내고, 역시 신의 후손인 이자나기, 이자나미가 만물을 창조하고 인간을 탄생시키는 천강신화다. 그들 남매도 하늘에 물어봐 남녀가 교접하는 방법을 지도받고 성관계를 갖게 된다.

우리나라도 천강신화와 난생신화가 모두 존재한다. 알다시피 우리 민족의 첫 국가인 고조선은 천강신화에서 비롯된다. 하늘의 임금인 천제 환인(桓因)의 아들 환웅(桓雄)이 천제의 허락을 받고 지상에 내려와 곰이 동굴에서 100일 동안 마늘과 쑥만 먹고 인간으로 환생한 웅녀(熊女)와 혼인해서 단군(檀君)을 낳았고 그가 고조선이라는 나라를 열었다는 천강신화다.

그런가 하면, 여러 견해가 있지만, 고조선과 이어진 부여(扶餘)도 천신의 아들 해모수(解慕漱)가 하늘에서 내려와 나라를 열었다. 해모수는 지상에서 물(水)의 신 하백(河伯)의 맏딸 유화(柳花)를 유혹해서 혼인하고 하늘로 가버렸다. 홀몸에 된 유화부인은 강렬한 햇빛을 받아 알을 낳았다. 이러한 탄생 신화를 일광감응신화(日光感應神話)라고도 한다. 그 알에서 태어난 아들이 고구려를 세운 주몽으로 추모왕(鄒牟王)이라고 불렀다. '추모'는 신의 아들, 즉 천자(天子)라는 뜻이다. 천강과 난생(일광 감응)이 결합한 신화다.

경상남도 김해의 구지봉(九指峰) 기슭에 아홉 부족이 살고 있었는데 어느 날, 하늘에서 황금 줄에 매달린 황금 상자가 내려왔다. 그 상자를 열어보니 여섯 개의 황금알이 들어 있었다. 그리고 열흘이 지나자 그 알을 깨고 차례차례 청년들이 나타났는데 첫째가 김수로였다.

그는 "하늘의 명을 받들어 이 땅을 다스리기 위해 동생 다섯을 데리고 왔노라. 동생들은 나를 도와 나라를 다스릴 것이다."라고 밝힌 후 동생들과 함께 여섯 가야를 세웠다. 김수로는 황금알에서 태어났기에 김(金)씨가 됐고, 세상에 처음으로 나타났다고 해서 수로(首露)라는 이름이 붙여졌다. 천강과 난생이 혼합된 가야의 개국 신화다.

신라가 탄생하기 전, 서라벌(경주) 지역에는 여섯 개의 큰 촌락이 있었다. 대부분 고조선의 유민들이었다. 촌락마다 촌장(村長)이 있어서 6명의 촌장이 협의를 통해 이 지역을 다스리고 있었는데 어느 날 촌장 한 사람이 나정(羅井)이라는 우물 곁으로 다가서는데 그 옆의 숲에서 눈부신 광채가 하늘로부터 내려 뻗치고 그곳에서 백마(白馬) 한 마리가 무릎을 꿇고 울어대는 것이었다.

촌장이 다가갔더니 백마는 하늘로 올라가 버리고 그 자리에 박처럼 생긴 커다란 알이 있었다. 무척 기이하게 생각한 촌장이 이 알을 가져왔다. 그리고 얼마 뒤, 이 알을 깨고 온몸에서 광채가 나는 남자아이가 태어났다.

촌장들은 범상치 않은 이 남자아이에게 박혁거세(朴赫居世)라는 이름을 지어주었다. 박처럼 큰 알에서 태어났기에 성이 박씨, '세상을 밝힌다'라는 뜻의 혁거세라고 이름을 지은 것이었다. 그가 13세에 이르러 신라를 건국하고 시조가 됐다. 그는 용(龍)의 옆구리에서 나온 알에서 태어났다는 알영(閼英)부인과 혼인했다.

신라는 개국이라 나라를 다스리는 우두머리 지도자의 명칭이 여러 차례 변천을 겪었다. 거서간, 차차웅, 이사금, 마립간 등을 거쳐 22대 지증왕에 이르러서 왕(王)이라는 호칭을 사용하게 되지만 여기서는 왕으로 표기한다.

신라의 난생신화는 박혁거세가 끝이 아니다. 석탈해(昔脫解)도 알에서 태어났다. 박혁거세가 나라를 다스릴 때 아진포라는 해안가에 어느 노파가 살고 있었는데 어느 날, 해안에 까마귀 떼가 한 곳을 떼 지어 날며 우짖자 이상하게 여겨 살펴봤더니 그곳에 배 한 척이 있었고 궤짝이 실려 있었다.

　노파는 무척 의아해서 궤짝을 열었더니 그 안에서 남자아이와 보물들 그리고 여러 노비가 나왔다. 노파가 그 남자아이를 7일 동안 보살펴 주자 그는 "나는 본래 용성국(龍城國) 사람으로 왕비에게서 알로 태어나는 바람에 버림받고 이곳까지 흘러왔다."라고 말했다. 그는 신라 2대 남해왕(南解王)의 사위가 됐으며 신라의 4대 탈해왕이 됐다.

　경주 김씨의 시조인 김알지(金閼智)도 작은 궤짝에 들어있던 알에서 나왔다. 어느 곳에서 닭이 우는 소리가 들려 그곳에 가보니 황금 궤짝이 있었으며 그 안에 알에서 깨어난 남자아이가 들어 있었다. 그가 김알지다. 닭울음으로 궤짝이 발견됐기에 그가 태어난 곳을 계림(鷄林)이라고 부르게 됐다. 그는 생전의 왕위에 오르지는 못했지만 13대 미추왕(味鄒王)이 그의 후손으로 박씨, 석씨, 김씨로 이어진 신라 왕조에서 김씨 왕

박혁거세 신라의 초대 국왕이자 시조. 칭호는 거서간 또는 거슬한이었다. 한국이나 기타 재외동포를 포함한 모든 박씨들의 시조 즉 박씨들의 공통조상이다.

계로 추존이 됐다.

　신화학자들은 일반적으로 북방의 유목민족은 천강신화가 많고 남방의 농경민족들은 난생신화가 많다고 한다. 우리 민족의 고조선, 부여 등은 천강신화, 고구려를 세운 주몽은 천강신화와 난생신화가 합쳐졌다. 남방의 가야와 신라는 모두 난생신화다.

　신화는 비현실적이며 합리성이 없지만 그 신화에는 우리 인간의 삶이 투영된 것이 사실이다. 그렇다면 하늘에서 내려오고 알에서 태어났다는 전혀 사실성이 없는 신화가 뜻하는 것은 무엇일까?

　쉽게 말하자면 어떤 지역에 처음 보는 인간 또는 그의 무리가 느닷없이 불쑥 나타나 그 지역의 지배자가 됐다는 것이다. 그가 어디서 어떻게 왔는지 정확한 내력을 알 수 없으므로 하늘에서 내려오고 알에서 깨어났다며 우상화하고 미화한 것이라고 할 수 있다.

　신화는 대체로 신석기시대에서 청동기, 철기시대를 배경으로 만들어진 이야기다. 특히 청동기시대, 철기시대가 대부분이다. 전통적이고 재래적으로 유목을 하고 농사를 짓고 있는 세상에 그보다 앞선 새로운 문화인 청동기, 철기 문화를 지닌 무리가 나타났다는 것을 의미한다. 새로운 기술과 선진 문화를 가지고 왔기에 선주민들은 그들 낯선 무리에게 지배당할 수밖에 없었.

　고조선을 세운 단군이나 부여의 해모수나 모두 하늘에서 내려왔다. 새로운 기술과 문화를 지니고 어디에선가 유입돼 우리 한민족의 원류인 예맥족(濊貊族)이 살고 있는 지역의 지배 세력이 됐다고 볼 수 있다. 어찌 됐든 그들은 이방인이었다.

　가야를 세운 김수로는 인도 북부의 작은 왕국이었던 아요디야

(Ayodhya, 阿踰陀)에서 온 허황옥(許黃玉)과 혼인해서 10명의 아들을 낳았다. 그 가운데 2명에게 허(許)씨 성을 쓸 수 있게 해서 '김해 허씨'의 시조가 됐다.

허황옥에게는 아래와 같은 설화가 전해진다. 가야가 안정되자 신하들이 김수로왕에게 아름다운 처녀를 선택해서 혼인할 것을 권유했다. 김수로는 자신을 이곳으로 데려온 것은 하늘의 뜻이라며 자신의 배우자도 하늘의 뜻을 따라야 한다고 말했다.

그리고 얼마 후 바다에서 돛단배 한 척이 다가왔다. 그 배에는 여러 사람과 함께 허황옥이 타고 있었다. 김수로가 그들을 환대하자 허황옥이 말했다.

"저는 아요디야 왕국의 공주입니다. 성은 허, 이름은 황옥이며 나이는 열여섯입니다. 아요디야에 있을 때 아버지인 왕과 어머니 왕후, 두 사람이 같은 날 밤 똑같은 꿈을 꾸었는데 하늘의 상제(上帝)가 말하기를, '하늘에서 김수로를 내려보내 가락국의 임금이 되게 했는데 나랏일이 바빠 아직 배필을 정하지 못했으니 꼭 공주를 보내 짝을 이루게 하라.'고 말했다라는 것입니다."

고내 인도의 아요디야 왕국에서 어떤 일이 생겨 왕족들이 중국으로 망명했다. 그리하여 중국에서 허씨 성을 갖게 됐는데, 허황옥은 중국에서 한반도 남쪽까지 와서 김수로와 혼인했다. 짐작컨대 황금알을 깨고 나왔다는 김수로도 현지의 토착민이 아니라 외래인이었을 것이다. 어쩌면 중국으로 망명했던 아요디야의 왕족 출신일지도 모른다.

신라는 시조 박혁거세를 비롯한 석탈해, 김알지 등은 모두 알에서 나왔다. 역시 청동기, 철기 문물을 지닌 외래인이었을 것이다. 특히 석탈해는 스스로 용성국(龍城國)에서 왔다고 말했다. 용성국이라는 왕국이 실제로 어느 지역에 존재했는지는 알 수 없지만 그가 외래인인 것은 틀림없다.

우리 한민족은 북방의 예맥족과 남쪽의 한족이 합쳐져 이루어졌다고 한다. 이것은 고조선에서 신라에 이르기까지 여러 외부 세력이 유입돼 지배자가 되기도 했지만, 결국에는 그들이 예맥족이나 한족에게 마침내 동화됐다는 것을 뜻한다.

몽골 신화와 수간(獸姦)

북방 국가 몽골(Mongolia)은 우리 민족과 깊은 관계가 있는 나라다. 인류 집단의 구분에서 우리 민족은 아시아계 인류 집단 몽골계 인종, 몽골로이드(Mongoloid)에 속한다. 흔히 어린애였을 때 엉덩이에 있는 푸른 점을 '몽고반점(蒙古斑點, Mongolian spot)'이라고 한다. 어찌 보면 우리 민족의 뿌리일 수도 있다.

또한 고려 말엽에는 몽골의 칭기스칸이 세운 원(元)나라의 침략에 굴복해서 고려는 그들의 간섭을 받아야 했다. 고려 왕들은 반드시 원나라 공주를 제1 왕비로 맞아야 했으며 왕세자 시절에는 몽골에 가서 인질로 잡혀 있어야 했다. 그럴 뿐만 아니라 그들의 요구로 미혼 여성이 공녀(貢女)로 바쳐지기도 했는데 잘 알다시피 그 공녀들 가운데 왕비가 된 기황후(奇皇后)도 있다.

이런 점에서 몽골의 신화를 살펴보는 것은 상당한 의미가 있다. 그들은 유목민으로서 광활한 대지에서 종족들이 뿔뿔이 흩어져 생활했기 때문에 저마다의 역사를 지니고 있어 신화가 수없이 많고 내용도 다양해 그들의 창세신화만 해도 헤아릴 수 없이 많다.

이를테면 창조신 '우탄'이 하늘과 땅의 구분이 없던 암흑세계에서 99개의 황금 기둥으로 하늘과 땅을 가르고, 세상을 3개 층으로 나누었다는 창세신화가 있다. 3개 층의 천상은 신들의 세계이며 중간은 인간의 세계, 제일 아래층은 죽은 다음에 가는 곳이었다. 이들에게 하늘은 아버지, 땅은 어머니였다.

또 창조주가 하늘과 땅을 구분할 때 9개의 땅과 9개의 강으로 나눴다는 신화도 있고, 세상은 원래 거대한 바다였는데 먼지와 모래가 바다를 덮어 땅으로 변했다는 신화도 있다. 또한 땅을 만들어놓고 움직일 수 없도록 불과 물이 나오는 화살이 꼽혔던 황금 개구리가 지키게 했다는 신화도 있다.

또 다른 창세신화는 태초에 일곱 개의 태양이 있었는데 그 때문에 농작물이 말라버리고 강바닥이 드러나 사람들이 '에리히 메르겐'이라는 뛰어난 궁수에게 태양을 없애라고 부탁했다. 그는 일곱 개의 태양을 향해 활을 쏴서 여섯 개를 떨어뜨리고 한 개가 남았다. 마지막 태양을 향해 화살을 날렸는데 마침 날아가던 제비의 꼬리에 맞았다. 그래서 제비 꼬리가 양쪽으로 갈라졌으며 태양 한 개는 남게 되었다고 한다. 에리히 메르겐(Erikei Mergen)은 고구려를 세운 우리의 '주몽(朱蒙)'과 똑같은 뜻이라고 한다.

이런 창세신화도 있다. 아마득한 옛날 천상의 신에게 울겐 텡정허와 에어렉 칸이라는 두 아들이 있었다. 형 울겐은 천상의 신이 되고 동생 에어렉은 지상의 신이 되었는데 지상은 모두 물이었다. 그래서 물총새에게 진흙을 퍼다가 물을 메우라고 했지만 나약해서 해내지 못했다. 다음 오리에게 맡겼더니 온 힘을 다해 겨우 사람이 한 명 누울 정도의 땅을 만들었다.

그랬더니 형 울겐이 하늘에서 내려와 그 좁은 땅에서 잠을 잤다. 동생이 화가 나서 그 땅을 잡아당기자 사방으로 늘어나 넓은 육지가 됐다. 형 울겐은 진흙으로 사람과 동물을 만들어 여기저기 뿌려놓고 말렸다. 또 개를 만들어놓고 자신이 자리에 없을 때 진흙으로 만들어놓은 사람들을 지키게 했다는 것이다.

하나만 더 소개하면 이런 창세신화가 있다. 대지가 창조되고 남자와 여자가 진흙으로 만들어져 인간의 조상이 탄생했으며 다양한 종족들이 만들어졌다. 남자는 암컷 양과의 사이에서 아이를 낳았는데 그 아이가 몽골족의 조상이 되었고, 또 다른 남자들은 암소와의 사이에서 아이를 낳았는데 그 아이가 중국 한족(漢族)의 조상이 됐다는 것이다.

몽골의 창세신화에서 눈여겨볼 것은 수간(獸姦)이다. '수간'은 인간이 동물과 성관계를 갖는 것을 말한다. 도저히 있을 수 없는 변태 행위지만 고대 유목민들 사이에는 그런 비상식적이고 야만적인 성행위가 동서양에서 실제로 있었던 것이 틀림없다. 그리스 신화에도 수간이 있으며 기독교의 구약성서에도 나온다.

대부분 가족 단위로 유목 생활을 하는 민족들은 가족 이외에는 여자가 귀하고 만나기도 어려웠으므로 수간이 흔했다는 것이다. 수간의 대상으로 양이나 개는 목축을 의미하고 암소는 농경을 뜻하는 것이라고 한다. 이처럼 몽골의 신화는 주로 목축이나 유목과 관련이 있으며 농경은 다른 민족의 삶으로 묘사했다.

'수간(sodomy)'은 병리학에서 성도착증의 한 형태로 본다. 의학적으로 사람과 동물의 성기 접촉이 수간이며 항문성교도 수간의 범주에 넣는다. 항문성교(anal sex)는 남성끼리, 또는 남성과 여성 사이에 이루어지는 변태적인 성행위다. 이러한 성 행태는 여러 나라에서 범죄행위, 비정상적인 행위로 간주하고 있지만 현대사회에서도 행해지는 것으로 나타나고 있다. 동양보다 서양이 그 빈도수가 훨씬 높다.

수간은 원시사회부터 있어 왔다. 기독교 구약성서 <창세기>에 등장

불타는 두 도시(소돔과 고모라), 야콥 드 베트 2세의 그림(1680년)

하는 '소돔과 고모라(Sodom & Gomorrah)'는 퇴폐와 향락에 빠진 죄악의 도시였다. 동성애와 수간이 넘쳐나는 이 두 도시에 하느님은 형벌을 내려 유황으로 불태워 멸망시킨다. 수간의 영어 sodomy는 여기서 유래했다. 소돔과 고모라를 합친 말이다.

몇십 년 전, 세계 3대 국제영화제의 하나인 프랑스의 칸 영화제에서 최우수상인 황금종려상을 받은 <나라야마 부시코(楢山節考)>라는 일본 영화가 있다. 70세 이상 노인이 되면 지게에 실려 나라야마라는 산에 들어가 죽음을 기다리는 내용이다.

19세기 일본을 배경으로 한 이 영화에도 수간이 등장한다. 깊은 산골마을, 먹을 것이 너무 부족해서 아이가 태어나면 죽이고 남자들은 장남이 아니면 결혼조차 할 수 없다. 그렇게 먹을 것을 축내는 식구(食口)를 줄이는 것이다.

남자 주인공인 다츠헤이의 동생 리스케는 성인이지만 차남이기 때문에 결혼을 못 할 뿐만 아니라, 어딘지 좀 모자라고 이상한 병으로 몸에서 악취가 너무 심해 마을 사람들이 접근조차 꺼린다. 그런 리스케는 넘치는 성욕을 주체하지 못하고 몸부림치다 개 암컷과 수간까지 하게 된다.

서양은 일반적으로 유목과 해양 진출이 주요 경제적 수단이었으며 동양은 농경이 중심이다. 그에 따라 식생활도 서양은 육류가 주식이며 동양은 쌀이 주식이다. 이러한 차이는 성 행동에도 큰 차이를 나타낸다. 서양이 성적으로 훨씬 적극적이고 개방적이다. 그래서 변태적인 성행위도 동양보다는 서양이 훨씬 많다.

   드넓은 초원에서 오직 가축들만 사육할 때 수간으로라도 성적 욕구를 해소하고 남자끼리의 동성적인 성행위가 벌어지기 쉽다. 귀한 여자가 눈에 띄면 도망치는 가축을 잡듯이 여자를 약탈해서 성관계를 맺고 그것을 빌미로 아내로 삼았다. 이러한 약탈혼은 유목 민족이 많았던 유럽의 신화들에서 흔하게 나타난다.

   우리 한민족은 뚜렷한 성적 정체성이 없다고 한다. 우리 민족 북방계의 주체인 예맥족부터 성적으로 다소 모호한 면이 있다. 왜냐 하면 예족은 농경이 주업이었고 맥족은 목축이 주업이었다. 농경민과 유목민, 서로 다른 성적 행태가 결합하였기 때문인데, 그것은 결과적으로 예맥족이 뚜렷한 성적 정체성을 형성하지 못한 하나의 원인이 되었을 것이다.

우리에게 생소한 중남미 신화

이 세상의 어느 민족, 어느 부족이나 그들만의 신화가 있다. 하지만 우리는 그리스, 로마신화 같은 유럽 신화에만 익숙하지 다른 지역, 다른 민족의 신화들은 잘 모른다. 특히 중남미(中南美) 신화는 무척 생소하다.

흔히 라틴아메리카라고 하는 중남미는 15~16세기에 스페인, 포르투갈 등에 정복당해 포르투갈어권인 브라질을 제외하고 대부분 스페인어 문화권에 포함됐다. 그러나 중남미 원주민들에게도 오랜 역사와 전통이 있으며 그들 고유의 문명과 문화가 있었으므로 당연히 그들만의 신화가 있다.

아메리카 대륙에는 약 1만 년 전에 우리 현생인류가 처음으로 발을 딛었다. 시베리아에 거주하던 고아시아계 종족들로 오늘날 아메리카

인디언이라고 부르는 그들은 모두 7명의 어머니에게서 나온 후손이라고 한다. 다시 말하면 아메리카 대륙 토착 원주민들은 거의 혈통이 비슷하므로 그들의 정신문화에도 공통점이 많다고 볼 수 있다. 이러한 공통적 요소들은 그들의 신화에서도 잘 나타난다. 대체로 그들은 초능력을 가진 초월적 존재로서 신을 섬겼으며, 특히 일상생활을 지배하는 태양을 우러러 태양신은 절대적인 존재였다.

그들의 신화에 따르면 하늘의 신들은 세상을 창조하고 인간을 창조하는 회의를 하면서 자기(신)들에게 기도하고 경배할 영혼이 있는 존재를 만들자고 했다는 것이다. 그에 따라 옥수수로 남자 4명, 여자 4명의 인간을 만들어 그들에게 인간을 퍼뜨리게 했다고 한다. 하지만 인간을 너무 완벽하게 만들면 자신들을 넘보기 때문에 인간의 능력에 한계를 두었다는 것이다.

그렇게 해서 인간들은 신들을 우러러 떠받드는 의식을 갖게 됐는데 그것이 곧 제천의식(祭天儀式)이다. 제천의식에는 신에게 바치는 제물이 필요하다. 최고의 제물은 바로 인간이었다. 따라서 처음에는 살아 있는 사람들을 제물로 바쳤다. 신성한 처녀, 어린아이 등이 대상이었다. 이것이 '인신공양(人身供養)'이다. 처음에는 제천의식을 주재하는 자들이 스스로 제물이 됐다. 음경을 가시로 꿰뚫어 제단에 피를 쏟거나 자기 몸을 칼로 찔러 심장을 꺼내 제물로 바쳤다. 하지만 사제들의 숫자에는 한계가 있었다. 그러자 건장한 청년들이 제물로 자원하는 방식을 택했다.

그러나 그것도 한계가 있자 강제적으로 살아 있는 사람 가운데 제물을 골라 그들의 피와 심장을 하늘에 바쳤다. 그리고 신체는 밑으로 던졌다. 그런데 여기에는 많은 문제가 있었다. 자신들의 무리 안에서 제물로 선택하는 과정에서 갈등과 마찰이 끊임없이 일어나자 전쟁에서 포로를 잡아 제물로 바치게 됐다.

수많은 적국 포로가 제물로 희생됐다. 그들의 전쟁은 영토를 빼앗고 정복하는 전쟁이 아니라 제물로 바칠 포로를 잡는 것이 목적이었다고 말할 정도였다.

라틴아메리카에는 기원전부터 중세에 이르기까지 마야, 아스텍, 잉카 등의 강력한 제국들이 있었는데 모두 태양신을 숭배했기 때문에 '인신공양'은 이들 제국에서 똑같이 벌어지는 공통된 제천의식이었다. 하지만 이들에게는 공통성 이외에도 자기들만의 신화가 있다.

마야(Maya)는 약 2천 년 전부터 9세기까지 지금의 멕시코에 세워졌던 뛰어난 문명을 지닌 고대국가다. 정교하고 거대한 피라미드를 건설했는가 하면, 이들이 만든 달력은 정확해서 크게 주목받고 있다.

이들의 신화에 따르면 몹시 나약하고 가난한 보잘것없는 신이 있었는데 다른 신들의 도움으로 태양으로 환생해서 토나티우(Tonatiuh) 태양신이 됐다. 또 우나푸와 스발란케라는 쌍둥이 형제가 있었는데 지하세계에서 그곳 신들의 괴롭힘으로 고생하다가 그들을 물리치고 하늘로 올라가 해와 달이 됐다는 것이다.

또한 쿠쿨칸(Kukulkan)이라는 마야를 창조한 부활의 신이 있다. 마야인들은 이들을 숭배하며 우주는 순환한다고 믿었다. 라틴아메리카는 조상이 비슷한 탓인지 사유의 세계가 비슷해서 후세의 아스테카왕국에서도 우주 순환설을 굳게 믿었는데 이것이 그들에게는 뜻하지 않은 치

태양신을 위한 축제, 페루 '인티라미' 페루의 최대 축제인 인티라미(Inti Raymi)는 한 해 농사의 풍요와 다음 해의 풍작을 기원하며 거행하는 태양신을 위한 제전이다. 라마의 심장을 태양신에게 바치는 의식에서 제사는 절정을 이룬다. 라마의 심장에서 뿜어져 나오는 피의 색깔을 보고 그해의 풍년과 흉년을 점친다

명적인 약점이 됐다.

아스테카(Aztec)왕국은 마야에 이어 13세기 초 멕시코 고원에 세워진 강력한 제국이었다. 아스텍을 창조한 신은 오메테오틀(Ometeotl)이다. 그는 남성성과 여성성을 모두 지니고 있어서 한 쌍의 신이라고 했다. 또한 창조의 신이자 농경의 창시자인 케잘코아틀(Quezalcoatl)이 있다. 그는 몸에 깃털이 달린 뱀으로 묘사된다. 아스텍족은 이 세상은 창조와 파괴가 되풀이되는데 지금까지 4번의 파괴를 거쳤으며 지금은 5번째로 창조된 세상으로 인식했다.

남아메리카 페루의 안데스산맥에서 발원해서 고산(高山)도시 쿠스코(Cuzco)를 수도로 남미 대륙 전체를 장악했던 잉카(Inca)는 거대하고 부유한 제국이었다. 그들은 인티(Inti)라고 부르는 태양신을 숭배했다. 아울러 잉카의 창조신 비라코차(Viracocha)를 비롯한 해와 달을 만들고 대지를 만든 피차카막, 태양신의 아들로 인류의 창조한 피차카막, 잉카

제국의 초대 황제였던 망코카막 등을 숭배했다. 이들도 마야와 아스텍처럼 우주의 순환설을 믿었다.

나름대로 고도의 문명을 누리며 평화롭게 살아가던 라틴아메리카는 16세기 초 에스파냐(스페인)의 침략을 받아 초토화됐다. 그처럼 거대하고 강력해 보이던 제국들이 어찌하여 수백 명에 불과했던 스페인 군대에 무참히 짓밟혔을까? 혹자는 스페인 군대의 신식무기에 재래식 무기로 맞섰으므로 화력이 열세하여 무릎을 꿇을 수밖에 없었다고 말한다.

하지만 많은 학자가 두 가지의 확실한 이유를 말한다. 하나는 라틴아메리카의 사유(思惟) 세계다. 우주의 순환설을 믿었던 중남미 원주민들은 아스텍을 창조했다는 신화 속의 신, 케찰코아틀을 신뢰했다.

깃털 달린 뱀의 형상인 케찰코아틀 신은 아스텍을 떠나면서 자신은 반드시 다시 돌아올 것이며 그때는 새롭고 찬란한 세상이 될 것이라고 했다. 이러한 신화를 믿은 아스텍족은 스페인 군대가 처음 나타났을 때 깜짝 놀랐다. 당시 그들에게는 말(馬)이 없었다. 그런데 스페인 군대는 아스텍족이 한 번도 본 적이 없는 말을 타고 철갑옷을 입고 나타났다.

아스텍족은 케찰코아틀이 환생했다고 생각했으며, 5번째의 세상이 끝나고 이제 6번째의 찬란한 새로운 세계가 열린 것이라고 크게 기뻐해 별다른 저항이 없이 스페인 군대에 복종했다는 것이다. 물론 이런 견해는 논란이 있긴 하다. 그럼에도 아주 먼 옛날이야기인 신화가 거대 제국이 멸망하는데 한 가지 근거가 됐다는 것이 신기하다.

또 한 가지 이유는 전염병이다. 스페인 군대가 청정 지역 라틴아메리카에 천연두 등의 전염병을 옮겼는데, 잉카가 아무런 자취도 남기지 않고 사라진 것은 전염병에 속수무책이었기 때문이라는 견해는 거의 정설이 되고 있다.

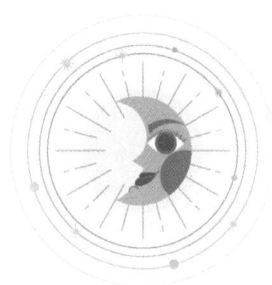

서양 신화의 여주인공 아프로디테

신화가 없는 민족은 없다고 해도 과언이 아니다. 아프리카에는 천여 개의 부족이 있는데 그들 모두에게 부족 나름의 신화가 있다고 한다. 그러한 신화들에 때로는 성별을 알 수 없는 중성의 신도 있지만 반드시 남성과 여성 신이 있다. 또한 그들 신은 저마다 기능과 역할이 있다. 그런데 거의 모든 서양 신화에 여주인공이라고 할 수 있는 여신이 있는데 그녀가 아프로디테(Aphrodite)다. 그리스신화에 등장하는 이 여신은 미모가 빼어난 사랑과 미(美)의 여신인데 그 근원은 중동 지역의 이슈타르(Ishtar) 여신이다. 그녀는 가장 오랜 문명을 지닌 수메르에서는 인안나(Inanna) 여신이라고 불렀다. 이 여신이 사랑과 미의 신이며 그리스로 건너가 아프로디테가 됐다. 로마신화에서는 베누스(Venus), 북유럽에서는 프레이야(Preyja)라고 불렀다.

그리스신화에서 우주 만물을 창조한 신은 태양의 신 우라노스(Uranos)와 그의 어머니이자 아내인 대지의 신 가이아(Gaia)다. 이들은 수많은 자녀를 낳았는데, 우라노스가 자녀들의 뛰어난 능력과 힘을 두려워하며 학대하자 가이아가 막내아들을 시켜 그의 성기를 낫으로 잘라버리게 했다.

잘린 우라노스의 성기를 바다에 집어던지자 그 정액이 바다에 뿌려졌고 그것이 거품이 되더니 그 거품에서 아프로디테가 태어났다. 그녀는 너무나 아름다운 미녀로 성장해서 모든 신들이 부러워했으며 사랑과 미의 여신 그리고 욕망과 풍요의 여신이 됐다.

한편 올림포스십이신 가운데 으뜸 신인 제우스는 애정 편력이 무척 심했다. 그는 어느 날, 누이이자 아내인 헤라의 몸이 아니라 자기 머리에서 '아테나'라는 여신을 탄생시켰다. 이 사실에 몹시 화가 난 아내 헤라도 남편 없이 혼자서 아이를 낳았는데 하필 허리가 굽고 다리를 몹시 저는 너무 못생긴 장애자였다.

크게 당황한 헤라는 다른 신들의 비웃음을 두려워하며 아이를 지상의 강으로 던져버렸다. 하지만 아이는 운이 좋게 트로이전쟁의 영웅 아킬레우스의 어머니 테티스에게 발견돼 물의 여신 에우리노메가 강물 속 깊은 동굴에서 키웠다. 그의 이름은 헤파이스토스(Hephaistos)였다.

심각한 장애를 가지고 있었지만 그는 성장하면서 무엇이든 만들어낼 수 있는 대장 기술을 익혀 뛰어난 대장장이가 됐다. 이 사실을 알게 된 어머니 헤라는 집요하게 그를 없애려고 했는데 헤파이스토스도 이 사실을 눈치채고 있었다. 헤파이스토스는 한 가지 꾀를 냈다.

헤파이스토스는 아주 멋지고 화려한 황금으로 된 옥좌를 만들어 헤라에게 선물로 보냈다. 헤라는 황금 옥좌가 아주 마음에 들어 의자에 앉았다. 그런데 이 옥좌에는 눈에 보이지 않는 사슬들이 있어서 헤라를 꽁꽁 묶어버렸다. 여러 신들이 달려들어 풀려고 했지만 아무도 사슬을 풀지 못했다.

헤라는 어쩔 수 없이 황금 옥좌를 만든 헤파이스토스를 부를 수밖에 없었다. 신들 앞에 나타난 헤파이스토스는 제우스 신에게 아프로디테와 결혼을 시켜주면 사슬을 풀어주겠다고 제안했다. 제우스는 헤라가 고통스러워하는 모습을 보고 헤파이스토스가 제안한 조건을 받아들였다. 그리하여 올림포스 신들 가운데 최고로 못생기고 장애를 갖고 있는 헤파이스토스는 최고의 미녀 아프로디테와 결혼하게 됐으며 신들의 연회에도 당당히 참석할 수 있게 됐다.

그러나 아프로디테는 불만이 가득했다. 자기 뜻과는 전혀 다르게 제우스의 강요 억지 결혼을 했으니 너무나 괴롭고 고통스러웠다. 그녀는 헤파이스토스가 자기 몸에 손도 대지 못하게 했다. 그뿐이 아니었다. 제우스 신에게 반발하듯이 제우스와 헤라의 아들이자 전쟁의 신인 아레스를 유혹했다.

이때부터 아프로디테는 사랑과 미의 여신이라기보다 욕정의 화신이었다. 헤파이스토스가 집을 비우면 아레스를 끌어들여 뜨겁게 욕정을 불태웠다. 이런 사실을 태양의 신이 헤파이스토스에게 슬며시 귀띔을 해줬다.

몹시 화가 난 헤파이스토스는 아프로디테의 침대에 눈에 보이지 않는 청동그물을 설치해놓았다. 어느 날 아프로디테와 아레스가 침대에서 격정적으로 한덩어리가 됐다가 청동그물에 꽁꽁 묶이고 말았다. 그들이 아무리 몸부림쳐도 빠져나올 수 없었다. 그 꼴사나운 모습을 몰래 지켜보던 헤파이스토스가 여러 신들을 불러 그 민망하고 낯뜨거운 모습을 보게 했다. 아프로디테로서는 크게 망신당한 것이다.

그럼에도 아프로디테와 아레스는 변함없이 욕정을 불태우며 여러 명의 자녀까지 낳았다. 그 가운데는 에로스(Eros)도 있었다. 그리스신화에서 에로스는 아직 세상이 창조되지 않고 신들이 탄생하기 전, 우주가 혼돈과 공허에 휩싸여 있을 때 카오스(Chaos)가 낳은 아들로서 태초의 신인데 그 뒤 각종 설화와 전설에서 아프로디테가 낳은 아들로 등장하기도 한다. 로마신화에서는 우리에게도 익숙한 큐피드(Cupid)가 에로스다.

욕정에 눈이 먼 아프로디테는 신들뿐 아니라 인간들과도 서슴없이 쾌락과 욕정을 즐겼다. 그럴 즈음 인간세계의 키프로스 왕에게 미모가 뛰어난 딸이 있다는 사실을 알았다. 아프로디테는 자신이 최고로 미모가 빼어나다고 자부했는데 자신보다 더 예쁜 여자가 있다는 소문에 질투가 나서 왕과 딸을 성관계하도록 만들었다. 그리하여 둘 사이에서 태어난 남자아이가 아도니스(Adonis)다.

아도니스는 어머니를 닮았는지 최고의 미남이었으며 오늘날까지도 그는 미남의 상징이다. 어느 여신이 그에게 반해서 사랑에 빠지고 말았다. 이 사실을 알게 된 아프로디테는 이번에는 아도니스를 빼앗아 자기 연인으로 만들었다.

아프로디테는 그에게 완전히 빠져서 욕정을 불태웠다. 그녀의 첫 남

아프로디테 석상 그리스 신화에 나오는 미와 사랑의 여신

자는 억지로 남편이 된 헤파이스토스가 아니라 아레스 신이었다. 아프로디테가 아도니스에게 푹 빠져 있자 아레스는 견딜 수 없었다. 그는 사냥꾼인 아도니스 앞에 가장 사나운 멧돼지를 나타나게 했는데 아도니스는 이 멧돼지와 필사적으로 싸우다가 죽고 말았다.

아도니스가 죽자 그가 흘린 붉은 피에서 꽃이 피어났는데 그 꽃이 아네모네라고 한다. 그리스신화에서는 아도니스의 죽음을 안타까워 한 아프로디테와 그를 먼저 사랑했던 여신이 제우스 신에게 간청해서, 죽어서 지하 세계에 있는 아도니스를 지상으로 끌어올려 부활시켰다고 한다.

아프로디테는 사랑과 미의 여신이라고 하지만 그의 행동은 지나친 욕정을 억제하지 못하고 신 그리고 인간들과 거침없이 애정행각을 벌인 성애와 관능의 여신이었다. 그가 낳았다는 에로스도 결국 성애와 관능으로 정리된다. 오늘날도 '에로-'로 시작되는 표현은 거의 모두 순수한 정신적 사랑이라기보다 육체적 사랑을 의미한다.

사실 그리스신화에서 아프로디테가 탄생하게 된 배경은 앞에서 언급했듯이 그녀보다 적어도 2천 년 넘게 앞서서 탄생한 중동 지역의 이슈타르, 수메르의 인안나 여신들이 그 모델이다. 이 여신들은 모든 신들 가운데서 가장 존중되고 추앙됐다. 그 까닭은 자손을 번성시킬 생산력이 있는 여신이기 때문이다.

이 여신들의 신전에서는 대낮에도 버젓이 성행위가 벌어졌다. 처음에는 신전의 여사제들이 성행위를 통해 획득한 화대를 여신에게 바쳐 신전의 관리와 유지 비용으로 충당한 것이었다. 하지만 제한된 숫자의 여사제들이 수많은 남성의 성행위 요구를 모두 수용할 수 없으므로 여러 형태로 일반 여성까지 가담했던 것이 매춘(성매매)의 기원이라는 견해가 지배적이다. 수천 년 전, 신전 앞에는 매춘부들이 가득했다. 오늘날 '거리의 여인'이라 일컫는 매춘부들의 집결 장소가 바로 신전 앞이었다. 구약성서에도 그와 관련된 대목들이 등장한다.

또 한 가지, 그리스 올림포스산의 신들 가운데 단연 최고의 추남이자 장애를 지닌 헤파이스토스는 왜 최고의 미녀, 아프로디테를 아내로 요구했을까?

학자들은 헤파이스토스의 콤플렉스 때문이었다고 지적한다. 그는 최고의 신 제우스와 헤라의 아들이다. 그러나 곧바로 버림받아 지상의 강으로 던져졌다. 다행히 구조됐지만 부모에게 사랑을 받지 못한 것이 그의 콤플렉스가 됐다.

그 때문에 헤파이스토스는 아프로디테에게 모성애를 기대했던 것 같다. 하지만 그러한 기대가 완전히 빗나가자 그는 아프로디테에게 복수했다. 오늘날에도 부모에게 학대당하면서 성장한 청소년들이 자주 빗나간 행동을 저지르는 것을 '헤파이스토스 콤플렉스'라고 한다.

상상의 새, 불사조

우리는 어떤 인물이 자기 앞의 온갖 역경과 시련들을 불굴의 의지와 집념으로 끈질기게 이겨내고 칠전팔기했을 때 그를 '불사조'라고 표현한다. 또한 어느 운동선수가 자기 종목에서 절대로 패배하지 않고 승승장구할 때도 불사조라고 한다. 불사조는 무엇일까? 강한 의지와 집념을 돋보이게 하는 상징적인 언어일 뿐일까?

그렇지 않다. '불사조(不死鳥)'는 우리의 봉황처럼 실체는 없지만 불멸, 부활 등을 뜻하는 가상, 상상의 새다. 영어로 '피닉스(phoenix)'를 그대로 사용하기도 한다. 기원전 10~5세기경 지금의 레바논, 시리아, 이스라엘 북부에서 강력한 고대 왕국이었던 페니키아(Phoenicia)에서 유래했기에 피닉스라고 명명된 불사조는 대체로 중동 지방, 특히 이집트 신화에서 근원을 찾을 수 있다. 물론 신화이지만 이들 지역에서는 '불사조의 전설'이라고 말한다.

　이들 지역에서 불사조가 상징하는 것은 죽어도 죽지 않는 새이며 또한 죽어도 부활하는 새라는 것이다. 불사조는 500년을 주기로 자기 몸을 불태워 재가 된 다음 그 재에서 새로운 불사조가 태어난다는 것이다. 그래서 '불새'라고도 한다. 화식조라는 조류의 일종이 아니라 불타는 새라는 뜻의 불새다. 이 불사조가 다시 태어나기 위해 죽을 때는 음악 같은 울음소리를 내는데 그 소리를 듣는 생명체들은 모두 죽는다고 한다.

　고대이집트는 태양신을 믿었다. 나일강의 동쪽에서 떠오른 태양이 서쪽으로 지지만 다음 날 어김없이 다시 떠오르는 것을 보면서 결코 죽거나 사라지지 않는 불멸과 부활의 상징인 태양신을 믿었다. 아울러 쳐다보면 갖가지 새들이 태양 가까이 떼 지어 나는 것을 보면서 태양신을 형상화하는 과정에서 기상의 상서로운 새, 불멸의 새를 떠올렸다.

　이 상상의 새는 크기가 독수리만 하고 색깔은 주홍과 황금빛을 띠었으며 항상 한 마리만 나타난다고 상상했다. 이 새는 500년을 살며 수명이 다하면 향기로운 나뭇가지와 향료 등으로 둥지를 만들고는 거기에 불을 질러 스스로 불에서 타버리고 재만 남으면 다시 태어난다고 여겼다.

　고대이집트를 다스리는 파라오(王)들은 머리에 이 상상의 새, 불사조를 만들어 장식했다. 고대이집트의 기념물이나 왕의 무덤 등에 새겨진 상형문자들을 보면 왜가리처럼 생긴 새의 그림이 많은 것도 위에서 언급한 그런 까닭이다. 그것을 '벤누(Bennu)'라고 불렀다.

고대이집트 태양신의 이름은 '라(Ra)'다. 이집트인들은 벤누는 라의 영혼 또는 라의 현신, 라의 아들이라고도 했다. 그리하여 라와 똑같이 벤누를 창조와 재생, 부활의 신으로 숭배했는데 태양이 스스로 태어났 듯이 불사조 벤누도 스스로 창조됐다고 생각했다.

또한 이집트 신화에서 벤누는 시간의 신이기도 하다. 시간의 길이, 시간의 구분, 밤과 낮, 연월(年月), 시간 분배, 시간의 순환을 담당하는 신이기도 하다는 것이다. 따라서 새 시대를 예고하는 새이기도 했는데, 새로운 파라오(왕, 통치자)가 등장할 때마다 그들은 벤누를 앞세웠을 뿐 아

태양신 라 라(Ra, Rah, Ré)는 고대 이집트 신화에 등장하는 태양신이다. 고대 이집트 제5왕조 때부터 주신으로 숭배받았다. 그는 낮, 정오의 태양신으로서, 아침에는 케프리, 저녁에는 아툼이라고 불리었다. 벽화에서 라는 매의 머리로 코브라가 태양을 둘러싼 모양의 왕관을 쓰고 있다.

니라 자신을 '라의 아들'이라고 추켜세우고 불사조의 전설을 자기 자신과 자신이 통치하는 시대에 맞게 조금씩 변형시켰다. 그 때문에 불사조의 전설은 한 가지가 아니라 다양하고 조금씩 차이가 있다.

많은 전문가들은 이집트 신화의 불사조가 고대이집트에서 창조된 것이 아니라 훨씬 동쪽, 즉 중동 지역이나 인도 등에서 이집트에 전해지고 흡수됐을 것으로 보고 있다. 이를테면 인도의 힌두교에는 '가루다(Garuda)'라는 불사조가 있다.

비슈누(Vishnu)는 힌두교 3대 신의 하나로 세계를 지키는 수호신이지만 원래는 태양신이었다고 한다. 비슈누가 하늘에서 내려올 때 가루다라는 불사조를 타고 내려오는데, 가루다는 온몸이 에메랄드빛이며 솔개와 같은 부리와 둥근 눈, 금 날개 그리고 4개의 팔이 있고 전체적인 모습이 솔개처럼 생겼다고 한다. 가루다는 때로는 신으로 묘사되기도 하는데, 힌두교를 믿는 네팔이나 동남아시아 일대에도 가루다가 널리 알려져 있다.

역시 중동 지방의 이슬람 신화에서도 불사조가 등장한다. 이 불멸의 새는 매우 상서로운 새로 창조됐지만 타락해서 마침내 죽게 됐으며 거대하고 신비로운 새로 다시 태어났다는 것이다. 이것을 이집트에서 영생(永生)과 관련시켰을 것으로 보고 있다.

또한 기독교에서도 내세(來世)와 부활과 관련 있으므로 불사조를 받아들이고 있다. 가령 유대교의 전설이나 격언 등을 엮은 '아가다(Aggada)'에서 불사조는 하느님이 창조했다는 것이다. 에덴동산에서 선악과(善惡果)를 먹고 쫓겨난 하와(이브)가 짐승들에게 선악과를 조금씩 먹였는데 피닉스(불사조)는 거부했기 때문에 유일하게 영생과 불멸할 수 있었다는 것이다.

늑대 젖을 먹고 자란 로마의 건국 영웅

고대 유럽을 대표하는 가장 융성했던 제국은 로마이다. 그러면 로마제국은 어떻게 탄생했을까? 물론 처음부터 제국은 아니었지만, 로마가 건국하기까지는 신화 또는 전설인지, 역사적 사실인지 다양한 견해들이 존재한다. 기원전 13세기 트로이전쟁까지 거슬러 올라가야 할 것 같다.

트로이(Troy)는 지금의 터르키에, 아나톨리아 고원을 포함한 소아시아 반도 서쪽 끝에 있었던 강력한 도시국가였다. 기원전 13세기 무렵, 그리스와 오랜 전쟁을 치르면서 우세한 위치에 있었지만 그리스군의 계략으로 잘 알려진 '트로이의 목마'에 의해 멸망의 위기에 놓이게 됐다.

트로이의 영웅은 아이네이아스(Aeneas)였다. 그리스와의 전쟁에서 아내까지 잃게 된 그는 늙은 아버지와 어린 아들 그리고 자신을 따르는 트로이 주민들을 여러 척의 선박에 태우고 정처 없는 항해에 나섰다. 수치스러운 도피였지만 그는 트로이를 재건하겠다는 굳은 야망을 품고 새로운 땅을 찾아 나섰다.

그러나 그들 일행은 항해 도중 심한 풍랑을 맞아 카르타고(Carthago)까지 흘러갔다. 카르타고(지금의 튀니지)는 아프리카 최북단 지중해와 맞닿아 있는 지역으로 고대에는 매우 부유한 왕국이었다. 당시 카르타고는 디도(Dido)라는 여왕이 통치하고 있었는데 아이네이아스 일행을 따뜻하게 맞아주었다. 더욱이 여왕과 아이네이아스는 서로 반하여 사랑에 빠져 꿈같은 시간을 보냈다. 하지만 아이네이아스는 자신들의 야망을 잊지 않았다. 곧 정신을 차리고 여왕과 이별한 뒤 다시 항해에 나섰다. 참사랑을 잃은 여왕은 자결했다.

아이네이아스 일행은 새로운 땅을 찾아 항해를 거듭한 끝에 이탈리아의 테베레강에 다다랐다. 그 무렵 이탈리아 일대는 라티누스(Latinus)라는 늙은 왕이 다스리고 있었다. 로마의 전설에 따르면 그는 라틴(Latin)족이라는 민족 이름의 기원이 된 영웅이라고 한다. 그는 아들이 없었고 라비니아(Lavinia)라는 외동딸만 있었다.

라비니아 공주는 미모가 빼어나 주변의 왕국들로부터 숱한 구혼을 받고 있었는데 아버지인 라티누스 왕의 꿈에 선친이 나타났다. 선친은 라비니아의 남편은 다른 나라에서 건너온 사람을 선택하면 그 후손에게서 전 세계를 정복할 민족이 탄생할 것이라는 계시를 받았다고 한다. 그럴 때, 아이네이아스 일행이 이곳에 나타난 것이다. 테베레 강가에 정박한 아이네이아스는 이 지역의 왕은 누구이며 어떤 종족들이 살고 있는

지 살펴보기 위해 100여 명의 부하들을 마을로 보냈다. 라티누스 왕도 이들과 만나게 됐는데 그들을 이끄는 우두머리가 트로이의 영웅 아이네이아스라는 사실을 알고 단번에 그가 자기 사위가 될 인물이라고 판단했다.

그리하여 아이네이아스 일행을 크게 환대하고 라비니아 공주와 결혼을 서둘렀다. 그런데 라비니아에게 끈질기게 구애하던 이웃 나라의 왕자가 크게 분노해서 라티누스 왕과 아이네이아스를 상대로 전쟁을 일으켰다. 이 전쟁에서 라티누스 왕이 전사하는 등 서로 큰 손해를 입은 끝에 아이네이아스가 승리했다.

전쟁에서 패배한 이웃 나라 왕자는 이웃의 부유한 강대국이었던 에트루리아(Etruria)에 도움을 요청했다. 에트루리아는 지금의 이탈리아 중서부 지역을 차지하고 있던 왕국이었다. 에트루리아 왕은 낯선 이방인들이 침입해서 세력을 확장하고 있는 것을 경계하며 그 왕자를 도와 전쟁을 준비했다. 그러나 이 사실을 알게 된 아이네이아스는 서로 다른 민족 사이의 화합과 단결을 위해 자신이 이끌고 온 트로이인들에게 라틴식 이름을 갖게 하고 원주민들과 굳게 단결하자 에트루리아도 함부로 전쟁에 나설 수 없게 됐다.

라비니아 공주와 결혼한 아이네이아스는 왕이 됐으며 아내의 이름을 따서 나라 이름도 '라비니움(Lavinium)'으로 정했다. 로마에서 남쪽으로 약 30km쯤 떨어진 곳이었다. 아이네이아스의 후손들이 계속해서 왕위를 이어가며 라틴족들을 다스렸다. 그런데 아이네이아스의 13대 후손에 이르러 문제가 생겼다. 13대 왕이 두 아들만 남기고 죽었는데 두 아들 사이에 왕위 다툼이 벌어진 것이다.

왕위에 오른 것은 장남이었지만 동생이 반란을 일으켜 형을 국외로 쫓아내고 자신이 왕위에 올랐다. 그와 함께 형의 혈통 가운데 남자들은 모조리 죽여버리고 여자는 무녀(巫女)로 만들었다. 무녀는 결혼할 수 없으므로 형의 혈통을 아예 싹 끊어버린 것이다.

그런데 무녀가 된 형의 딸이 신전에 바칠 물을 길으러 마르스 신의 숲에 갔다가 마르스의 눈에 띄었다. 마르스(Mars)는 로마신화에서 전쟁의 신이다. 고대 로마 군대는 마르스를 상징했다. 참고로 태양계의 행성인 화성이 마르스이다.

마르스는 그녀의 미모에 반해 사랑을 나눴고, 형의 딸이었던 레아 실비아는 처녀의 몸으로 임신했다. 그리고 쌍둥이 남자아이를 낳았다. 이 사실을 안 왕위를 찬탈한 동생은 크게 화를 내며 "남자는 살려둘 수 없으니 그 쌍둥이를 죽여버려라."라고 명령했다. 하지만 명령을 받은 신하는 차마 갓난아이들을 죽일 수 없어서 두 아이를 광주리에 담아 테베레강에 흘려보냈다.

그리고 강을 따라 흘러가던 광주리가 다행히 어느 언덕에 닿게 됐다. 그때 마침 물을 찾던 늑대 암컷 한 마리가 그곳까지 왔다가 배가 고파 울고 있는 쌍둥이를 발견했다. 암컷 늑대는 쌍둥이에게 젖을 물리고 광주리를 자기 굴로 가져왔고 그때부터 쌍둥이는 늑대의 젖을 먹고 자라나게 됐다. 그러던 어느 날, 마침 늑대 굴 옆을 지나던 양치기가 쌍둥이를 발견하고 늑대가 없는 틈을 타서 쌍둥이를 훔쳐 자기 집으로 데려와 자기 아들로 키웠다. 쌍둥이는 건장한 젊은이로 성장했다. 그들이 훗날 로마를 건국한 로물루스(Romulus)와 레무스(Remus) 형제다.

두 형제는 결국 자신들 출생의 비밀을 알게 됐다. 울분을 참지 못한 형제는 언젠가 반드시 왕위를 찬탈한 현재의 왕(외가 작은할아버지)을 죽이겠다는 결심을 하고 세력을 모으기 시작했다. 그와 함께 새로운 도시(도시국가)를 건설할 계획을 세웠다.

그에 따라 새 나라를 세우기로 한 지역이 로마(Roma)였다. 형제는 그곳에 높은 성벽을 쌓기 시작했다. 그런데 동생 레무스가 그 높은 성벽을 거침없이 뛰어넘는 것이었다. 형 로물루스는 동생이 자신의 경쟁자가 될 것을 경계해 그를 죽여버렸다.

로물루스는 로마라는 도시국가를 세웠지만 한 가지 문제가 있었다. 로마에 여자가 절대적으로 부족했다. 말하자면 인구를 늘리는 것이 큰 걱정거리였다. 그 시절에는 인구가 많아야 강국이 될 수 있었다. 로물루스는 이웃 나라들과 접촉하면서 서로 통혼하고자 노력했지만 그들은

로물루스 형제 로물루스(기원전 772년?~기원전 716년?)는 로마의 건국자이자 초대 왕이라고 전해지는 전설적 인물이다. 알바 롱가의 왕 누미토르의 딸 레아 실비아의 아들들인 로물루스와 레무스 형제 중 형으로서, 팔라티노 언덕에 세력을 구축했다. 아벤티노 언덕에 자리를 잡은 레무스와 경쟁한 끝에 기원전 753년 4월 21일 레무스를 죽이고 다른 5개 언덕의 동맹체로서 로마를 건국한다.

로마에 관심이 없을 뿐 아니라 몹시 비우호적이었다. 로물루스는 고심 끝에 한 가지 묘안을 생각해냈다.

그는 바다의 신을 모시는 대규모 축제를 구상했다. 축제가 열리면 이웃 나라의 수많은 사람이 구경하러 올 것이 틀림없으니 그 기회에 여자들을 납치하려는 것이다. 아니나 다를까. 축제가 열리니 이웃 나라에서 몰려온 남녀들로 인산인해였다. 로물루스는 병사들에게 여자를 납치하라고 은밀하게 지시했다. 다만 한 가지를 주의하라고 명령했다.

"여자를 보이는 대로 납치하되 절대로 몸에 손을 대서는 안 된다. 점잖게 함께 하룻밤을 보낸 뒤 모두 나에게 데려와라."

병사들은 로물루스의 명령에 따랐으며 이튿날 로물루스에게 데려왔다. 그렇게 납치된 이웃 나라 여성들이 700명 가까이 됐다. 로물루스가 그녀들을 정중하게 맞이하며 정성껏 설득했다.

"여러분, 우리는 겁탈하거나 희롱할 음흉한 생각으로 여러분을 납치한 것이 아닙니다. 우리 젊은이들은 평생을 함께할 결혼을 원합니다. 여성 납치는 그리스의 전통적인 관습입니다. 미혼 여성들의 결혼은 여러분의 나라 풍습에 따를 것입니다."

이웃 나라 여성들은 놀랐다. 전쟁 중에 납치당하면 당연히 겁탈할 줄 알았는데 정식으로 결혼하는 것이라니 정말 놀라웠다. 로마 병사들과 원하지 않은 하룻밤을 보내긴 했지만 그들은 모두 예의가 바르고 못된 짓은 절대로 하지 않았다. 어차피 납치당했기에 자기 나라로 돌아갈 수도 없었다. 그리하여 납치된 여성들이 거의 모두 로마의 남자들과 정식으로 결혼했다.

크게 분개한 것은 이웃 나라들이었다. 신을 위한 축제를 연 목적이 여자 납치라니! 자기 나라 여자들이 수백 명씩 납치당했으니 체념할 수도 없었다. 이웃의 세 나라가 군사를 이끌고 로마를 공격했다. 하지만 결과는 철저하게 전쟁에 대비하고 있던 로마의 승리였다. 오히려 세 나라는 로마의 식민지가 되고 말았다.

로물루스는 자주색 옷을 입고 머리에 월계수를 쓰고 네 마리의 말이 끄는 전차를 타고 수많은 시민의 열렬한 환영을 받으며 당당하게 로마로 개선했다고 한다. 또한 전쟁에 승리하고 이런 개선 형식이 고대 로마 개선식의 시초가 됐다고 한다.

그러나 문제는 사비니(Sabini)족이었다. 테베레강 북쪽 산악지대에 집단으로 거주하는 이탈리아의 강력한 부족인 사비니족은 여성들이 가장 많이 납치당한 상황이었다. 사비니족 타티우스(Tatius) 왕이 직접 많은 군사를 이끌고 자기 나라 여성들을 되찾아오기 위해 로마를 공격했다. 두 나라 간 전투는 치열했지만 좀처럼 승부가 나지 않았다. 그처럼 지리멸렬한 전투, 승부가 나지 않는 전투가 마냥 지속되고 있을 때 한 무리의 여성이 어린이들을 데리고 나타났다.

그녀들은 두 나라의 군사들이 대치하고 있는 중간 지역으로 몰려들어 사비니의 타티우스 왕에게 외쳤다.

"제발 전쟁을 끝내세요. 우리는 모두 서로 친척들이에요. 저희는 모두 자발적으로 로마의 시민이 돼서 이렇게 아이들까지 낳았어요. 타티우스 대왕님, 사비니의 군사들은 저희의 오빠, 남동생들이에요. 혈육, 친척끼리 죽기 살기로 싸우다니, 제발 전투를 끝내고 화해하세요."

여성들의 하소연은 설득력이 있었다. 그리하여 로마와 사비니는 전쟁을 끝내기로 합의하고 타티우스와 로물루스를 공동의 왕으로 세운 뒤

평화협정을 맺었다.

그렇게 해서 로마의 인구가 늘어나기 시작했다. 타티우스 왕이 죽자 로물루스가 통치했으며 후대인 기원전 268년에는 사비니까지 완전히 지배하게 됐다. 바야흐로 로마가 강력한 왕국이 된 것이다. 로물루스는 로마를 다스린 뒤 신비스럽게도 폭풍우 속으로 사라졌다고 한다. 로마인들은 그가 신이 됐다고 믿고 그를 숭배했다고 한다.

역사의 기록에는 로물루스가 로마(왕국)를 세운 것은 기원전 753년이며 로마제국이 탄생한 것은 기원전 27년이다. 놀랄 만큼 융성하던 로마제국은 서로마제국과 동로마제국으로 나뉘었다. 서로마제국은 395년부터 476년까지 이어졌고 동로마제국은 395년부터 1453년까지 이어졌다. 신화, 전설에 따르면 로마를 건국한 로물루스는 늑대의 젖을 먹고 자란 마르스 신의 아들이다. 어느 곳에서나 나라를 처음 연 인물은 영웅이 되고 신격화돼 그 민족의 자부심, 자긍심이 되기 마련이다.

무속 신화

무속(巫俗)에서 무당들이 주도하는 각종 굿에는 보편적으로 '본풀이'라는 과정이 있다. '본(本)풀이'란 무속에서 섬기는 온갖 신들에 관한 이야기로, 그 신의 탄생에서부터 현실 세계에 나타나기까지의 이력 사항을 줄거리가 있는 이야기 형식으로 풀어가는 것이다. 즉 신화(神話)를 무당이 사설 조의 구송(口誦)과 연희로 풀어놓는 것이다. 따라서 서사무가(敍事巫歌)라고도 한다. 무당의 본풀이 중 혼자서 하는 구송창은 북장단에 맞춰 단조로운 가락으로 짜여 있으며 연희창은 주무당(主巫堂)과 반주하는 무당 등, 여럿이 참여하며 판소리처럼 추임새도 넣는 것이 특징이다.

전문가들은 구송창은 무당이 신을 의식하고 신을 향해 구연하는 형태이고, 연희창은 인간을 의식하고 인간을 향해 신화 또는 설화의 내용을 흥미 있게 전달하기 위해서 개발한 구연(口演) 형태라고 한다. 아무튼 본풀이는 매우 다양할 뿐 아니라 북녘의 함경도와 평안도, 중부의 황해도, 남녘의 제주도에 이르기까지 그 종류를 헤아리기 어려울 정도로 전국적으로 대단히 많다.

제석풀이

'제석(帝釋)'은 불자들을 보호하는 불교의 수호신이다. 인도의 신령 인드라(Indra)를 한자로 표기한 것이다. 제석은 가신(家神)이기도 하다. 인간의 수명, 운명, 자손 번성 등을 관장하는 신으로 우리나라 무당들이 섬기는 신이다. 우리나라에서는 단군조선 시대, 천신인 환인(桓因)이 제석의 기원이라고 한다. 따라서 고조선 시대부터 제석을 섬겨왔다. 제석풀이의 기본 줄거리는 대략 아래와 같다.

해동조선(海東朝鮮, 우리나라)에 장대비라는 최고 부자가 살고 있었다. 그는 아들만 무려 9형제를 두어 딸을 얻고 싶었다. 그리하여 전국 명산대천을 찾아다니며 딸을 낳기를 간절히 기도한 끝에 마침내 딸을 낳았다. 아무것도 부족한 것이 없는 그는 맏딸이자 외동딸이며 막내인 딸을 애지중지하며 정성껏 키웠다. 그녀를 '당금아기'라고 불렀다.

그 무렵 전국을 떠도는 행색이 특이한 스님이 있었다. 그는 어디선가 당금아기의 얘기를 듣고 그 집을 찾아갔다. 마침 그녀의 부모는 전국을 유람하는 중이었고, 아들 9형제도 모두 외출하고 없었다. 대문이 굳게 닫혀 있는 집 안에는 당금아기와 그녀의 몸종 금단춘 그리고 문지기만 있을 뿐이었다. 집 앞에서 스님이 요술을 부리자 대문이 저절로 열렸다. 그는 서슴없이 당금아기가 있는 별당 앞까지 가서 염불했다. 시주를 하라는 것이었다. 그러자 당금아기는 몸종 금단춘을 보내 자초지종을 얘기했지만 스님은 들은 척도 안하고 당금아기에게 시주를 청하며 계속 목탁을 두드렸다.

스님의 끈질긴 목탁 소리에 당금아기가 어쩔 수 없이 치장하고 방문을 열고는 지금은 집에 아무도 없어서 시주할 수 없다고 정중하게 말했다. 그러나 스님은 걱정하지 말라며 지팡이를 들어 올리고 왼발로 땅바닥을 세 번 크게 밟으니 집 안의 모든 곳간이 저절로 문이 활짝 열렸다. 매우 놀란 당금아기가 멍하니 서 있자 스님은 곳간에서 쌀을 꺼내 동냥자루에 넣어달라고 부탁했다. 그런데 당금아기가 아무리 쌀을 퍼담아도 모조리 밑으로 쏟아지는 것이었다. 그것은 밑이 빠진 자루였다. 스님은 부처님께 공양할 쌀인데 함부로 다루어서는 안 된다며 쌀을 젓가락으로 한 알씩 주워 담았다.

그러는 사이 날이 어두워졌다. 스님은 날이 어두워져 갈 수가 없으니 하룻밤만 재워달라고 했다. 당금아기는 망설였지만 스님에게 예의를 다할 수밖에 없었다. 그래서 부모님 방에서 주무시라고 했지만 스님은 머리를 저었고, 오라버니들 방 역시 머리를 흔들었다. 그러면서 스님은 당금아기 방 한쪽 구석에서 자겠다고 했다. 당금아기는 그녀의 방 윗목을 스님에게 내줬다. 당금아기는 스님과 한방에서 자는 것이 너무 거북해서 수(繡)를 놓으면서 밤을 새우려고 했다. 그런데 스님이 주문을 외워 당금아기를 잠재웠다. 깊은 잠에 빠진 당금아기는 꿈속에서 낡은 구슬 3개를 얻어 몸속에 감추려고 애쓰다가 마땅치 않자 꿀꺽 삼켜버렸다. 그리고 새벽에 잠이 깼다. 스님은 일찍 떠나면서 당금아기에게 박씨 3개를 주며 귀한 아들을 낳을 테니 정성껏 키우라는 말을 남기고 떠났다.

당금아기는 그날 밤 신탁(神託)에 의한 결합으로 임신하게 된 것이다. 하지만 여러 제석풀이에서는 도술을 하는 그 괴상한 스님과 잠결에 성관계를 했다고 한다.

당금아기의 배가 점점 부풀어올라 임신한 사실을 숨길 수 없게 됐다. 당연히 집안에서는 난리가 났다. 처녀가 임신했으니 이게 될 말인가. 그녀의 부친은 내 딸이 아니라며 펄쩍 뛰었고, 9명의 오라버니는 서로 당금아기를 죽이려고 했다. 저마다 칼을 들고 당금아기를 내려치려고 했지만 이상하게 칼을 높이 들기만 하면 칼이 저절로 부러져버리는 것이었다.

너무 기가 막혀 눈물만 흘리고 있던 어머니가 입을 열었다. 당금아기가 아무런 죄가 없다면 하늘이 살려줄 것이고 죄가 있다면 벌을 내릴 것이라며 당금아기를 뒷산 바위틈의 작은 동굴로 보내자고 했다. 그에 따라 아홉 오라버니가 당금아기를 작은 동굴 속에 집어넣고 돌아가려는데 갑자기 천둥과 번개가 치는 것이었다. 저마다 두 다리가 땅에 달라붙어 꼼짝달싹도 할 수 없었을 뿐 아니라, 돌멩이들이 섞여 쏟아지는 폭우를 맞고 모두 쓰러졌다. 작은 돌멩이들과 흙이 섞인 폭우는 며칠 동안이나 계속 쏟아졌다.

마침내 폭우가 그치자 어머니가 동굴로 올라가 보니 당금아기가 아들 세쌍둥이를 낳아 품에 안고 있었다. 어머니는 당금아기와 세쌍둥이를 데리고 집으로 돌아와 그들을 키웠다.

세쌍둥이는 무럭무럭 자랐다. 하지만 또래들이 아버지 없는 아이들이라고 놀려대자 어머니 당금아기에게 우리는 왜 아버지가 없냐고 물었다. 쌍둥이가 일곱 살 때였다. 당금아기는 숨김없이 스님과의 관계를 자세하게 얘기해주면서 스님이 주고 간 박씨를 꺼냈다.

그들은 땅에 박씨를 심었다. 그랬더니 곧 박 넝쿨이 빠르게 자라나면서 끝없이 뻗어나갔다. 세쌍둥이와 당금아기가 박 넝쿨의 끝을 따라갔더니 산으로 올라가 조그만 사찰 앞에 다다랐다. 당금아기는 단번에 눈치를 챘다. 두 손을 모으고 공손하게 당금아기가 왔다고 말하자 전각의 문이 열리며 신선처럼 그윽한 도사 한 명이 나왔다. 당금아기는 모습은 전혀 달랐지만 그 도사가 자신과 하룻밤을 함께 지낸 스님이라는 사실을 알아차렸다.

어머니 당금아기의 태도를 보고 세쌍둥이도 눈치를 채고 "저희 아버님 맞지요?" 하고 묻자, 스님은 "뒷동산에 올라가 죽은 지 3년 되는 소뼈를 살려내 거꾸로 타고 오너라."라고 말했다. 세쌍둥이가 산으로 올라가 소뼈를 모아서 쓰다듬자 소가 살아났다. 세쌍둥이가 그 소를 타고 돌아오자 스님은 이번에는 "여기 짚으로 만든 닭이 있으니 살아 움직이게 해보라."라고 했다. 세쌍둥이가 아주 가볍게 성공했다.

스님은 고개를 끄덕이며 마지막 문제를 냈다. "하늘의 저 구름에 너희들과 나의 피를 섞어보자."라고 하는 것이었다. 세쌍둥이가 피를 뽑고 스님이 피를 뽑아 구름에 섞었더니 곧바로 서로 섞이며 뭉게구름이 되는 것이었다. 스님은 그 모습을 보고 세쌍둥이가 자기 아들들임을 인정했다. 그리고 그들에게 첫째는 형불(兄佛), 둘째는 재불(再佛), 셋째는 삼불(三佛)이라고 이름을 지어주었다. 또한 당금아기는 임산부들을 보살피며 순산하도록 도와주는 삼신(三神)이 되게 했다. 세쌍둥이는 각각 금강산 부처님, 태백산 문수보살, 골매기신이 됐다. '골매기'란 골(고을, 마을)의 악운을 막는 '막이'라는 뜻이다. 마을을 지키는 수호신으로는 성황신과 당산신 그리고 골매기신을 3신(神)으로 꼽는다.

당금아기는 '삼신할머니'가 돼서 아이를 낳는 임산부들을 보살폈다. 그 이래, 전통적으로 산모가 아기를 순산하거나 위험한 순간을 잘 넘기게 되면 삼신할머니가 도왔다고 말한다. 당금아기는 세쌍둥이, 즉 3명의 수호신을 낳았으니까 삼신 어머니지만 너무 오랜 옛적의 일이어서 전통적으로 삼신할머니로 부르게 된 것이다. 이것이 무속 '제석풀이'의 신화이며 설화다.

성주풀이

낙양성 십 리 허에 높고 낮은 저 무덤은
영웅호걸이 몇몇이며 절대가인이 그 누구냐
우리네 인생 한 번 가면 저 모양이 될 터이니….
에라 만수, 에라 대신이야….

<성주풀이>라는 곡명의 우리 민요풍의 대중가요다. 김세레나를 비롯한 나훈아, 조용필, 근래의 송가인까지 불러서 유행하고 있는, 인생이란 허무하고 덧없다는 내용이 담긴 노래다. 어디까지나 민요조의 노래일 뿐 본풀이의 성주풀이는 아니다. 물론 무당의 성주풀이 가운데 중국의 신화를 다룬 것이 없는 것은 아니다. 고대 중국의 전설적인 삼황오제(三皇五帝) 시대, 태평성대를 이룩했던 '요순(堯舜)' 시절을 서사무가로 꾸

민 것도 있지만 우리 무당들의 본풀이, '성주풀이'는 가내(家內)의 평안과 자손 번성, 집터의 안전과 복을 비는 신명 굿판에서 구송되고 연희된다.

집터를 맡은 신령인 성조 왕신과 그의 부인인 성조부인은 부르지 않으면 오지 않는다고 한다. 따라서 '성조(成造)풀이'라고도 하는데 흔히 말하는 성주풀이는 '성주(城主)풀이'로써 성은 집을 말하는 것이다. 전국 어느 곳에나 성주풀이가 있지만 대표적인 것이 해마다 음력 단오절(端午節)에 성주풀이의 본고장 경북 안동에서 거행되는 성주풀이다.

'성주'의 일반적인 한자 표기는 정확히 알 수 없다. 성조(成造)가 성주로 바뀌었는지, 성주(城主)인지, 성주(星主)인지 알 수 없다. 국어사전에도 한자 표기가 없다. 경북 안동 지역 성주풀이의 보편적인 사설 내용은 다음과 같다.

하늘나라 천궁(天宮)에 살던 '성주'가 잘못을 저질러 천상의 황제로부터 지상으로 유배를 가게 됐다. 지상의 인간세계에 내려와 정처 없이 떠돌며 귀양살이하던 성주는 강남 제비들이 많이 가는 곳을 따라가 '제비원'에서 정착하게 됐다.

'제비원'은 현재 경상북도 안동 이천동에 있는 실제의 지명이다. 성주 설화 때문인지 이곳에는 연미사(燕尾寺)를 비롯한 석불, 석상 등 불교 유적들이 무척 많다. 조선시대에는 여행객들이 쉬어가는 숙소들이 많았다고 한다. 해마다 제비가 많이 찾아오는 지역이어서 연비원(燕飛院)으로 불렀는데 우리말로 제비원이라는 이름이 붙은 것 같다.

아무튼 제비원에 머물게 된 성주는 인간 세상이 너무 위험하고 불안

할 뿐 아니라 가족들이 사는 집조차 제대로 지어진 것이 없었다. 땅을 파고 동굴 속에서 살거나 나무 위에 오두막을 만들고 그곳에 살고 있었다. 성주는 그것이 마음 아파 반듯한 집 없이 사는 인간들에게 집을 지어주고 싶었다.

그리하여 성주가 하늘의 천제(天帝)에게 자신의 소원을 빌었더니 천제는 그에게 제비원에서 솔씨(소나무 씨앗)를 전해 받으라고 했다. 성주는 솔씨를 받아 사방에 골고루 뿌렸더니 소나무가 솟아올라 무럭무럭 빠르게 자라나는 것이었다.

이 소나무들이 드디어 집을 지을만한 재목이 되자 그 가운데 자손이 번성하고 가족들이 부귀공명을 누리게 해줄 이른바 '성주목'을 골라 집을 지었다. 성주목은 산신이 불(火), 용왕이 물(水)을 보내 키운 나무이기에 함부로 베지 못하게 했으며 길일(吉日)을 택해 산신제를 지낸 뒤에야 집을 짓게 했다고 한다.

집을 지을 때 성주는 대들보가 된다. 이 대들보를 올리는 의식을 상량식(上樑式)이라고 하며, 대들보는 성주이며 집안의 평안을 보살피는 상량신(上樑神)이라고도 한다. 이때 굿이나 의식을 갖는다. 한옥에서 본채의 한가운데 있는 마루 위 천장 아래 집의 중심이 되는 대들보에는 입주연월일과 '응천상지삼광(應天上之三光) 비인간지오복(備人間之五福)'이라는 글귀를 적고, 양쪽 끝에는 해(海) 자나 용(龍) 자 또는 구(龜) 자를 적어놓고 백지를 붙인다.

3광과 5복은 집안과 가족의 안녕과 번성 그리고 복을 축원하는 것이다. 해, 용, 구의 글자는 집에 불이 나지 않게 해달라는 부적 같은 것이다. 그다음 제물을 차려 간단한 고사를 지내고 상량한다. 대들보를 올릴 때는 반드시 집의 가장이 줄을 잡아야 한다. 물론 대들보의 재목은 당연히 소나무다. 집이 완공되더라도 일반적으로 좋은 날을 잡아 성주신을 맞아들이는 '성주맞이굿'을 한다. 이 굿을 할 때는 집의 가장이 성주대(成造竿)를 잡게 해서 신이 내리게 하고 무당이 흰 종이를 술에 적셔 대들보에 붙이고 대들보를 향해 쌀을 뿌린다.

집을 지을 집터의 복을 비는 성주풀이는 결국 소나무 성주의 탄생에 대한 신화이며 설화다. 집을 지을 건축자재 소나무를 신격화한 이 신화는 민중의 소박한 신앙심을 표현한 것이다.

앞의 '제석풀이'는 이미 삼국시대부터 거국적 행사로 거행됐다. 하지만 '성주풀이'가 어느 때 기원했는지는 정확히 알려지지 않았다. 다만 실제로 존재하는 경북 안동이 등장하고 제비원이 등장하는 것을 보면 그다지 오래된 것 같지는 않다. 신화라기보다 설화라고 할 수 있다.

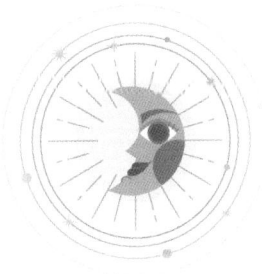

Part 2.

| 일정한 구조를 갖추고
입에서 입으로 전해오는 설화 |

불교의 구세주 미륵 설화

아이를 점지해준다는 삼신할미

설화의 핵심 요소를 담은 거타지 설화

부적과 비형랑 설화

청룡과 서동요

왕건의 조부 작제건(作帝建) 설화

불교의 구세주 미륵 설화

많은 종교들에서 구세주(救世主)를 내세운다. 험난하고 고통스러운 이 세상에 만민을 구원할 구세주가 나타난다는 것이다. 심지어 사이비종교에서 교주가 자신이 구세주라고 주장하는 예도 많다. '미륵(彌勒)'은 불교의 구세주다. 불교나 유교는 철학이나 사상적으로 빈틈이 거의 없는 개념과 정의 그리고 논리를 갖추고 있지만, 종교성이 약하다는 단점을 가지고 있다는 평가를 듣는다. 그나마 불교는 구세주 미륵이 있어서 전통 종교로서 존중받고 있다. 따라서 불교에는 '미륵'과 관련된 명칭들이 대단히 많다. 미륵신앙을 비롯한 미륵불, 사찰, 사찰 터, 석상 등 일일이 지적하기 어려울 정도로 넘쳐난다. 그럴 뿐만 아니라 무속신앙에서도 미륵은 매우 중요한 신적 존재로서 미륵을 신으로 모시는 무당들이 아주 많다.

미륵에 대한 설화는 우리나라를 비롯한 동남아 거의 모든 국가에 널리 퍼져 있다. 물론 서로 약간의 차이는 있지만 고대 인도에 기반을 두고 있어서 기본적으로는 비슷하다. 미륵 설화에는 대략 세 가지 유형이 있다.

첫째는 석가모니와 미륵이 이 세상을 창조했다는 신화적 요소를 지닌 설화이고 둘째는 미륵이 세상을 창조했다는 것이다. 그러나 그보다 셋째가 중요하다. 미륵이 구세주가 돼서 이 힘난하고 고통스러운 세상, 난세에 출현한다는 설화다.

미륵은 인도의 어느 작은 왕국에서 브라만(Brahman) 가문 출신이었다. 브라만은 인도의 전통적인 카스트제도(계급제도)의 최상위 계급으로 제사장이나 승려들이 이 계급에 속한다. 인도는 이 계급제도가 철저해서 다른 계급과는 접촉은커녕 소통도 하지 않는다. 심지어 자신의 계급보다 아래 계급이 만든 음식은 불결하고 오염됐다며 먹지도 않는다. 그 때문에 근래의 브라만 계급에는 성직자들뿐 아니라 귀족들도 있으며 브라만 계급에 음식을 제공하는 요리사도 있다.

미륵의 성별에 대해서는 여성이라는 기록도 있고 남성이라는 기록도 있어서 분명치 않다. 아무튼 그는 출가해서 석가모니의 제자가 됐다. 그의 이름은 아시타(Ajita)였다. 그 당시 석가모니는 민중에게 설법을 베풀며 중생을 제도하고 있을 때였다. 알다시피 불교는 '깨달음'을 위해 스스로 수행하고 고행하는 종교다. 따라서 깨달음을 얻으면 누구나 부처가 될 수 있다는 논리를 펼친다.

미륵이 부처님인 석가모니의 제자로서 얼마 동안 수행을 했는지는 정확히 모르지만 그는 깨달음을 얻고 석가모니로부터 수기(授記)를 받았다. '수기'는 깨달음의 결과로써 언제 어디서 부처가 되리라고 예언해 주는 것이다. 그리하여 미륵은 보살(菩薩)이 됐다.

'보살'은 여러 의미가 있다. 득도, 즉 깨달음을 얻은 고승을 뜻하고, 깨달음을 추구하며 중생을 제도하려는 사람을 뜻하기도 한다. 또한 근래에는 신심이 깊은 나이 많은 여신도를 보살이라고 부르기도 한다. 미륵은 석가모니로부터 수기까지 받았으나 석가모니보다 먼저 죽었다. 그리하여 그는 붓다(Buddha)가 되어 도솔천(兜率天)으로 올라갔다. '붓다'는 한자로 불타(佛陀)이며 깨달음을 얻은 자, 즉 부처를 말한다. '도솔천'이란 하늘, 즉 천상의 세계로 이상향이다. 석가모니도 태어나기 전까지 도솔천에 있다가 사바세계에 환생한 것이라고 한다. 사바세계(娑婆世界는) 중생이 갖가지 고통을 참고 견뎌야 하는 이 세상을 말한다.

도솔천에서는 나이 4,000세가 돼야 하루가 지나간다. 미륵은 56억 7천만 년 뒤에 사바세계에 내려오는데 그때 우리 인간의 수명은 84,000세가 된다고 한다. 아직 도솔천에 있지만 미륵은 중생을 제도할 구세주 붓다로서 용화수(龍華樹) 아래서 성불하여 중생들이 진리의 눈을 뜨게 한다는 것이다. 그리고 6만 년 뒤에 다시 열반한다는 것이다.

미륵이 기원전 약 500년 전, 인도의 작은 왕국에서 태어나 석가모니의 제자가 됐다고 하지만 그가 석가모니처럼 과연 실존 인물인지는 정확하게 알 수 없다. 어쩌면 신화 또는 불교 설화 속의 가상 인물일지도 모른다. 하지만 그가 구세주를 이용하여 사바세계에 나타날 것이라는 주장은 각 시대마다 상당한 설득력이 있었다.

물론 미륵이 사바세계에 '언젠가' 나타난다지만 확실히 '언제' 나타난다는 근거는 없다. 그에 따라 언젠가 나타날 구세주 미륵을 기다리는 미륵신앙이 등장해서 빠르게 전파됐다. 우리나라에도 이미 삼국시대에 미륵신앙이 들어왔으며 민속신앙, 무속신앙들과 결합하면서 막강한 영향력을 지니게 됐다. 백제의 무왕(武王)은 미륵사라는 사찰까지 지었다. 아울러 미륵을 자처하는 인물들이 시대마다 어김없이 나타났다. 그 대표적인 인물이 후고구려, 태봉(泰封)을 세운 궁예(弓裔)다. 그는 자신이 미륵, 미륵불이라면서 포악한 성격으로 무자비한 폭정을 저지르다가 왕건(王建)의 세력에 밀려 백성들에게 피살됐다.

고려시대, 14세기 후반에는 이금(伊金)이라는 승려가 있었다. 강원도 고성 출신인 그는 자신이 미륵불이라고 백성들을 기만하며 술법으로 풍요로운 세상을 만들겠다고 사기 행각을 벌이다가 체포돼 처형됐다. 하지만 승려였던 그의 사기 행각은 고려가 불교를 억압하고 유교를 받

금동미륵반가사유상 삼국시대에 만들어진 금동미륵보살반가사유상은 일제 때 밀반출되어 출토지가 불분명하여 그 제작지를 정확히 알 수 없으나 국보 제78호 금동미륵보살반가사유상과 함께 삼국시대 불상 중에서 대표적인 예로서 조형적으로 매우 우수한 작품이다.

아들이는 데 좋은 구실이 됐다.

조선의 숙종 때에 대기근이 들어 백성들의 삶이 무척 핍박해지고 시국이 어수선한 틈을 타 경기도 양주 태생의 여환(呂還)이라는 떠돌이 승려가 자신이 도솔천에서 이승으로 내려온 미륵불이라며 백성들을 현혹했다. 그는 자신이 금화 천불산에서 일곱 개의 별이 강림해서 3개의 국자를 주었다고 했다. 국자는 누에 상자라고 한다.

그런데 국자 하나가 '나라 국(國)' 자를 가리키며 이제 석가모니의 시대가 끝나고 미륵이 주관하는 세상이 올 것이라며 자신이 미륵이라고 했다. 그는 무당의 집에 머물면서 자기가 아들을 낳으면 그가 다음에 왕이 될 것이라며 신도를 모으다가 아들을 낳지도 못하고 관청에 들통이 나서 처형됐다.

또한 미륵을 근거로 <정감록(鄭鑑錄)>이라는 예언서가 필사본으로 등장했다. 그 뒤 전국 곳곳에서 정감록이 쏟아져 나와 정본을 찾기도 어렵고 저자도 알 수 없지만, 이 필사본의 중요 내용은 머지않아 조선왕조가 끝나고 정(鄭)씨가 나타나 새로운 세상을 만들 것이라는 내용이다. 역시 임진왜란, 병자호란 등의 환란을 겪은 어지러운 세상에 구세주 정씨가 나타나 백성들을 구원하게 된다는 예언이었다.

우리 무속신앙에서 미륵은 많은 무당에게 최고의 신이다. 따라서 굿을 하게 되면 미륵을 불러오는 '본풀이'를 하는 대목이 있다. 이들에게 미륵은 구세주일 뿐 아니라 인간의 생로병사를 관장하는 최고의 신이기도 하다.

도솔천에서 머무는 미륵은 사바세계에 내려와 용화수 아래서 성불하여 중생을 제도하고 진리를 깨우치게 한다는 설화로 말미암아 불교와 관련해서 '용화'라는 명칭이 들어간 것들이 많다. 용화사라는 사찰도 있다. 또한 많은 사찰들의 경내에는 대웅전을 비롯한 여러 전각이 있는데 용화전, 미륵전, 자씨전 등은 모두 미륵과 관련이 있는 것이다. 미륵은 인도 고대의 산스크리트어로 마이트레야(Maitreya)라고 하는데 이것을 한자로 음역한 것이 자씨(慈氏)라고 한다.

한 가지 일화를 소개한다. 1960년대에는 미륵을 숭상하는 '용화교(龍華敎)'라는 사이비종교가 있었다. 불교의 한 종파를 가장한 이 사이비종교의 교주 서백일(徐白日)은 상습적으로 여신도들을 겁탈하다가 교도소를 밥 먹듯이 드나들었으며 결국 그에게 지속해서 겁탈당한 어느 신도의 오빠에게 피살됐다.

불교를 창시한 석가모니의 호칭이 매우 많아서 혼동하는 경우가 많다. 더욱이 그의 호칭들이 한자의 음차와 음역으로 우리에게 알려진 것들이 많아서 더욱 혼란스럽다. 따라서 참고삼아 그의 호칭을 알기 쉽게 정리하고자 한다.

BC 560년경에 태어난 그는 실존 인물이다. 하지만 그의 생년월일은 정확히 알 수 없다. 우리는 4월 8일을 '부처님오신날'로 정해놓고 있지만 반드시 4월 8일이라고 단정할 수는 없다. 그는 인도 북부에 집단 거주하던 샤키야(Sakya) 부족이었다. 태어난 곳은 인도 국경의 룸비니(Lumbini)로 지금은 네팔의 영토다.

그의 본명은 샤키야 싯다르타(Sakya Siddhartha)다. 샤키야가 성(姓)이고 싯다르타가 이름이다. 앞의 설명대로 샤키야는 그가 속한 부족을 말한다. 싯다르타라는 이름은 '목적을 달성한다'라는 뜻이라고 한다. 그가 왕자의 지위를 버리고 출가했을 때 35세였다고 한다. 또 다른 기록들에는 그가 깨달음을 얻은 해가 35세였다고도 한다. 그는 왕자 시절 아내가 있었으며 아들 한 명이 있다.

그가 득도한 뒤 석가모니라고 불렀다. 석가모니(釋迦牟尼)는 한자로 음역한 것이며 인도의 고대어인 산스크리트어로 Sakyamuni다. 역시 '샤키야'는 부족의 명칭이며 '무니(Muni)'는 성자(聖者)라는 뜻이다. 또한 그를 붓다(Buddha)라고 부르는 것은 아니라 깨달은 자, 부처를 일컫는 말이다. 고행자를 뜻하기도 한다. 한자로는 불타(佛陀)라고 적는다.

또한 석가여래라고 할 때 '여래(如來)'는 열반에 다다른 사람, 즉 부처를 말하는데 부처를 뜻하는 칭호는 열 가지가 있으며 여래는 그 가운데 하나다. 좀 더 자세히 말하면 부처와 같은 길을 걸어서 열반의 피안에 다다른 사람 또는 진리에 도달한 사람을 뜻한다. 따라서 불교에서 여래는 석가모니 한 사람만은 아니다.

아이를 점지해준다는 삼신할미

'삼신할미'는 삼신할머니, 제주도에서는 삼신할망, 삼신할망, 삼신힐멍, 삼승할망 등으로 불리며 어린아이의 출산, 육아 등을 보호하는 우리나라 고유의 어린아이 수호 여신(女神)이다. '할미'는 나이 많은 할머니를 뜻하는 것이 아니라 '큰어머니'라는 뜻이다. 대모(大母)라고 할까? '어머니의 어머니'라고 할까? 하지만 일반적으로 그냥 나이 많은 할머니로 쓰인다.

우리 민족의 고유한 3대 신은 천지를 창조한 창조신 마고(麻姑)할미, 하늘의 신 환인(桓因) 그리고 삼신할미다. 말하자면 신들 가운데서도 품격이 무척 높은 상위 신이라고 할 수 있다. 삼신할미의 삼신(三神)은 전체를 총괄하는 마고할미, 저승에서 죽은 아이를 돌보는 동해 용녀, 이승에서 산모가 아기를 탈이 없이 건강하게 잘 낳도록 돌보는 명진 공주를

가리킨다. '명진' 또는 '명진국'이란 수명이 긴 나라를 뜻한다. 삼신할미
와 관련해서 아래와 같은 설화가 있다.

    동해 용왕이 마흔이 넘도록 아이가 없자 백일기도를 드린 끝에 늦둥
이 딸을 낳았다. 동해 용왕 부부는 너무 기뻐 딸을 애지중지하며 귀하
게 키웠더니 딸아이가 버릇이 없고 온갖 못된 짓을 하기는 바람에 사방
에서 원성이 높아지자 동해 용왕은 어쩔 수 없이 그녀를 죽이기로 했다.
그러나 왕비가 애원해서 인간 세상으로 쫓아버리기로 했다.
    그제야 정신을 차린 용왕의 딸이 인간 세상에 가서 어찌해야 하느냐
고 어머니에게 묻자, 왕비는 지금 인간 세상에는 생불왕이 없으니 그 일
을 하라고 지시했다. 생불(生佛)은 살아 있는 부처를 말한다. 최고의 생
불로서 덕행을 쌓으라는 것이었다. 그리하여 딸은 생불이 해야 할 역할
들을 배우고 있는데 아버지인 동해 용왕이 빨리 인간 세상으로 가라고
다그치는 바람에 생불이 해야 할 일을 다 배우지도 못하고 인간 세상으
로 나오게 됐다.
    인간 세상에서 동해 용왕의 딸은 생불이 되고자 했지만 미처 다 배우
지 못한 탓에 새 생명(갓난아기)에게 잉태는 시켰으나 해산을 시키지 못
해 출산하다가 산모와 갓난아기가 모두 죽고 말았다. 졸지에 아내와 아
기를 모두 잃은 남편이 너무 억울해서 이 사실을 옥황상제에게 하소연
했다. 그러자 옥황상제는 사천대왕을 불러 생불왕에 맞는 자를 추천하
라고 하자 그는 수명이 몹시 긴 나라 명진국의 공주가 덕을 많이 쌓았
으니 그녀가 인간들의 아이를 낳게 하는 생불왕이 됐으면 좋겠다고 추
천했다.

하지만 동해 용왕의 딸이 물러서지 않고 명진 공주와 다툼을 벌이자 옥황상제는 두 여자를 놓고 꽃을 피우는 내기를 시켰다. 그 결과 명진 공주는 꽃이 활짝 피도록 잘 키웠는데 동해 용왕의 딸은 꽃이 피게 하지 못했다. 그에 따라 옥황상제는 명진 공주에게 이승에서 아이를 낳게 하는 삼신 할멈이 되게 하고, 동해 용왕의 딸에게는 저승에서 죽은 아이를 돌보는 저승 할머니가 되도록 했다는 설화다.

이러한 삼신할미 설화는 우리나라에서 전국적으로 알려졌지만 제대로 전승되고 있는 본고장은 제주도라고 할 수 있다. 다른 지방의 경우는 대체로 무속에서 무가(巫歌)에 등장한다. 예컨대 무속에서 섬기는 성주신(城主神)의 부인 가운데 한 명이 삼신할미가 됐다든가, 세존(석가모니)의 아내가 삼신할미가 됐다는 식이다.

본고장 제주도의 삼신 할멈은 우리 민족의 대표적인 여신이지만 옥황상제가 임명한다는 것이 조금 아쉽다. 또한 원래의 삼신 할멈은 동해 용왕의 딸이나 명진 공주가 그렇듯이 가임성이 있는 젊은 여성으로 삼신 아가씨였으며 할망은 신격 존칭이지만 나이가 많은 할머니를 뜻하기도 한다.

예전에는 임산부들이 출산할 때 절대적으로 삼신할미의 도움과 보호를 기대했다. 알다시피 예전에는 유아사망률이 높아서 아무 탈이 없이 아기를 순산하는 것이 큰 소망이었다. 자칫하면 아이를 낳다가 아기는 물론 산모까지 목숨을 잃었다.

그처럼 유아사망률이 높았던 까닭은 무엇보다 전염병 때문이었다. 유아들의 사망 원인 가운데 가장 비율이 높았던 전염병이 흔히 '마마'라고 부르는 천연두였다. 바이러스에 의해 감염되는 천연두는 세계적으로 악명 높은 전염병으로 치사율이 30%가 넘었다. 무속에서는 '마마 귀신'이라고 불릴 정도로 대책이 없던 전염병이었다.

또한 그 때문에 유아가 목숨은 잃지 않더라도 얼굴에 큰 상처가 남는 경우가 많았다. 얼굴에 가득했던 피부 발진이 굳어져서 이른바 '곰보'라고 하는 뚜렷한 흔적을 남긴다. '곰보'는 얼굴이 마치 골프공 표면처럼 짙은 갈색의 패인 자국들로 가득하여 평생 그대로 남게 된다. 예전에는 곰보가 적지 않았으나 다행히 1977년 천연두는 완전히 박멸됐다.

그리고 유아들이 거의 빠짐없이 병치레하는 것이 '홍역(紅疫)'이라는 전염병이다. 대개 아기가 한두 살 때 많이 걸리는 홍역은 기침이나 재채기 등이나 공기를 통해 호흡기에 감염되는 질병이다. 홍역에 걸리게 되면 아기가 고열에 시달리며 온몸에 붉은 발진들이 솟는데, 감염성이 매우 높은 급성 전염병이다. 때로는 폐렴 같은 합병증이 생겨 위험하다.

그야말로 삼신할미의 보살핌으로 산모가 아기를 순산하면 그 집안의 경사가 아닐 수 없다. 요즘은 거의 모두 산부인과 의사의 도움을 받으며 병원에서 출산하지만 예전에는 당연히 집에서 아이를 낳았다. 갓난아기가 태어난 집의 대문에는 '금줄'을 쳤다. 금줄은 금으로 된 줄이 아니라 출입 금지의 '금(禁)'이며 줄은 짚으로 꼰 새끼줄이다. 두 줄로 꼰 새끼줄에 남자아이가 태어났으면 숯과 붉은 고추를 드문드문 꽂아놓았다. 여자아이는 숯과 솔잎을 꽂았다.

금줄을 치고 나면 삼칠일(21일) 동안 그 집에 외부인은 출입할 수 없다. 오랫동안 이어져 온 관습이기도 하지만 산모의 조리 기간이며 갓난아기도 청결한 상태에서 보호될 수 있다. 금줄에 매단 새끼줄, 숯, 고추,

솔잎 등은 모두 병균의 감염을 억제하는 살균력이 있는 것들이며 불결한 것들이나 귀신 따위가 침범할 곳이 아니라는 뜻이기도 하다.

가족들도 집 안 출입을 조심해야 한다. 가령 상가(喪家)에 다녀왔다거나 죽은 사람이나 상여를 본 가족, 동물을 죽인 가족 등 부정(不淨)이 있으면 함부로 선뜻 집 안에 들어서지 못한다. 금줄을 만드는 새끼줄은 보통 오른쪽으로 꼬는 반면에 금줄의 새끼줄은 두 줄을 왼쪽으로 꼰다. 그 역시 부정한 것을 막는다는 의미가 있다.

산모는 삼칠일 동안 갓난아이 옆에서 미역국과 쌀밥을 먹으며 몸조리한다. 산모의 방, 시렁(선반)에는 삼신단지에 햇곡식을 담아 얹어놓고 식사하기 전에 삼신에게 먼저 음식을 올린다. 경제적으로 여유가 있는 집안에서는 산모와 아기를 위해 삼신굿을 하기도 한다.

임산부의 양가가 모두 지위가 높거나 부유한 집안이면 임산부가 친정에 가서 친부모의 보살핌을 받으며 출산하기도 한다. 하지만 가난한 집안이나 시어머니의 위세가 대단한 집에서는 산모는 아이를 낳고 바로 그다음 날부터 밭에 나가 일을 해야 하는 경우가 많았다.

반세기 전만 하더라도 농촌은 매우 가난해서 그런 경우가 대부분이었다. 따라서 농촌 여성들은 늙으면 허리가 굽고 관절염, 근육통, 골다공증 등 온갖 잔병에 시달렸다. 아이를 많이 낳으면서도 몸조리를 전혀 할 수 없었기 때문이다.

설화의 핵심 요소를 담은 거타지 설화

'거타지(居陀知) 설화'는 신라시대 대표적인 설화의 하나로서 <삼국유사>에도 실려 있지만 우리가 잘 모르는 설화라고 할 수 있다. 이 설화에는 대다수의 설화가 갖고 있는 설화나 전설의 핵심 요소들이 모두 담겨 있어서 이 설화에서 인용되거나 각색된 우리 설화들이 많다는 것이 특징이다.

통일신라 말엽 진성여왕 때, 서라벌에 활을 기막히게 잘 쏘아 명궁으로 소문이 자자한 거타지라는 이름의 빼어난 화랑이 있었다. 그 무렵 진성여왕의 막내아들 양패(良貝)가 수행원들을 이끌고 중국 당나라에 사신으로 가게 됐는데 명궁인 거타지도 궁사로 뽑혀 수행원에 포함됐다. 사신 일행이 범선을 타고 당나라로 가는 도중 곡도(鵠島)에서 거센 풍랑에 부딪혔다. 곡도는 지금의 백령도라는 견해가 있다. 사신을 이끄는 양패가 당시의 관습에 따라 점술사에게 점을 치게 하자 '섬 안에 신성한 연못이 있는데 그곳에서 제사를 지내야 풍랑이 멎는다.'라는 점괘가 나왔다.

 사신 일행이 그 연못을 찾아가 제물을 차리고 제사를 지내는데 연못의 물이 갑자기 높이 솟아오르는 것이었다. 그리고 그날 밤 양패의 꿈에 한 노인이 나타나더니 "활을 잘 쏘는 사람, 한 사람만 이 섬에 남겨놓고 떠나면 순풍을 만날 것이다."라고 하는 것이었다. 사신 일행에는 거타지를 비롯해 궁사 여러 명이 있었지만 양패는 공정하게 하려고 각자의 이름을 적은 목간(木簡) 50쪽을 만들어 물에 넣고 제비를 뽑았다. 그러자 거타지 이름이 적힌 목간이 물에 잠겼다. 그에 따라 거타지만 곡도에 남겨놓고 모두 떠났다.

 곡도에 혼자 남은 거타지는 어찌해야 좋을지 몰라 망설이고 있는데 불현듯이 연못에서 한 노인이 나타나 "나는 서해의 신령인데 매일 해가 뜰 때마다 하늘에서 중이 한 사람 나타나 불경을 외며 연못을 세 바퀴 도는데, 그때마다 우리 신령의 가족들이 모두 물 위에 둥둥 뜨게 되고 그때마다 그 중이 내 가족들의 간을 하나씩 빼먹어서 지금은 아내와 딸만 남게 됐소." 하고 하소연하는 것이었다.

 이어서 "내일 아침에도 그 못된 중이 나타날 것이니 그를 활로 쏴주시오." 하고 부탁했다. 거타지가 승낙하니 노인은 다시 물속으로 들어갔다. 그리고 이튿날 아침, 거타지가 숨어서 중이 나타나기를 기다리는데 역시 중이 내려와 주문을 외우면서 늙은 용의 간을 빼먹으려고 했다.

거타지가 기다렸다는 듯이 그를 향해 활을 쏴 명중시키니 중이 늙은 여우로 변해 땅에 떨어져 죽고 말았다. 연못에서 노인이 다시 나타나 거타지에게 고맙다는 인사를 몇 차례나 하고 나서 그에 대한 보답으로 "부디 내 딸을 아내로 맞아주시오." 하는 것이었다.

그리고 노인은 자기 딸을 하나의 꽃으로 변신시켜 거타지의 품속에 넣어주었다. 또한 두 마리 용에게 거타지를 받들고 사신 일행이 타고 가는 범선을 쫓아가 그 배를 호위해서 무사히 당나라에 도착할 수 있게 하라고 명령을 내렸다.

마침내 사신 일행은 무사히 당나라에 도착했다. 당나라 관리들은 두 마리의 용이 신라의 범선을 받들고 있는 것을 보고 놀라서 황제에게 보고했다. 당나라 황제는 신라의 사신을 비상한 사람으로 여겨 성대히 대접하고 푸짐한 상까지 하사했다. 고국 신라로 돌아온 거타지는 꽃가지로 변신한 노인의 딸을 다시 여자로 변신시켜 그녀와 혼인해서 행복하게 살았다고 한다.

위의 내용이 <삼국유사>에 실린 거타지 설화다. 살펴봤듯이 이 설화에는 신화, 설화, 전설 등의 모든 요소가 골고루 갖춰져 있다. 영웅의 등장, 괴물(요괴), 용왕, 용왕의 딸, 변신, 둔갑과 같은 것들이 설화의 기본 요소라고 할 수 있다. 많은 설화가 영웅이 등장해서 위기에 처한 용왕을 도와 괴물을 물리치고 용왕의 딸과 혼인한다. 이런 맥락으로 보았을 때 거타지 설화는 우리 설화의 전형이라고 할 수 있다.

또한 이 설화에는 중(승려)이 등장한다. 그는 진짜 승려가 아니라 여우가 중으로 둔갑한 것이다. 이것을 두고 학자들은 신라 말기 변질된 불교를 비판하는 것이라고 말한다. 거타지가 사악한 중을 물리치는 것은 올바른 정통 불교의 수호를 상징한다는 것이다.

부적과 비형랑 설화

'부적(符籍)'은 재앙을 막고 악귀를 쫓기 위해 쓰는 붉은색의 무늬(문양), 그림, 글씨 등이 그려져 있는 노란색의 종이를 말한다. 누구나 TV를 통해서라도 한 번쯤 본 적이 있어 낯설지는 않다. 그럴 뿐만 아니라 오늘날에도 많이 이용되기 때문에 굳이 옛 풍속이라고 말할 수는 없다. 이러한 부적의 역사는 사뭇 오래됐다. 수만 년 전, 원시시대의 인류가 동굴이나 바위 등에 그려놓았던 암각화 등도 부적의 의미가 있다고 할 수 있다. 따라서 부적이 우리나라에만 있는 것은 아니다. 중국이나 일본도 있고 서양에도 있다.

우리나라의 경우 단군(檀君) 시대까지 거슬러 올라간다. 단군신화에 따르면 천상의 임금인 환인이 아들 환웅을 지상으로 내려보내 인간들을 다스리게 한다. 그때 환인은 환웅에게 '천부인(天符印)'을 주었다. 이

것은 하늘에서 내려왔다는 징표이자 하늘의 도움과 보호를 받아 인간들을 잘 다스릴 수 있도록 신의 능력을 주는 것이었다. 그런데 천부인 또는 천부삼인(天符三印)이라는 이 징표와 관련해서 환웅에게 주어진 이 세 가지에 대해 여러 견해가 있다. 인장, 즉 도장이라는 설도 있고 청동검, 청동 거울, 청동 방울이라는 견해도 있다. 역사적으로 단군은 외지에서 온 세력이며 단군이 나라를 열 때가 청동기시대가 시작될 무렵이어서 청동 기물이라는 견해는 설득력이 있다.

그 세 가지 청동 기물들은 샤먼(무당)이 사용하는 무구(巫具)들이다. 그 당시 나라의 지도자는 임금과 제사장을 겸했다. 단군도 제사장이었다고 하니까 상당히 일리가 있다. 하지만 천부인이 하늘, 즉 신의 징표라고 하는 견해를 수용한다면 그 징표가 곧 부적이며 우리나라 최초의 부적이다. 그런데 부적이 우리 역사에 기록으로 나타난 것은 <삼국유사>가 처음이라고 볼 수 있다. 그것이 바로 '도화녀와 비형랑 설화'다. 이 설화는 매우 특이해서 사적(史的)으로도 상당한 가치와 의미가 있다고 한다. 설화의 내용은 대략 이러하다.

우여곡절 끝에 왕위에 오른 신라 25대 진지왕은 그 당시 매우 혼란스리웠던 정국을 바로잡지 못하고, 선정이 음란해서 여색을 즐기다가 재위 4년 만에 화백 회의의 결정에 따라 폐위되고 곧 죽고 말았다. 하지만 <삼국사기> 등에서는 그가 폐위됐다거나 음란했다는 기록이 없다고 하는데, 그 당시 심각한 귀족들의 갈등으로 폐위되고 시해된 것이 아닌가 하는 의심이 든다.

아무튼 <삼국유사>에 따르면 여색을 좋아했던 진지왕은 도화녀(桃花

女)라는 빼어난 미인이 있다는 소문을 듣고 그녀를 찾아갔다. 아니나 다를까, 역시 소문대로 그녀는 절세미인이었다. 진지왕은 당장 그녀와 성관계하려고 했지만, 그녀가 막았다. 자기는 남편이 있는 유부녀여서 다른 남자와 동침할 수 없다라는 것이었다. 그러자 진지왕이 어쩔 수 없이 만일 남편이 없다면 되겠느냐고 묻자 도화녀는 그때는 받아들이겠다고 했다.

그런 후 2년이 지난 뒤에 진지왕은 폐위되고 갑자기 죽었다. 공교롭게 도화녀의 남편도 죽었다. 그리고 10여 일 후에 죽은 진지왕이 살아 있을 때와 똑같은 모습으로 도화녀의 방에 들어와서 네 남편도 죽었으니 약속을 지키라는 것이었다. 도화녀도 그가 진지왕인 것을 알고 있었다. 하지만 곧바로 동침을 허락하지 않고 부모님께 여쭤보겠다고 했다. 그녀의 부모는 비록 폐위됐지만 그래도 임금의 명령인데 어찌 거역하겠냐며 동침을 허락했다.

그리하여 진지왕이 도화녀의 방에서 7일을 머물렀는데 항상 오색구름이 집을 감싸고 향기가 방 안에 가득했다. 7일이 지나자 진지왕은 홀연히 자취를 감췄고, 도화녀는 임신했다. 그리고 달이 차서 그녀가 출산하려고 하자 천지가 진동했다. 그녀는 아들을 낳아 이름을 '비형(鼻荊)'이라고 했다. 그 당시 젊은 남자들은 이름 뒤에 '랑(郎)' 자를 붙였기에 그를 '비형랑'이라고 부르게 됐다.

진지왕의 뒤를 이은 진평왕은 죽은 진지왕이 도화녀를 임신시켜 아들을 낳았다는 기이한 소문을 듣고 비형랑을 불러들여 궁중에서 키웠다. 그리고 15세가 되자 집사라는 벼슬까지 주었는데 그는 매일 밤 먼 곳으로 달아나 귀신들을 거느리고 노는 것이었다. 비형랑은 귀신들의 왕초였던 것이다.

 진평왕이 그 사실을 알고 비형랑에게 귀신들을 데리고 다리를 놓으라고 했더니 불과 하룻밤에 큰 다리를 놓아 그 다리를 '귀교(鬼橋)'라고 했다. 그들의 초능력에 감탄한 진평왕이 귀신 무리 가운데 인간 세상에 나와서 정치를 보좌할 만한 자가 있느냐고 비형랑에게 묻자 그는 길달(吉達)이라는 자를 추천했다. 길달은 궁궐에 들어와 진평왕을 충실하게 보좌하더니 어느 날 갑자기 여우로 둔갑해서 도망쳐 버렸다. 비형랑이 분노해서 다른 귀신들을 시켜 여우가 된 길달을 잡아 죽였다. 그러자 귀신 무리들이 비형랑을 무서워하며 이름만 들어도 도망쳤다.

 이런 사실을 알게 된 사람들이 비형랑에 대한 노랫말을 만들었는데 "성스러운 임금의 혼이 아들을 낳았으니 비형랑의 집이 여기로다. 날뛰는 온갖 귀신의 무리들아. 이곳에 함부로 머물지 말라."라고 하였다. 신라 백성들은 이 가사를 대문 앞에 써 붙여서 액운을 막고자 했고, 귀신이 얼씬도 못하게 했다고 한다.

 이것이 '비형랑 설화'의 간추린 내용이다. 이러한 설화를 가리켜 이물교구설화 가운데서도 '사자교혼(死者交婚) 설화' 또는 '시애설화(屍愛說話)'라고 한다. 죽은 사의 영혼이 살아 있는 사람과 정을 통하고 자녀를 낳는다는 설화를 말한다. 우리 설화들 가운데 그러한 설화가 적지 않다. 그들이 낳은 아이는 대개 비상한 능력을 갖춘 인간으로 나타난다.

 비형랑은 귀신을 다스릴 줄 알고 귀신을 죽일 수 있어서 귀신들이 가장 무서워하는 존재다. 따라서 대문 앞에 이 집에 비형랑이 있다고 써 붙여만 놓아도 귀신들이 얼씬도 못한다고 한다. 얘기하고자 하는 것은 이것이 우리나라 부적의 시초이며 그 뒤부터 부적이 크게 활성화됐다는 것이다.

통일신라 때 '처용(處容)'은 처용가, 처용무 등을 통해 잘 알려진 인물이다. 설화에 따르면 그는 용왕의 아들이지만 일반적으로 신라에 거주했던 아라비아인, 즉 외국인이라고 이해되고 있다. 그는 신라 여성과 결혼하고 벼슬까지 얻어 관리가 됐는데 그를 시기한 역신(疫神)이 그의 아내를 유혹해서 정을 통했다. 일설에는 역신은 전염병을 뜻하는 것이며 처용의 아내와 정을 통했다는 것은 그의 아내가 전염병에 걸렸다는 것을 뜻한다고도 한다.

어찌 됐든 밖에서 돌아온 처용은 자기 아내와 낯선 남자가 한 이불속에 누워 있는 것을 보고 분노하기는커녕 춤을 추며 노래를 불렀다. 이에 감동한 역신은 본래의 모습으로 처용 앞에 꿇어앉아 "내가 당신의 아내를 사모해 잘못을 저질렀지만 당신이 노여워하지 않으니 감동하고 아름답게 여깁니다. 맹세컨대 이제부터는 당신의 모양을 그린 것만 봐도 그 문 안으로는 절대로 들어가지 않겠소."라며 머리를 조아렸다.

그다음부터 신라 백성들이 처용의 모양을 그린 부적을 문에 붙여 귀신을 물리치고 경사스러운 일을 맞아들였다고 한다. 비형랑도 귀신을 몰아내는 능력이 있어서 대문에 이 집에 비형랑이 있다고 써 붙이기만 해도 귀신이 접근하지 못해 부적의 효시가 되었고, 그 뒤를 따라 처용의 모습도 부적이 된 것이다.

'귀태(鬼胎)'라는 말이 있다. 귀신에게서 태어났다는 뜻이지만 '태어나지 말았어야 할 사람'이라는 경멸의 뜻으로 많이 쓰인다. 비형랑이 귀태이다. 십여 년 전에 당시 박근혜 현직 대통령을 귀태라고 표현했다가 크게 논란이 되고 비난받은 야당 국회의원이 있다. 박근혜가 귀태라면 그녀의 부친 박정희 전 대통령은 귀신이란 말인가?

민속학자들은 종교에서의 기도처럼 재앙을 막기 위해 어떤 주술적 행위를 하는 도구를 '주구(呪具)'라고 한다. 부적도 주구의 일종이다. 노란 종이에 붉은 글씨나 어떤 문양을 그려가는 것으로 신령에게 무엇인가를 이룰 수 있게 해달라고 기원하는 표시다. 우리 인간의 삶을 위협하는 재앙이나 이른바 악귀가 다양하므로 부적 역시 다양하다.

예컨대 소원 성취, 재물, 합격, 행운, 건강, 만사형통, 팔자(八字), 손재 방지, 악귀 퇴치 등등, 인간이 겪는 모든 불행을 예방하고 좋은 결과를 맺도록 기원하는 부적의 종류는 헤아릴 수 없이 많다. 심지어 법적 소송에서 승소하기를 기원하는 부적도 있다. '부적 사전'이라는 책도 있다고 한다.

이른 봄 입춘(立春)이 되면 대문이나 기둥에 써 붙이는 '입춘대길(立春大吉) 건양다경(建陽多慶)'도 부적이라고 할 수 있다. 또한 불교에서 승려의 얼굴을 그린 달마도(達磨圖)도 부적이라고 할 수 있다. 원래 부적은 중국에서 유래한 종교인 도교(道敎)에서 비롯됐다고 하는데 이것을 불교와 무속에서 받아들였다. 따라서 부적을 만드는 사람은 승려, 역술가, 무당, 도사 등 매우 다양하다.

부적을 얼핏 보면 모두 비슷한 것 같고, 글씨를 쓴 것인지 무슨 도형 같은 그림을 그린 것인지 알아보기 어렵다. 구분하자면 글씨로 된 것과 그림으로 된 것 두 가지다. 그림도 구상적인 것과 추상적인 것이 있다.

또 글씨와 그림, 구상과 추상이 모두 섞인 중간 유형들도 있다. 글씨로 된 부적은 한자나 한글과 인도의 고대어인 범어(梵語, 산스크리트)로 된 것도 있다고 한다. 대부분 글자를 해체한 파자(破字)로 쓰여 알아보기 어렵지만 대개 일월(日月), 천(天), 광(光), 왕(王), 금(金), 신(神). 화(火), 수(水), 융(龍) 자 등이라고 한다. 또한 구상적 문양으로는 새, 물고기 등의 동물과 사람 얼굴, 귀신을 형상화한 것 등이 있고 그 밖에 여러 형태의 문양이 있다고 한다.

특히 글자를 도형화해서 귀신이 꼼짝 못하게 완전히 포박하는 모양이 많다고 하는데, 도무지 왜 그런 그림을 그렸는지 의도를 알 수 없거나 알아볼 수 없는 것들도 많다고 한다. 그 까닭은 뜻을 드러내지 않아야 부적의 가치가 있기 때문이라는데, 좀 과장해서 말하면 부적은 그것을 쓰고 그리는 사람 마음대로인 것 같다.

어쨌거나 부적을 쓸 때는 정성과 진지한 기원이 담겨야 해서 목욕을 하는 등, 몸과 마음을 깨끗이 하고 단숨에 써야 한다고 한다. 부적은 벽에 붙이거나 몸에 지니고 다니거나 부적을 불태워 재를 술에 타서 음복하기도 한다. 운동선수 가운데 경기에 나갈 때 부적을 몸에 지니고 뛰는

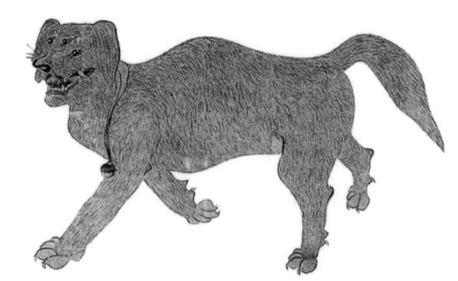

부적으로 쓰인 민화에 등장하는 삼목견

선수들도 있다.

 부적은 미신적 무속신앙에서 나온 것이다. 굳이 종교적으로 말하면 기도하는 효과를 얻고자 하는 것이다. 우리 삶의 온갖 재앙을 막고 무엇인가 자신이 원하는 것을 성취하고자 하는 자기암시, 마음의 안정, 행운에 대한 기대감 등으로 오늘날에도 부적은 사라지지 않는 것 같다.

 그런데 요즘 부적을 정성 다해 쓰는 것이 아니라 아예 인쇄된 것들이 많다고 한다. 사이비 무속인들이 그 인쇄된 부적을 무엇인가 자기 삶에 문제가 있어서 찾아온 상담자에게 곧 불행이 닥쳐올 것처럼 겁을 주고, 액땜하기 위해 반드시 부적이 필요하다며 수십만 원을 받고 팔기도 한다. 신용카드 할부도 된다고 한다. 부적이 돈벌이 수단이 된 것이다. 과연 그 인쇄된 부적이 도대체 무슨 효과가 있기나 할까?

청룡과 서동요

동양에서 신성시하는 가상의 동물 용(龍)에 관해서는 이 책 제1권에서 이미 다루었다. 동양과 서양의 용에 대한 인식은 크게 다르다는 것, 동양이 상서로운 가상의 동물, 영물로 인식하는 데 비해 서양에서는 실존의 뱀, 도마뱀 등이 장수하는 사악한 동물로 인식하는 차이에 대해서 비교적 자세하게 다루었다.

그런데 또 용을 다루는 것은 올해(2024)가 갑진년(甲辰年)으로 용의 해일 뿐 아니라 '청룡(靑龍)의 해'이기 때문이다. 세시에 있어서 甲乙丙丁...과 12간지(干支)에서 용을 뜻하는 辰이 결합하는 것은 60년에 한 번이다. 따라서 매우 뜻깊은 해로 여겨 특별히 청룡의 해가 된 것이다. 다음 청룡의 해는 60년 후인 2084년이다. 청룡은 용들 가운데서도 으뜸으로 용이 도(道)를 깨우치면 푸른 용이 된다고 한다.

우리나라 중국에서 용은 물을 다스린다. 그래서 용왕은 물에 있다. 또한 용은 수호신이다. 양옆을 든든히 지키는 것을 '좌청룡우백호(左靑龍右白虎)'라고 하지 않는가. 동서남북 사방을 지키는 사신(四神) 가운데 용은 동쪽을 지킨다고 한다. 왕위를 계승할 왕세자를 동궁(東宮)이라고 한다. 용이 지키고 있어야 한다. 물론 임금도 상징이 용, 봉황이다. 조선 초기 명신이었던 성삼문, 신숙주, 정인지 등이 발간한 <용비어천가(龍飛御天歌)>는 세종대왕이 선대 왕들을 칭송한 시가(詩歌)다.

비록 가상의 동물이지만 용은 상서로운 동물이기 때문에 지명, 인명, 사찰을 비롯해 여러 사물에 널리 쓰일 뿐 아니라 설화나 전설들도 헤아릴 수 없이 많다. 그 가운데서도 '백제의 무왕과 서동요'가 가장 유명하다. <삼국유사>에 실려 있는 청룡이 된 백제의 무왕과 신라 선화공주의 설화를 대략 간추리면 다음과 같다.

7세기경 백제 땅에 서동(薯童)이라는 젊은이가 살고 있었다. 서동은 마(麻)를 캐는 소년이라는 뜻이다. 그는 아버지를 일찍 여의고 홀어머니와 단둘이 살면서 산에서 마를 캐고 그것을 팔아서 생계를 이어가고 있었다. 서동의 홀어머니는 용의 정령(精靈)과 잠자리를 갖고 서동을 낳았다. 말하자면 서동은 용의 아들이었다. 그런데 우연히 이웃 나라 신라 진평왕의 셋째 딸 선화(善花)공주가 무척 예쁘고 착하다는 소문을 듣게 됐다. 이런저런 궁리를 하던 서동은 먼 길을 걸어서 신라의 도읍(경주)까지 찾아갔다. 그리고 뛰어노는 어린이들에게 마를 나눠주면서 노래를 가르쳤다.

선화공주님은 남몰래 시집가서

서동의 방을 찾아 밤마다 무얼 안고 뒹군다네….

우리 국문학에서 가장 오래된 향가(鄕歌)로 손꼽히는 '서동요(薯童謠)'다. 이 노래는 삽시간에 어린이들 사이에 퍼져나갔고 마침내 진평왕의 귀에 들어갔다. 진평왕은 너무나 수치스러운 노래에 크게 분노하며 선화공주를 멀리 귀양보냈다. 공주의 어머니인 진평왕 비는 너무 안타까워 딸에게 적잖은 황금을 줘 보냈다.

뜻밖의 괴소문이었지만 선화공주는 어쩔 수 없이 귀양길에 나섰다. 그러자 마치 기다렸다는 듯이 서동이 뒤따르며 공주의 신변을 보호했다. 선화공주는 서동에게 전혀 관심이 없었지만 워낙 성실하고 정성껏 자신을 지키고 돌봐주는 그에게 차츰 마음이 기울기 시작했다. 그의 믿음직한 모습에 애정을 느끼며 그가 어린이들이 부르는 노래에 나오는 서동임을 알게 됐다.

선화공주는 그가 자신의 운명적인 배필로 여겨 함께 살기로 마음을 굳히고 어머니가 준 황금을 꺼내 보였다. "보세요. 이것만 있으면 우리

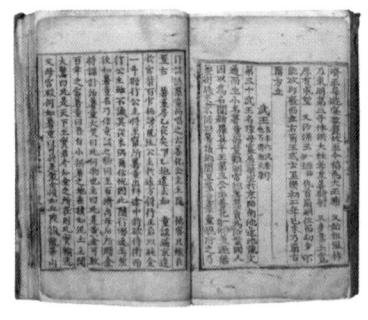

<삼국유사> 백제본기에 나오는 서동요

가 평생을 잘살 수 있어요."라고 했다. 그러자 서동은 눈을 동그랗게 뜨고 물었다.

"이게 뭐예요?"

"황금이잖아요."

"아, 이거라면 나한테 얼마든지 있어요, 내가 산에서 마를 캘 때 이런 쇠붙이를 많이 주워서 집에 잔뜩 쌓아놓았어요."

서동의 그 말은 사실이었다. 선화공주는 가득 쌓인 황금을 보고 매우 놀라며 신라 진평왕에게 보내자고 했다. 서동도 동의하며 옮길 방법을 찾다가 용화산 사자사의 지명법사(知命法師)를 찾아가서 물어봤다. 지명법사는 주저함이 없이 신통력을 발휘해서 하룻밤에 그 많은 황금을 모두 진평왕에게 보냈다.

진평왕은 크게 기뻐하면서 서동에게 고맙다는 전갈을 보냈고 선화공주와의 혼인을 인정하여 사위로 삼았다. 산에서 마를 캐며 홀어머니와 먹고살던 서동이 왕족이 된 것이다. 서동은 그 뒤 백제의 30대 왕 무왕이 됐다고 한다.

무왕은 40년 넘게 왕위에 있으면서 외부로는 신라, 당나라 등의 압력을 받고 내부적으로는 간신들의 발호에도 불구하고 기울고 있는 백제를 바로 세우기 위해 최선을 다했다. 하지만 그가 죽고 그의 아들 의자왕이 왕위를 계승하면서 백제는 나당 연합군에 의해 멸망하고 말았다. 무왕은 용의 정령으로 태어났으니 용의 아들이다. 그는 죽어서 백마강의 청룡이 됐다고 한다.

이러한 백제 무왕의 설화는 사실 여부를 두고 무왕이 아니라 다른 인물이라는 등 다양한 견해들이 있는 것이 사실이다. 그러나 보잘것없는 서민이었던 서동이 백제의 왕족이나 귀족도 아니면서 왕위에 올랐다는 것은 상당한 의미가 있다. 물론 그것 역시 조작이라는 등 여러 견해가 있다. 더욱이 무왕 시절 백제는 신라와 서로 좋은 관계가 아니라 삼국 통일을 두고 치열하게 맞서고 있을 때였다.

청룡과 관련해서 조선 말기 중국 청나라의 간섭이 심각할 때 조선은 청룡을 국기로 쓰고자 했다. 청나라도 조선이 자기들보다 동쪽에 있으니 동쪽을 지키는 청룡을 국기에 사용해도 좋다고 수락했다. 그런데 한 가지 조건이 있었다. 자신들은 황제국이니까 청룡의 발톱 5개를 모두 쓰지만 조선은 자신들의 속국이므로 발톱을 4개로 하라는 조건이었다. 조선은 이에 반발하며 국기에 청룡을 쓰지 않고 태극기를 만들었다는 얘기도 있다.

최근에 와서 중국에서는 용(dragon)을 쓰지 않고 용에 대한 표기를 한자 발음 그대로 '룽(loong)'으로 바꿨다고 한다. 앞서 설명한 대로 서양에서는 용은 상서로운 동물이 아니라 사악하고 해로운 동물이라는 인식 때문이다. 따라서 세계화 시대에 맞고 중국의 자긍심을 높이기 위해 중국어 그대로 '룽'으로 표기하기 시작했다는 것이다.

왕건의 조부 작제건(作帝建) 설화

918년, 왕건(王建)은 고려를 건국하고 태조가 된다. 왕건과 관련해서 수많은 설화와 일화들이 있지만 그의 할아버지 작제건 설화는 결코 빼놓을 수 없는 상당한 의미가 있는 설화라고 할 수 있다. 여러 사서에 기록이 남아 있는 작제건 설화는 마땅히 관심을 가질 만한 내용이다.

중국 당나라의 7대 황제였던 숙종이 어느 때 난리를 피해 통일신라의 송악(지금의 개성) 근지 예성강에 왔다가 이름이 '보육(寶育)'인 왕건의 증조부 집에 머물게 됐다. 숙종은 그의 두 딸을 보고 반해서 그녀들에게 옷을 기위달라고 부탁했다.

그런데 큰딸이 방으로 들어오다가 넘어져 코피를 흘리는 바람에 둘째 딸 '진의(辰義)'가 숙종이 있는 방으로 들어가게 됐고, 결국 진의가 숙종의 아이를 가져 낳은 아이가 작제건이다. 당 숙종은 송악을 떠날 때 진의에게 자신의 활과 화살을 주며 아들을 낳으면 그것을 주라고 했다는 것이다.

　무술이 뛰어나고 건장한 청년이 된 작제건은 자신의 아버지가 당나라 숙종이라는 사실을 알고, 어머니에게 받은 활과 화살을 증표로 삼아 아버지 숙종을 만나려고 상선(商船)을 타고 중국을 향한다. 그런데 서해의 용왕이 요괴에게 시달리며 큰 고통을 받자 작제건이 당당하게 요괴와 맞서 물리친다. 작제건의 영웅다운 모습에 감동한 용왕은 자기 딸 용녀(龍女)와 결혼시킨다. 그리고 그들 사이에서 아들들이 태어나는데 맏아들이 용건(龍建)이다. 그는 뒤에 이름을 용건에서 왕륭(王隆)으로 바꿨는데 그 왕륭의 아들이 왕건이다.

　이것이 작제건 설화의 골자다. 설화대로라면 왕건은 증조할아버지가 당 숙종이며 외할아버지는 용왕이다. 설화는 어디까지나 설화지만 과연 말하고자 하는 메시지는 무엇일까?

　결론부터 말하면 우여곡절 끝에 고려를 건국한 태조 왕건을 우상화하기 위해 꾸며지고 조작된 설화라고 할 수 있다. 이 설화의 내용은 비슷한 시기 신라에 널리 퍼져 있던, 앞서 소개한 '거타지 설화'를 거의 그대로 차용했는가 하면, 김유신의 딸들과 김춘추의 설화 등을 짜깁기하고 각색한 부분들이 많은 것이 사실이다.

　고조선 말 기자조선의 세력가이며 왕족이었던 왕몽(王蒙)의 후손이라는 왕건의 가계는 그의 고조부, 외고조부부터 5대에 걸쳐 짜여 있다. 사실 왕건의 가문은 명망이 있는 가문은 아니다. 통일신라시대 서라벌이 아니라 북방 변방에서 정치보다는 상업으로 재산을 모은 호족으로 어느 정도 세력을 가지고 있었던 것 같다. 따라서 왕건이 태조가 되면서 가계를 미화시켜 만들려고 했지만 제대로 만들기가 힘들었던 탓인지, 혼란스럽고 서로 뒤섞인 부분들이 많아서 사서마다 다소 차이가 있다고 한다.

왕건의 가계는 '호경(虎景)'이라는 전설적 인물부터 시작한다. 백두산 기슭에 살며 성골장군(聖骨將軍)을 자처하던 젊은이 호경은 백두산을 떠나 북녘땅을 떠돌다가 황해도 송악(개성)에 이르러 부소산 기슭에 정착한다. 또한 이곳의 여인과 혼인도 한다.

그러던 어느 날 그가 사는 마을에서 끔찍한 일이 벌어진다. 호경을 포함한 마을의 장정 9명이 사냥을 나갔다가 날이 저물어 동굴에서 하룻밤을 보내려고 했다. 그런데 호랑이가 나타났다. 호경이 혼자 호랑이를 물리치려고 굴 밖으로 나갔는데 호랑이는 사라지고 갑자기 동굴이 무너져 그 안에 있던 마을 장정들이 모두 압사당한 것이다. 호경은 급히 마

왕건 청동상 북한 평양 조선중앙역사박물관 소재. 951년(광종 2)경에 제작되어 봉은사(奉恩寺) 진전(眞殿)의 어좌(御座)에 안치되어 있었다고 한다(〈한국민족문화대백과사전〉 참조). 왕건을 상징하는 것으로는 가장 오래되었으며 유일한 유물이다.

을로 돌아와 이 같은 사실을 알리고 죽은 사람들을 장례 지내기 위해 먼저 산신에게 제사를 지내는데 산신이 호경에게 나타나, "나는 이 산을 지키는 과부인데 그대와 혼인해서 그대를 대왕으로 삼아 선정을 베풀겠다."라고 하면서 호경을 데리고 사라졌다고 한다.

호경은 그 과부 산신과의 사이에서 아들 강충(康忠)을 낳았다. 강충은 성장해서 부잣집 딸과 결혼, 맏아들 이제건, 둘째 아들 손호술(損乎述)을 낳았다. 손호술은 뒤에 이름을 '보육(寶育)'으로 바꿨다.

그들 형제는 여유롭게 살았는데 보육은 무척 똑똑했으며 지리산에 들어가 도를 닦기도 했다. 그가 어느 날 낮잠을 자다가 꿈을 꾸었는데 송악산 남쪽을 향해 오줌을 누었더니 천하가 은빛 바다로 변하는 것이었다. 그가 이 이상한 꿈을 형에게 얘기하자 형은 "너는 틀림없이 하늘을 지탱할 기둥을 낳을 것이다."라며 자기 딸과 혼인을 시켰다. 삼촌 사이의 근친혼이다. 물론 그 당시에는 근친혼이 흔했으니까 문제가 되는 것은 아니다. 보육은 딸만 둘을 낳는다.

도를 닦으며 수행을 좋아하던 보육은 별도로 작은 움막을 짓고 그곳에서 기거하고 있었다. 어느 날 신라의 술사가 찾아와 보육이 거처하는 움막을 가리키며 "이곳은 대당천자(大唐天子)가 사위가 될 자리이다."라는 말을 남기고 사라졌다. '대당천자'란 중국 당나라의 황제를 뜻한다. 당나라 황제가 보육의 사위가 된다는, 전혀 가능성이 없는 가당치도 않은 예언이었다.

하지만 그로부터 얼마 뒤 보육의 큰딸이 꿈을 꿨는데 산등성이에 올라가 오줌을 누니까 오줌이 천하를 뒤덮는 꿈이었다. 큰딸은 그 꿈이 흥미로워 동생 진의(辰義)에게 얘기했더니 진의가 그 꿈을 자신에게 팔라며 자기가 아끼던 새 치마를 내놓았다. 언니는 오히려 좋아하며 동생에게 꿈을 팔았다. 그다음은 앞에서 소개했듯이 당 숙종이 난리를 피해 송악까지 와서 보육의 저택에 머무르다가 둘째 딸 진의와 동침하게 되고 작제건을 낳게 되었다는 것이다.

작제건은 고려 태조 왕건의 할아버지다. 그런데 앞서 밝힌 대로 이 작제건 설화는 신라의 설화, 전설들을 인용해서 조작되고 상당 부분이 창작됐다는 것은 한눈에 알아볼 수 있다. 우선 작제건(作帝建)이라는 이름부터 실명이 아닐 것이다. 작제건은 '제왕을 만들다'라는 의미다. 그의 아들은 용건(龍建), 손자는 왕건(王建), 모두 나라를 세운다는 것과 관련이 있다. 여러 사료에 작제건의 성을 왕씨로 표기하면서 정확한 이름은 밝히지 않고 있다.

역시 사료들에 따르면 그는 신라 말기, 송악의 성주를 지낸 하위 귀족이었다고 한다. 또한 그의 부인이었다는 용왕의 딸 용녀의 이름은 저민의(渚旻義)이며 그녀의 아버지는 황해도 평산의 두은점 각간(頭恩坫 角干)이었다고 한다. 각간은 신라시대 고위 관직이고 두은점이 이름인 것 같은데 그것에도 여러 견해가 있다. 두(頭)는 성이 아니라 평산의 최고 위직 수장을 뜻하는 것이라는 주장이 있다.

그 무렵 중국 당나라에서는 내란이 잦았는데 신라의 허기(許奇)라는 인물이 당나라에 가서 역사적으로 유명한 '안녹산의난'을 평정하는 데 큰 공을 세웠다고 한다. 따라서 당나라에서는 그에게 이(李)씨 성을 하사했는데 작제건이 그러한 허기이거나 허기의 아들일 가능성을 주장하는 견해도 있다.

설화에서도 용왕의 딸인 그의 부인 용녀가 우물로 들어가며 남편에게 절대로 그 모습을 보지 말라고 했는데, 작제건이 궁금증을 견디지 못하고 몰래 훔쳐보자 용녀가 그의 신뢰 없음을 꾸짖고 서해로 가서 다시는 돌아오지 않았다고 한다.

당나라 숙종이 우리나라 송악에 왔었다는 것도 신빙성이 없다. 숙종의 아버지는 양귀비를 총애했던 현종이다. 현종 때부터 정국이 혼란스럽고 내란이 끊이지 않았다. 특히 '안녹산의난'이라는 큰 환란을 맞아 피신해야만 했고, 숙종이 왕위에 올랐지만 분조(分組)였다. 당나라 일부는 여전히 현종이 통치했고 숙종도 일부를 통치했다.

이어서 현종이 하야하고 숙종이 정식으로 당나라 왕위를 이었지만 환관들이 권력을 휘어잡고 국정을 주무르는 등, 여전히 정국이 어지럽고 '사사명의 난'을 비롯해서 난리가 그치지 않았다. 도무지 당나라를 잠시라도 비울 겨를이 없었다. 그런데 우리나라 송악에 왔었다니 터무니없는 얘기다.

조선시대 쓰인 <고려사>에서도 고려 말엽의 충선왕(忠宣王)이 원나라에 있을 때, 그곳의 한림학사가 왕에게 "듣건대, 대왕의 조상은 당나라 숙종에게서 태어났다고 한다는데, 그것은 어디에 근거한 말입니까? 사실 숙종은 어려서부터 한 번도 대궐 밖을 나간 적이 없고, 안녹산의난이 일어났을 때 중원에서 머나먼 중북부 영하(寧夏)의 영무에서 즉위했으니 어느 틈에 송악에 가서 자식을 둘 수 있겠습니까?" 하고 묻자 충선왕이 대답을 하지 못했다고 한다. 훗날의 사서들에서도 작제건이 당 숙종의 아들이라는 설화는 허구로 규정하고 있다.

다만 작제건 설화에서 당나라, 용왕, 용왕의 딸 등이 등장하는 것으로 볼 때 작제건은 선대(先代)부터 중국과 해상무역을 해온 것으로 짐작할 수 있다. 사실 왕건 가문은 예성강과 서해 등 뱃길을 이용해서 해상무역으로 재산을 모은 호족이었다. 그 때문에 왕건도 궁예 밑에서 수군(水軍)을 맡았었다.

아무튼 왕건의 선조들은 상당히 애매하다. 고조인지 외고조인지, 증조인지 외증조인지 헷갈리게 하는 부분들이 많다. 어쩌면 상당한 부분이 설화나 전설을 인용하거나 가공됐기 때문인지 모른다. 그러나 왕건의 부친인 왕륭부터는 비교적 사실에 근거해서 제대로 기록하고 있다. 그런데 여기서 왕건 가문의 왕씨에 대해서도 여러 견해가 있어서 살펴볼 필요가 있다.

먼저 그들이 쓴 왕씨의 본관이 어디냐 하는 것이다. 태조 왕건 이후 그들의 본관은 '개성 왕씨'였으며 고려 말까지 유지됐다. 그렇다면 개성 왕씨의 시조는 누구인가? 그것 역시 분명하지 않다. 그 당시에는 성씨를 쓰지 않고 이름만 쓰는 경우도 많았기 때문이다.

따라서 개성 왕씨의 시조가 보육(寶育)이라는 견해가 있는가 하면, 왕건의 아비지 왕륭이라는 견해도 있고, 대조 왕건부터라는 견해도 있다. 왕건의 부친 왕륭도 원래 이름이 용건(龍建)이었는데 뒤에 왕씨 성으로 왕륭으로 바꿨다는 것이다.

그러나 왕건의 가문이 신라의 귀족이 아니라 고구려계 지방 호족들로 고구려가 멸망하고 신라에 편입된 인물들이어서, 거문고를 만든 왕산악(王山岳) 같은, 고구려에 실재했던 왕씨의 후손들일 가능성이 높다고 한다. 왕건의 부친인 왕륭에게 동생이 있었는데 그의 원래 이름이 왕평달(王平達)이었다.

왕건의 부친 왕륭은 늠름한 체격에 도량이 넓어 일찍부터 큰 그릇이 될 인물로 많은 사람의 칭송을 받았다. 관직은 송악의 성주(城主)로 높은 벼슬은 아니었지만, 대를 이어 부유한 호족이었으며 나름대로 전국을 통일하겠다는 큰 꿈을 가지고 있었다.

그는 어느 날 꿈에 어여쁜 여인을 만나 그 여인의 모습을 잊지 않았는데 정말로 현실에서 그와 똑같은 여인을 만나 결혼했다. 그래서 왕륭의 부인을 몽부인(夢夫人)이라고 불렀다. 그녀의 본명은 알려지지 않았으나 왕륭은 신라, 후백제, 후고구려의 삼한(三韓)을 통일하겠다는 의지로 '삼한지모(三韓之母)'라며 그녀에게 한씨(韓氏) 성을 붙여 한씨 부인이 됐다.

집안이 무척 부유했던 왕륭은 결혼을 기념해서 새집을 크게 지으려 했다. 그리하여 공사가 한창일 때 명망이 높은 승려 도선(道詵)이 찾아와 새로 짓는 집의 형태를 보더니 "기장(穄)을 심을 땅에 왜 삼(麻)을 심는가?" 하고 중얼거리듯 말했다. 기장은 수수 비슷한 곡물이지만 옛날 우리말로 임금을 뜻하는 말과 발음이 비슷하다고 한다. 말하자면 임금이 태어날 터에다가 엉뚱한 형태로 집을 짓느냐는 것이었다.

도선은 그 말을 남기고 떠나려 했지만 이 말을 들은 한씨 부인이 달려가 왕륭에게 알리자 그가 득달같이 달려나와 떠나는 도선을 붙잡았다. 그랬더니 도선은 왕륭을 데리고 송악산 정상에 올라가 사방의 풍수지리를 설명하며 "지금 집을 짓고 있는 집터가 명당 중의 명당이며 제가 지시하는 대로 집을 지으면 내년에 반드시 성자(聖子)를 낳을 테니 이름을 왕건이라고 지으시오."라고 말했다.

그리고 편지 한 장을 써서 왕륭에게 주었다. 그 편지에는 "삼가 봉서(奉書)를 백배(百拜)하며 바치니 미래통합 삼한지주(未來統合 三韓之主) 대원군자(大原君子) 족하(足下)께 드립니다."라고 쓰여 있었다고 한다.

그로부터 일 년 뒤 도선의 예언대로 한씨부터 아들을 낳았고 이름을 왕건이라고 지었다. 그러자 왕륭은 한층 더 자신의 야망을 불태운다. 왕건이 17세 때 도선이 다시 나타나 왕건에게 임금의 덕목과 도리를 가르쳐주고 홀연히 떠났다고 한다. 그리고 마침내 왕건이 장성하자 아버지 왕륭은 자신이 통치하는 송악을 궁예에게 바친다. 송악은 당연히 통일신라의 영토다. 그런데 신라의 관리가 신라를 무너뜨리려는 궁예에게 송악을 바치다니?

왕륭은 신라가 쇠락하고 있다는 것을 잘 알고 있었다. 후삼국을 통일하려는 새로운 세력 궁예와 손을 잡으면 승려 도선이 예언한 대로 제 아들 왕건에게 좋은 기회가 올 것으로 판단한 것이다. 왕륭은 궁예에게 송악을 바치면서 이렇게 말했다.

"대왕께서 만일 조선·숙신·변한 땅의 왕이 되고자 하신다면 송악에 성을 쌓고, 먼저 나의 아들 왕건을 성주로 삼는 것이 좋을 것입니다."

지금의 강원도 철원을 근거지로 하는 궁예로서는 송악과 그 지역의 호족들을 자기편으로 만든다면 매우 큰 수확이 아닐 수 없었다. 그는 왕륭의 제안을 받아들여 왕건을 송악의 성주로 임명하고 왕륭을 금성태 수(金城太守)로 임명했다. 금성은 지금의 강원도 김화군(金化郡)이다.

그다음은 잘 알 것이다. 궁예는 포악한 성정으로 차츰 민심을 잃게 되고 마침내 추종 세력이 많았던 왕건이 궁예를 밀어낸 뒤 고려를 세우게 된다. 왕건은 고려의 태조가 등극면서 자신의 선조들을 아래와 같이 추존했다.

증조부; 보육 국조(國祖) 원덕대왕(元德大王) 부인 정화(貞和) 왕후
조부; 작제건 의조(懿祖) 경강대왕(景康大王) 부인 원창(元昌)왕후
부친; 왕륭 세조(世祖) 위무대왕(威武大王) 부인 위숙(威肅)왕후

왕건이 고려를 세우고 태조가 됨으로써 그다지 존재감이 없었던 그의 가문이 꾸며지고 상당히 미화됐다. 하지만 고려를 무너뜨리고 조선왕조가 들어서면서 고려의 역사는 폄하되고 이성계 가문이 주목받게 된다. 역시 역사는 승자의 기록이기 때문에 우리는 진실을 파악하기가 혼란스러울 때가 종종 있다.

| 옛날부터 전해 내려오는 전설 |

악마의 전설, 루시퍼

세계 곳곳에 퍼진 흡혈귀 전설

진또배기

귀신 이야기의 단골 소재, 구미호

망부석의 놀라운 사실

인간의 상상력이 빚어낸 우렁각시

동물이 사람으로 변신해 관계 맺는 지네 각시

결혼도 못 해보고 죽은 총각의 몽달귀신

아사달과 아사녀의 사랑

바람잡이 봉이 김선달

악마의 전설, 루시퍼

인간의 본성을 두고 성선설(性善說)과 성악설(性惡說)이 맞서고 있지만 선뜻 한쪽을 편들기는 쉽지 않다. 동물들은 자기 영역을 정해 놓고 다른 동물이 침범하면 필사적으로 싸운다. 우리 초기 인류도 마찬가지였다. 다른 인류의 무리와 마주치면 결사적으로 싸웠다. 먹이를 지키기 위한 본능이었다. 그것만 보더라도 성악설을 외면하기 어렵다.

오늘날 인간들의 세상에서는 온갖 악행을 저지르는 범죄가 넘쳐난다. 범죄자들을 세상에서 영원히 또는 일시적으로 격리하는 수용시설(교도소)이 모자랄 지경이다. 심지어 요즘은 불특정 다수를 대상으로 이른바 '묻지 마 범죄'를 벌이거나 오직 관심을 끌기 위한 범죄까지 성행한다. 악마의 만행이나 다름없다. 과연 누가 성선설을 강력하게 주장할 수 있을까?

우리는 어려서부터 훈육과 교육을 통해 윤리와 도덕을 배우고 올바른 삶과 착한 삶, 남을 돕는 삶의 가치 등을 배우고 익힌다. 정통적인 각종 종교도 인간의 삶을 올바른 방향으로 이끌려고 한다. 그럼에도 인간 악마들이 넘쳐난다. 우리 인간 세상에는 아주 오래전부터 악마, 마귀 등이 있었으며 실체를 알 수 없는 악령도 변함없이 존재해오고 있다. 타인을 괴롭히거나 큰 피해를 주는 악마들을 한 마디로 '루시퍼'라고 함축적으로 표현한다.

'루시퍼 (Lucifer)'는 일반적으로 '악마'를 상징하는, 상당히 대중화돼 있는 표현이다. 하지만 본질적으로는 기독교와 상당한 연관이 있으며 역시 기독교에서 악마, 마귀를 지칭하는 사탄(Satan)과도 깊은 관련이 있다. 루시퍼와 사탄을 동일시하거나 서로 다른 존재로서 루시퍼가 지옥의 왕이고 사탄은 그 부관이라고도 한다. 그러나 루시퍼의 유래와 기원을 찾으려면 신화시대부터 시작해야 한다.

신화는 신들의 얘기지만 그 시대를 살았던 우리 인간의 얘기이기도 하다. 신화시대, 상당히 오랫동안 신들의 어머니, 태모신(太母神)이 최고의 신으로 숭배됐다. 태모신은 어머니와 여성을 상징한다. 후손들을 생산할 능력과 다산의 상징인 대모신이 존중되고 숭배되는 것은 당연한 일이었다. 그러나 시대가 흐르고 흘러 신 또는 초능력을 가진 괴물들이 인간의 영웅들에게 잇따라 패배하면서 인간 남성 영웅들이 주목받기 시작했다. 그에 따라 신들의 중심 세력인 여신들의 위세도 변하게 되었다. 아프로디테와 같은 사랑의 여신들이 숭배되는 만큼 그와는 반대로 태모신은 약화됐다.

아프로디테, 중동(메소포타미아) 지역에서는 이슈타르, 인안나, 로마에서는 베누스 여신 등이 크게 떠올라 최고의 여신, 사랑의 여신이 됐다. 그리스신화의 아프로디테가 로마신화에서는 베누스(영어식으로는 비너스)다. 이들은 '샛별'로 추앙받았다.

샛별은 새벽하늘에 홀로 빛나는 태양계의 금성(金星)을 말한다. 금성의 이름이 '비너스'다. 금성의 또 다른 이름이 루시퍼다. 라틴어로 루시퍼는 '빛을 가져온다'라는 뜻이라고 한다. 바꿔 말하면 아프로디테, 이슈타르, 인안나와 같은 사랑의 여신들이 루시퍼다. 그런데 어쩌다가 루시퍼가 악마의 상징이 됐을까?

여신들의 기세가 꺾인 것은 남성 영웅들의 등장이 활발해진 것이 가장 큰 이유였다. 이것은 인간세계가 남성 위주의 남성 우월 사회가 됐다는 것을 의미한다. 그에 따라 여신들의 지위가 갈수록 격하돼 그저 전쟁의 신, 농업의 신, 생식(生殖)의 신 등으로 분화됐다. 그렇더라도 사랑의 여신들은 여전히 많은 사람에게 숭배되고 있었다.

그럴 즈음 기독교가 탄생해서 교세를 확장하고 있었고, 4세기 초에는 로마제국이 유일신의 기독교를 공인하면서 지배 이데올로기가 됐다. 이것은 다신교였던 로마제국의 신앙 체계에 심각한 갈등과 혼란을 가져왔으며 전통적인 여성 숭배 관습의 뿌리를 흔들었다.

더욱이 기독교는 여성의 관능을 죄악시한다. 특히 기독교 성직자들은 관능적인 여신들에 큰 불만을 품고 있었다. 여성의 관능(官能)은 남성들을 성적 감각을 자극하는 것이다. 금욕(禁慾)을 최선의 수행으로 실천하는 그들로서는 여신들의 관능에 반감을 품을 수밖에 없었다. 남성 우월 사회에서 여신은 '창녀의 신'으로 폄하되기도 했지만, 특히 여신들의 관능에 매료된 많은 남성의 변함없는 여신 숭배를 막아낼 방법이 없었다.

그런데 기독교는 물러서지 않았다. 그들은 성모마리아를 내세웠다. 성령으로 예수그리스도를 낳은 마리아는 사랑의 여신들처럼 하염없는 사랑을 베풀었으며 남성과 몸을 섞은 적도 없을 뿐 아니라, 비록 결혼은 했으나 처녀의 몸으로 예수를 낳았고 어떤 유혹에도 넘어가지 않았다. 기독교에서 성모마리아는 순수하고 자애롭고 모성애가 넘치는 신성한 여신이었다. 관능미는 전혀 없었다.

남성성(男性性)이 강한 기독교는 성모마리아를 내세우며 여성들의 관능이 남성들을 타락시켜 쾌락에 빠지게 한다고 강조하면서 인간의 정신과 육체에서 육체를 분리하게 시키고자 했다. 아울러 이슈타르 등의

루시퍼의 추락 귀스타프 도레의그림

여신에게 저주를 퍼부었다. 그뿐만이 아니었다. 기독교의 권위가 절대적이었던 중세 유럽에서는 부부의 성생활까지 통제했다. 성행위 횟수를 제한했고 쾌락을 추구하는 성행위는 일절 금지했으며 부부의 성생활은 오직 임신을 위한 것이어야 했다.

또한 관능적인 여성, 미혼 여성, 혼자 사는 여성, 이혼 여성 등을 성적 쾌락을 추구할 위험한 여성들로 매도하면서 16세기에는 이른바 '마녀사냥'을 자행했다. 그 때문에 아무런 잘못이 없는 수많은 여성이 강제로 끌려가 마녀로 낙인찍혀 화형을 당하는 등 수십만 명의 여성들이 희생됐다. 산기슭이나 숲속의 외딴곳에 사는 여성들은 늑대나 여우 등으로 변신한 악마들에게 겁탈당했다고 비난하면서 처형했다.

그와 함께 이슈타르, 인안나, 아프로디테 등 사랑과 관능의 여신들을 '악마'로 낙인찍었다. 샛별(금성)로 상징되던 여신들이 악마가 됨으로써 '루시퍼'가 악마가 된 것이다. 따라서 기독교에서는 '금성의 날'인 금요일을 싫어한다. 로마제국에서는 금요일을 베누스(비너스)의 날로 정해 축제를 열었으며 이슬람교에서는 화합의 날이었다.

하지만 기독교에서는 '방탕의 날'이라며 증오했다. 금요일은 에덴동산에서 아담이 악마에게 굴복한 날이며, 예수가 악마의 유혹을 받는 날이고, 예수가 십자가에 못 박힌 날이었다고 한다. 그러나 기독교의 경전인 성서에 기록된 악마 루시퍼는 기독교에서 주장하고 있는 것과는 본질적으로 차이가 있는 것이 사실이다.

성서에서 기독교의 3대 적은 루시퍼, 사탄, 적(敵)그리스도다. 이들은 부정적인 사고방식을 가지고 기독교의 유일신이 하느님에게 복종하지 못하게 방해하거나 예수를 현혹하고 하느님과 맞서 싸우는 악마들이다. 악마들이 그런 악행을 자행하는 것은 하느님을 시기하기 때문이다.

성서에서 루시퍼나 사탄은 어떤 특정한 존재를 가리키는 고유의 이름은 아니다. 원래 그들도 악한 존재는 아니었다. 하지만 스스로 악마가 된 무리다. 루시퍼는 원래 천사였다. 알다시피 천사는 하늘에서 인간세계로 심부름, 즉 신성한 세계에서 세속화한 세계를 매개하는 존재다. 때로는 하늘의 군사들을 이끌기도 한다.

천사는 일반적으로 날개가 달린 소녀로 형상화되지만 반드시 천사가 소녀, 여성들만은 아니다. 천사들에게는 여러 종류와 계급도 있다. 기독교에서 3대 천사는 미카엘, 가브리엘, 라파엘이다. 유대교나 이슬람교 등 아브라함이 조상인 종교에서는 모두 천사가 있다. 대중적으로 천사는 착한 일, 좋은 일을 하는 인물을 천사라고 한다.

성서에서 루시퍼는 타락한 천사다. 그는 하느님을 시기하고 자기가 하느님의 위치에 오르려는 오만함 때문에 타락해서 지옥으로 떨어지고 말았다. 사탄도 어떤 특정한 존재가 아니라 하느님에게 복종하지 않고 오히려 하느님을 믿는 자들을 괴롭히고 훼방 놓는 자들을 말한다. 특히 하느님의 말씀을 전하는 예수그리스도를 유혹하고 방해하는 무리가 사탄이다. 그래서 루시퍼니 사탄을 악마 또는 마귀라고 한다.

초기 기독교에서는 루시퍼가 지옥의 우두머리이며 사탄은 그의 부관으로 설정했지만, 중세 유럽의 기독교 사회에서는 루시퍼와 사탄을 같은 존재로 판단했다. 17세기 영국의 존 밀턴(John Milton)이 쓴 <실낙원>에서도 루시퍼와 사탄을 같이 다루고 있다.

어떤 의미에서 기독교에서는 유일신이 하느님을 부정하고 기독교를 박해하는 무리가 악마의 본질이라고 할 수 있다. 인간 사회에서 아무런 죄책감도 없고 서슴없이 온갖 악행을 저지르는 자를 악마라고 하는 것과는 근본적으로 차이가 있다.

세계 곳곳에 퍼진 흡혈귀 전설

흡혈귀(吸血鬼, vampire)는 글자 그대로 인간이나 동물의 피를 빨아먹는 가상과 상상의 귀신 또는 유령을 말한다. 흡혈귀라고 하면 단번에 <드라큘라>나 <뱀파이어>를 떠올리지만 이들은 흡혈귀를 소재로 한 문학작품들이다. 그뿐만 아니라 영화, 연극, 만화 등 수많은 창작물이 있어서 그 작품들이 흡혈귀의 대명사처럼 되고 있다. 하지만 흡혈귀는 유럽의 발칸반도, 동유럽, 슬라브 지역까지 널리 퍼져 있는 전통적이고 전설적인 귀신이다. <드라큘라> 등의 영향으로 지금은 유럽뿐 아니라 세계 곳곳에 흡혈귀 전설이 매우 다양하게 퍼져있다.

사실 흡혈귀 전설은 고대에도 있었다고 한다. 특히 수메르나 바빌론과 같은 중동 지역에서 밤에 떠돌며 인간의 피를 빨아먹고 생존하는 흡혈귀의 전설이 있었다고 한다. 더욱이 그런 전설이 민간신앙에까지 뿌리를 내려, 고대 중동에서는 밤중에 사람이나 짐승의 피를 흡혈귀에게 바쳐 물러나게 하는 풍습이 있었다는 것이다.

그에 따라 유대교에서 피를 마시는 것을 금기했다. 유대교의 경전이라고 할 수 있는 구약성서에도 "어떤 생물의 피도 너희는 먹지 마라. 피는 곧 모든 생물의 생명이다. 그것을 먹은 사람은 내가 겨레 가운데 추방하리라…."(레위기 17:14)라는 구절이 있다. 이슬람교에서도 역시 피 마시는 것을 금지하고 있다. 이것은 고대 중동에 흡혈귀의 존재를 믿는 사람들이 많았다는 것을 말해 준다.

일찍이 유럽, 특히 발칸반도를 비롯한 동유럽에서도 흡혈귀 전설이 널리 퍼져 있었는데 그 대표적인 흡혈귀가 세르비아의 뱀피르(vampyr)로 뱀파이어(vampire)의 어원일 것 같다. 유럽에서 실제로 흡혈귀를 뱀

드라큘라: 영화 <드라큘라>에서 벨라 루고시가 분한 드라큘라 백작의 모습(1931년)

파이어라고 부른 것은 17세기 이후라고 한다.

　세르비아에는 인근의 루마니아인들이 많이 살고 있었다. 이들이 루마니아로 돌아가서 자신들의 전설적인 흡혈귀 스트리고이(strigoi)와 접목해 뱀파이어가 탄생한 것이다. 또한 이것이 루마니아의 귀족이 중심인물인 <드라큘라>의 배경이기도 하다.

　중세에 이르러 흡혈귀 전설은 유럽의 거의 전역에서 보편화됐다. 기독교가 지배하던 시대에 종교적 이단자나 범죄자, 자살한 사람 등의 불안정한 영혼들이 흡혈귀가 된다고 생각했다. 흡혈귀는 박쥐와 같은 모습으로 밤에만 나타나 인간의 피를 빨아먹는다고 생각했다. 그리고 흡혈귀는 햇빛을 두려워하기 때문에 동트기 전, 새벽에 무덤이나 자기가 담겨 있던 관(棺)으로 돌아간다고 믿었다. 흡혈귀는 햇빛을 받으면 죽거나 부서진다고 믿었다.

　중세 유럽에서 흡혈귀가 가장 크게 공포의 대상이 됐던 것은 18세기 조라고 한다. 왜 그럴까? 학자들은 크게 두 가지 원인을 지적한다. 하나는 전염병이다. 그 당시만 하더라도 각종 전염병에 대한 상식이 부족하고 마땅한 치료 방법이 없었기 때문에 전염병에 걸리면 대부분이 사망했다. 특히 광견병이 창궐하기도 했는데, 광견병에 걸리면 인간도 발작을 일으키고 발광하면서 다른 사람을 물기도 했다. 광견병 환자에게 물리면 그 사람도 광견병에 걸려 자기를 문 환자와 똑같은 짓을 반복하다가 결국 죽고 만다. 그래서 흡혈귀에게 물리면 물린 사람도 흡혈귀가 된다는 소문이 돌았고 흡혈귀는 물을 무서워한다는 얘기도 나왔다. 광견병을 공수병(恐水病)이라고도 하지 않는가.

　또 하나의 이유는 전쟁이다. 그 당시는 유럽의 여러 크고 작은 나라들이 쉴 새 없이 전쟁을 벌였는데 전투 중에 전우가 죽거나 큰 상처를 입어 피투성이가 되면 동료 전우들이 크게 울분을 터뜨리며 분노하기 마련이다. 그리하여 적진에 뛰어들어 미친 듯이 적군을 닥치는 대로 살육하고 학살하고 시체를 훼손하기도 한다. 그런 끔찍하고 참혹한 모습들이 너무 두려워 마치 피에 굶주린 흡혈귀같다고 한 것이다.

그 밖에 시신의 매장이나 부패하는 과정에 대해 잘 모르기 때문에 흡혈귀가 저지른 행위로 오해하는 예도 있었다고 한다. 예컨대 추운 지방에서는 시신의 부패가 천천히 진행된다. 그와 함께 시신에 가스가 차서 부풀어오르면 시신이 살아 있다고 착각하는 것이다. 아울러 시신은 피부에 수축 현상이 나타나 손톱, 머리카락, 수염 따위가 자라나는 것처럼 보여 흡혈귀에게 피만 빨렸을 뿐 살아 있다고 착각한다. 하지만 그것은 진짜 착각에 불과하다. 또한 기온이 올라 시신의 장기들이 녹고 압력을 받으면 코와 입 등으로 피가 나오는데 입가에 묻은 피를 보고 흡혈귀가 마셨다고 생각했다.

그뿐 아니라 유럽의 거의 전역에서 흡혈귀에 대한 온갖 추측들이 전승되면서 흡혈귀에 대한 수많은 속설이 생겨났다. 특히 흡혈귀를 물리치는 방법에 대한 속설들이 많았다. 이를테면 흡혈귀의 심장에 나무말뚝을 박으면 죽는다든가, 은(銀)으로 만든 무기, 십자가나 마늘을 갖다 대면 물리칠 수 있다는 것 등 헤아릴 수없이 많다. 그와 함께 원인을 알 수 없는 끔찍한 사건이 발생하면 흡혈귀의 짓이라고 여기게 되었고, 흡혈귀에게는 특수한 초능력이 있다고 믿었다. 어찌 되었든 흡혈귀가 공포의 대상이 되자 흡혈귀를 잡거나 물리치는 전문적인 직업까지 생겨나기에 이르렀다.

흡혈귀 전설의 본고장이자 <드라큘라>가 탄생한 루마니아는 20세기, 철저한 공산국가였으며 무려 24년 동안 차우셰스쿠 대통령이 가혹한 철권 독재 통치를 해왔다. 그러나 마침내 1989년 전국적으로 민중 봉기가 일어났다. 도주하던 차우셰스쿠 부부는 시민군에게 붙잡혀 총살당했다. 워낙 악명 높았던 차우셰스쿠 부부의 시신은 따로 떨어져 아무렇게나 매장됐는데 루마니아의 흡혈귀 전설에 성의 없는 무덤은 그들의 흡혈귀인 '스트리고이'를 부른다는 속설이 있어서 차우셰스쿠가 흡혈귀로 나타나서 루마니아 국민을 괴롭히지 않을까 걱정했다고 한다. 그에 따라 당시 루마니아 혁명정부는 생전의 차우셰스쿠 관저에 마늘을 뿌리는 흡혈귀 퇴치 의식을 거행해 루마니아 국민을 안심시켰다고 한다.

진또배기

흐어어 — 어어 —

어 허야듸야 허야듸야

어촌마을 어귀에 서서

마을의 평안함을 기원하는

진또배기 진또배기 진또배기

오리 세 마리 솟대에 앉아

물불 바람을 막아주는

진또배기 진또배기

말없이 마을을 지켜요….

어느 트로트 오디션에서 가수 이찬원이 불러 큰 호응과 성과를 올리며 널리 유행했던 '진또배기'라는 노래의 일부분이다. 진또배기를 간혹 진짜배기(진실한 사람)로 착각하는 사람도 있지만 '솟대'의 영동 지방(강원도) 방언이다. 그곳 사람들은 솟대를 '짐대'라고 했는데 짐대가 박혀 있다는 '짐대박이'가 발음 변화에 따라 '짐대백이'가 되고, 다시 '짐도배기'가 됐다가 마침내 '진또배기'로 변화했다는 것이다.

알다시피 '솟대'는 대나무 같은 긴 막대기(장대) 끝에 나무를 대개 세 갈래로 깎은 받침대를 만들어 오리나 새를 맨 위에 올려 세워놓은 것을 말한다. 높이 솟아올랐다고 해서 일반적으로 솟대라고 부르지만, 지방에 따라 소주, 소줏대, 솔대, 별신대 등 이름이 다양하다. 솟대 위에 얹어 놓는 오리나 새도 까마귀, 비둘기도 있으며 재질도 나무뿐 아니라 청동, 놋쇠, 돌로 깎은 새도 있다.

전통적인 민간신앙에서 마을의 수호신으로 마을 입구에 장승과 솟대 그리고 성황당(서낭당)을 손꼽는다. 그에 따라 우리나라 전국의 어느 마을에서나 마을 입구에 '천하대장군' '지하여장군'이라고 쓰인 장승 두 개를 세우고 그곳 가까이에 솟대를 세웠으며 반드시 마을에 성황당이 있었다. 동제(洞祭)를 비롯한 새해를 맞거나 마을 행사 때는 반드시 그 곳에서 제사나 고사를 지내며 마을의 안녕과 풍농, 풍어, 만복을 빌었다. 그렇지만 솟대가 우리나라에만 있는 고유 풍속은 아니다. 시베리아, 몽골, 만주, 일본, 한반도 등 동북아시아 일대의 민족과 종족 들이 솟대를 세웠다.

솟대는 무척 오랜 역사를 지니고 있다. 이미 5~6천 년 전의 청동기시대부터 솟대를 세우는 풍습이 있었으며 우리나라는 삼한시대(三韓時代)

에 이르러 크게 성행했다고 한다.

마한, 진한, 변한의 삼한시대에 '소도(蘇塗)'라는 의식이 있었는데 마을마다 방울과 북을 매단 큰 나무 기둥을 세우고 천신(天神)에게 제사를 지내던 의식이다. 그것을 바탕으로 나무 위에 모형의 오리 세 마리를 올려놓는 솟대가 만들어졌는데 오리나 새를 올려놓는 것은 상당한 의미가 있다.

오리는 하늘을 날면서도 물과 뭍을 자유롭게 오간다. 따라서 고대의 사람들은 오리가 하늘(신), 땅(인간), 물속(용궁)을 자유롭게 오고 가며 철새여서 겨울이 되면 이동하는 것을 오리가 저승세계로 떠났다고 믿었다. 말하자면 오리는 이승과 저승을 가리지 않고 못 가는 곳이 없는 전령이라고 생각했다.

또한 새 역시 하늘과 땅을 자유롭게 날아다닌다. 고대의 사람들은 새는 하늘의 신과 땅에 사는 인간들을 연결해준다고 믿었다. 그것은 조장(鳥葬)과도 깊은 관련이 있다. '조장'은 광활한 벌판과 초원이 많은 동북아시아 등지에서 성행하던 장례 방식이었다. 사람이 죽으면 시신을 들판에 내놓아 새들이 그것을 모두 먹어 치우게 하는 장례다. 새들이 시신을 먹고 하늘에 가면 죽은 자의 영혼도 하늘에 있는 신의 곁으로 간다고 믿었다. 이처럼 새를 숭배하는 사상은 북방 문화의 특징이지만 대부분의 북방 민족에게서 솟대는 사라졌고 오직 우리나라만 솟대가 이어지고 있다. 다만 태국의 소수민족 가운데 솟대를 세우는 민족이 있다고 한다. 일본에서도 그들의 신사(神土) 입구에 서 있는 상징적인 문 위의 가로로 된 서까래 같은 것 위에 새의 모형을 올려놓은 곳들이 있다.

예전에 마을 입구마다 우뚝 서 있던 솟대와 장승은 오늘날의 표지판이나 이정표처럼 자신들의 마을을 알리는 가장 확실한 표지였다. 따라서 그것들에 얽힌 전설들이 무척 많지만 솟대보다 훨씬 눈에 잘 띄는 장승이 더 많은 것 같다.

서울의 동작구 상도동에 '장승배기'라는 지역이 있다. 옛날에는 이곳이 한적한 나무숲이었다고 한다. 그런데 조선왕조 22대 임금 정조는 억울하게 죽임을 당한 아버지 사도세자를 잊지 못해 자주 수원에 있는 아버지의 묘소를 찾았다. 정조가 먼 길을 행차하다가 이곳에서 잠시 쉬었다고 한다. 하지만 나무들만 잔뜩 있고 너무 한적해서 이곳에 장승을 세우라고 어명을 내렸다고 한다.

"장승 하나는 장사 모양의 남자 장승으로 '천하대장군'이라는 이름을 붙이고 또 하나는 여자 장승으로 '천하여장군'으로 해라."

안동 장승공원 장승은 옛부터 마을어귀에 놓여 잡귀와 질병으로부터 마을 사람을 지키던 수호신이며 때로는 소원을 비는 대상으로 서민의 친숙한 민속문화이다. 하회마을 입구에 조성된 장승공원으로 무형문화재인 장승조각가 김종흥 씨가 버려진 나무들을 자르고 깎아서 만든 250여 기의 장승이 도란도란 모여 있다.

그에 따라 그곳에 장승이 세워져 장승배기라는 지명을 갖게 됐다고 한다. 하지만 언젠가 장승이 사라져 장승도 없이 장승배기라고 불렀는데, 근래에 와서 서울 지하철 7호선 '장승배기역'이 생기면서 다시 장승을 복원한 것으로 알려졌다.

그러나 뭐니뭐니 해도 장승과 관련해서 판소리 '변강쇠타령' 또는 '가루지기타령'을 빼놓을 수 없다. 전해 내려오는 설화를 바탕으로 꾸며진 이 판소리의 주인공은 변강쇠와 옹녀다. 변강쇠는 정력을 타고난 남자로 수많은 여자와 성관계를 갖는 것이 직업이나 다름없다. 또한 옹녀 역시 천하제일이라고 할 만큼 음란한 여자로 마냥 색을 즐기는데 그녀와 관계하는 남자들은 어찌 된 일인지 모두 죽는다. 그 때문에 옹녀는 마을 여인들로부터 쫓겨난다.

그러한 변강쇠와 옹녀가 우연히 만나 즉흥적으로 혼인을 하고 색을 즐기는데 천생연분이어서 세월 가는 줄 모른다. 그렇더라도 밥은 먹어야 하기에 옹녀는 게으름만 피우고 있는 변강쇠에게 아궁이에 불을 땔 나무를 해오라고 시킨다. 하지만 게으름뱅이 변강쇠는 나무를 하기 싫어서 가까이 있는 장승을 뽑아온다. 옹녀가 기겁해서 장승을 다시 제자리에 박아놓으라고 하지만 변강쇠는 들은 척도 안 하고 장승을 빠개서 땔감을 만든다.

그리하여 불에 타버린 장승이 너무나 황당하고 억울해서 장승들의 우두머리인 대방 장승에게 자초지종을 호소했다. 그러자 대방 장승은 전국의 장승 회의를 소집해서 못된 인간 변강쇠가 온몸에 동티가 나서 앓다가 죽게 하는 징벌을 내렸다. '동티'란 금기 행위나 신령, 귀신 등을 노하게 했을 때 온갖 질병을 한꺼번에 앓게 하는 신의 벌이다.

변강쇠는 동티에 걸려 불과 며칠 앓다가 죽고 말았다. 옹녀가 변강쇠의 시신을 산에 묻으려고 지나가는 나그네들을 자신의 요염하고 음란한 자태로 유혹하며 시신을 묻고 오는 사람과 함께 살겠다고 하자 나그네가 선뜻 나섰다. 하지만 변강쇠의 참혹한 시신을 보고 놀라서 죽고 만다. 옹녀가 그러기를 되풀이했지만 집 앞에 시체들만 쌓일 뿐이었다. 그럴 때 어느 양반댁의 머슴 같은 초라니가 나타나 잔뜩 쌓인 시신들을 치워주고 변강쇠의 시신을 짊어지고 산으로 묻으러 간다. 변강쇠의 뻣뻣한 시신을 가로로 짊어져서 '가루지기'란 말이 생겼다.

그런데 놀랍게도 변강쇠의 시신이 초라니의 잔등에 달라붙어 떨어지지 않는 것이었다. 초라니는 두 그루의 나무가 가까이 서 있는 가운데를 지나가며 시신을 나무에 세게 부딪쳐 떨어지게 했더니 시신이 두 동강이 났다. 그렇게 간신히 시신을 묻고 돌아오니 옹녀가 약속한 대로 같이 살자고 했다. 그러나 초라니는 시신까지 끈질겼던 변강쇠에게 넌더리가 나서 떠나버린다. 혼자 남은 옹녀도 마침내 어디론가 홀연히 떠난다.

이것이 판소리 변강쇠타령의 대략 줄거리지만 변강쇠와 옹녀의 외설스러운 얘기라기보다 장승을 훼손시키면 큰 벌을 받는다는 것을 경고하는 데 의미가 있다.

솟대도 후내에 와서 풍수시리와 결합했다는 것이 통설이다. 따라서 마을 입구에 장승과 함께 솟대를 세웠지만 풍수지리에 따라 마을 입구가 아니라도 마을에서 풍수지리가 좋은 곳에 세우는 경우가 많아졌다고 한다.

귀신 이야기의 단골 소재, 구미호

우리나라 TV와 라디오에서 오랫동안 방영됐던 <전설의 고향> <전설 따라 삼천리> 등에서 가장 많았던 단골 소재가 '구미호'였다. 하지만 구미호는 우리나라만의 고유한 귀신 얘기가 아니다. 중국, 일본, 우리나라를 비롯한 동북아시아 지역에서 널리 퍼져 있던 전설이다. 중국의 신화에서 유래한 것으로 보이는 원래 '구미호(九尾狐)'는 꼬리가 아홉 개 달린 요괴였다. 그것이 우리나라에서는 교활한 동물인 여우, 둔갑이 뛰어난 여우가 됐다.

중국 신화에서 구미호가 처음 등장한 것은 약 4천 년 전이다. 그들의 가장 오랜 사서 가운데 하나인 <산해경(山海經)>에는 이런 기록이 있다고 한다.

"…청구산에는 꼬리가 아홉 개 달린 여우처럼 생긴 짐승이 사는데 아기 울음소리를 내며 사람을 잡아먹는다…."

"청구국에 여우 한 종류가 있는데 다리가 4개, 꼬리가 9개나 달려 있다…."

그러한 구미호의 요사스러운 행각이 구체적으로 나타난 것이 고대 중국 상(商)나라 때다. 중국 최초의 국가는 하(夏)나라였다. 도읍 국가(도시국가)였던 이 나라에 대해서는 실질적으로 증거가 될 만한 흔적들이 남아 있지 않기 때문에 실존 국가로서 인정받지 못했다. 하나라의 뒤를 이은 국가가 약 4천 년 전에 건국한 상나라다. 뒤에 은(殷)나라로 이름을 바꾼 이 나라는 갑골문(甲骨文) 등 구체적인 유물들이 있어서 중국 역사에서 중국 최초의 국가로 인정을 받고 있다.

은나라 말기, 중국 역사상 가장 성적인 미녀 가운데 한 명으로 손꼽히는 경국지색(傾國之色)이 있었다. 그녀가 달기(妲己)다. 지금도 중국에서는 음탕한 여자를 가리켜 '달기 같은 년'이라고 한다. 달기는 미모는 빼어났지만 악녀, 엽기적 행각, 요녀의 대명사가 되는 인물이다.

그녀는 은나라의 마지막 왕이었던 주왕(紂王) 때 지방 제후의 딸이었다. 주왕은 악명높은 폭군으로 무자비한 폭정으로 백성들이 큰 고통을 받았다. 그 때문에 나라가 갈수록 혼란스러워지자 달기의 아버지인 제후가 반란을 일으켰다. 하지만 반란이 실패하게 되자 제후는 절세미인인 딸 달기를 주왕에게 바치며 목숨을 구걸해서 간신히 살아난다. 주왕은 달기를 보자마자 그녀의 매력에 빠져들고 말았다. 그러면서도 몹시 방탕했던 주왕은 달기가 궁궐에 도착하기 전, 여와궁을 참배하게 됐는데 여와 신의 모습에 성욕을 느끼고 음란한 마음을 품자 여와 신이 크게 분노했다. '여와 신'은 중국 신화에서 창조의 여신으로 처음으로 '인간'을 만들어낸 신이다.

주왕의 음욕에 매우 화가 난 여와 신은 아버지의 진상품으로 수레에 실려 궁궐을 향하고 있는 달기의 몸에 천 년 묵은 요괴인 구미호 호리정(狐狸精)을 스며들게 했다. 아무튼 주왕은 달기를 보자마자 성욕이 솟구쳐 당장 성관계를 갖는 데 달기가 워낙 성적 기교가 뛰어나 그다음부터 헤어나오지 못했다.

달기는 주왕의 정실 황후인 강(姜)씨를 살해하도록 사주하고 자신이 왕비가 된다. 그녀는 대단히 음탕한 여자였다. '주지육림(酒池肉林)'이라는 고사성어가 달기에서 나왔다는 얘기도 있다. 그녀는 잔인한 것을 좋아해서 갖가지 형벌을 고안해냈다.

구리 기둥을 불에 달궈놓고 그 위를 죄인이 걷게 해서 불에 태워죽이는 형벌을 비롯해서 완전히 벌거벗겨진 생사람이 더할 수 없이 고통스럽게 죽어가는 모습을 보고 성욕을 느끼며 그때마다 주왕을 침실로 끌어들였다. 엽기적이었고 요즘 식으로 표현하면 변태성욕자, 사디스트였다.

그녀는 또 주왕을 부추겨 엄청난 대궁전을 짓게 했다. 대궁전이 100개, 소궁전이 72개나 되는 대규모 궁전이었다. 주왕은 백성들을 착취해서 경비를 조달했고, 10만 명이 밤낮없이 대역사에 매달려 7년 만에 완공했다고 한다. 이것이 유명한 녹대(鹿臺)다.

달기는 녹대에서 주왕과 연일 음란한 연회를 열었다. 우리 고조선을 기자조선으로 바꿨다는 기자(箕子)는 그러한 망국의 행태를 보며, 나라가 망할 것과 자신의 처지가 위태로울 것을 깨닫고 은나라를 떠날 채비를 서둘렀다고 한다.

주왕은 구후라는 신하의 딸이 달기에 필적할 만한 미녀라는 얘기를 듣고 그녀를 강제로 데려다가 달기와 나체를 비교하며 흡족해했다. 그리고 그녀도 왕비로 삼아 달기가 질투하고 분노하게 했다. 그런데 그녀가 주왕의 지나치게 음란한 성행동에 적응 못하자 그녀를 죽이려 했다. 그러자 달기가 기뻐하며 자신이 처형을 맡았다. 달기는 그녀를 벌거벗겨 침대에 큰 대(大) 자로 묶어놓고 그녀의 음부 앞에다가 미꾸라지들을 쏟아놓았다. 미꾸라지들이 그녀의 음부로 수없이 기어들어가 그녀는 처참하게 죽었다.

백성들이 도탄에 허덕이자 충신 희창(姬昌)이 비밀리에 군사를 훈련해 주왕을 없앨 계획을 세웠지만 들통나서 처참하게 죽임을 당했다. 그러나 기원전 1057년 희창의 아들 희발(姬發)이 군사(軍師)인 강지아와 함께 반란을 일으켰다. 대세가 기운 것을 안 주왕은 녹대에서 불구덩이에 뛰어들어 자살했다.

달기도 붙잡혔다. 강지아는 여전히 큰소리치는 달기를 참수하도록 명령을 내렸다. 그러나 달기의 요염한 미소에 망나니가 칼을 떨어뜨리자 강지아가 화살을 뽑아 세 발을 연속으로 그녀의 가슴을 맞혀 최후를 맞았다. 어떤 기록에는 희발이 달기를 취해 시녀로 삼았다고도 한다. 주왕의 자살과 함께 은나라(또는 상나라)는 멸망하고 반란에 성공한 희발이 주(周)나라를 세우게 되는데 그가 주나라 초대 왕 무왕(武王)이다.

결국 은나라는 달기 때문에 멸망했다고 해도 과언이 아니다. 그야말로 나라를 기울게 하는 경국지색이 틀림없었다. 하지만 요녀 달기는 본래 제후의 딸 달기가 아니라 구미호가 둔갑했거나 빙의된 달기였다. 본래의 달기는 주왕의 궁궐로 갈 때 여와 신에 의해 죽임을 당했고 구미호 호미정이 달기로 둔갑한 것이라고도 한다.

이러한 달기에 대한 묘사는 중국 명(明)나라 때의 소설 <봉신연의(封神演義)> 또는 '봉신방' '봉신전'으로 불리는 작품에 나오는 내용이어서 그녀가 실존 인물인지, 소설 속 가상의 인물인지는 정확히 알 수 없다. 하지만 달기가 사마천의 <사기(史記)>를 비롯해서 중국의 여러 사서에도 기록된 것을 보면 전혀 가상의 인물은 아닌 것 같다. 적어도 그 시대에 달기와 비슷한 경국지색의 미인이 있었을 것으로 짐작된다.

달기 설화 이후 구미호는 동북아시아에서 어느 나라나 매우 부정적 이미지를 갖게 됐다. 그와 함께 구미호는 매혹적인 여성으로 변신하는 공통점을 갖게 됐다고 한다. 말하자면 착한 구미호는 없다. 한결같이 악독하고 잔혹하게 복수하는 요괴가 구미호라고 할 수 있다.

일본에서 구미호는 그들의 3대 요괴 가운데 하나다. 그들의 구미호 전설은 12세기경부터 나돌다가 17세기 에도(江戶) 시대에 이르러 마치 민담처럼 일반화됐는데 그 전설의 근본은 중국의 달기에서 뿌리를 찾을 수 있다.

우선 일본의 구미호는 셋으로 나뉜다. 가장 먼저 약 4천 년 전, 인도의 어느 왕국에 나타나 태자비를 잡아먹고 구미호가 태자비로 변신한다. 그리고 태자에게 가뭄과 기근을 막기 위해 매일 10명씩 모두 1,000명을 인신 공양할 것을 부추기다가 반란이 일어나 도망쳐 중국으로 간다. 그다음 앞의 얘기처럼 은나라에서 달기로 변신해 주왕을 홀려 나라를 멸망에 이르게 하고 또 몸이 셋으로 잘린다. 그럼에도 은나라의 뒤를 이은 주나라의 역시 경국지색의 절세미인이었던 포사(褒似)로 변신한다.

주나라의 유왕(幽王)이 구미호가 변신한 줄 모르고 빼어난 미인이었던 포사에게 푹 빠진다. 그런데 포사는 절대로 웃지 않는다. 그 때문에 유왕은 포사를 웃게 하려고 온갖 노력을 다했는데 우연히 그녀가 비단을 찢는 소리에 웃는 것이 아닌가.

포사가 웃는 모습을 본 유왕은 신바람이 나서 전국의 값비싼 비단들을 마구 거둬들여 쉬지 않고 찢었고 포사는 그때마다 웃었다. 하지만 온 나라의 비단이 사라지다시피 하면서 주나라는 급격히 기울어져 갔다.

그뿐 아니라 포사는 어느 날, 봉화대에 불이 타오르는 것을 보며 박장대소하는 것이었다. 포사가 깔깔대며 큰 소리로 웃자 유왕은 그때부터 아무 때나 봉화를 피어오르게 했다. 그러자 전국의 제후들이 나라에 비상사태가 일어난 줄 알고 부하들을 이끌고 달려왔지만 헛걸음이었다. 그렇게 여러 차례 봉화가 피어오르자 그때마다 제후들이 달려왔지만 매번 헛걸음이었다.

그런데 진짜로 서쪽 오랑캐 견융족이 쳐들어오자 급히 봉화를 올렸지만 또다시 헛고생하지 않으려고 아무도 나타나지 않았다. 주나라는 그렇게 멸망의 길에 들어서게 된 것이다. 포사 역시 달기에 못지않게 악독한 미인이었다. 하지만 그녀 역시 진짜 포사가 아니라 구미호가 포사로 변신해서 나라를 망쳐놓은 것이다.

세 번째로 그러한 구미호가 8세기경 일본으로 건너가 '타마노마에(玉藻前)'라는 18세 소녀로 다시 나타난다. 그녀는 얼굴이 희고 황금 털을 가진 구미호(白面金毛九尾狐)가 변신한 것이다. 역시 빼어난 미인이었던 그녀는 곧 눈에 띄어 일본 천황의 시녀가 된다. 그녀는 아름답고 지혜로워 천황의 총애를 받았다.

그런데 천황이 아무런 이유가 없고 병명조차 알 수 없이 앓기 시작했다. 신하들이 모두 걱정에 휩싸여 마지막으로 음양사(심령술사)를 불렀더니 병의 원인이 타마모노마에 때문이라는 것이었다. 그리하여 갑작스럽게 정체를 들킨 타마모노마에는 본래의 구미호가 돼서 궁중을 빠져나가 행방을 감추었다고 한다.

그러나 거기서 끝나지 않는다. 타마모노마에가 구미호가 돼 자취를 감춘 한참 지난 뒤 일본 어느 지역에서 부녀자들이 이유 없이 잇따라 실종되는데 천황은 도망친 구미호 타마모노마에가 원인이라고 판단하고 구미호 토벌대를 편성했다.

대규모 병력으로 조직된 토벌대가 해당 지역을 샅샅이 뒤진 끝에 마침내 구미호를 발견했다. 하지만 구미호가 온갖 요술을 부려 토벌대는 수많은 사상자를 냈고 구미호도 지쳐서 궁지에 몰렸다. 드디어 머리와 허리에 두 발의 화살을 맞고 쓰러졌으며 칼을 맞아 몸체가 여우와 뱀으로 두 동강이 났다.

그런데도 구미호의 몸이 살의가 가득한 바윗돌로 변하더니 사람과 짐승들을 마구 죽였다. 놀란 사람들이 그 바윗돌을 살생석(殺生石)이라고 불렀는데 명망이 높은 고승(高僧)이 살생석을 파괴해 그 파편이 온천지로 흩어졌다고 한다.

일본의 구미호 전설은 중국의 달기를 바탕으로 꾸며진 것 같다. 일본 구미호는 위에서 소개한 타마모노마에와 같은 악행을 자행하는 구미호도 많지만, 의외로 자비심을 지닌 착한 구미호들도 있다고 한다. 농사가 잘되도록 돕기도 하고, 남자에게 반해 아름다운 여인으로 변신해 결혼했는데 결국 들통나서 도망쳤지만 변함없이 서로 그리워한다든가, 세월이 흐르면서 수많은 구미호 민담이 만들어졌다.

이러한 중국이나 일본의 구미호 전설과 비교하면 우리나라의 구미호는 그들과 차이가 있다. 나라를 위태롭게 하는 거창한 구미호는 우리나라에는 없다. 우리 구미호는 개인적, 사적(私的) 원한을 풀려는 내용이 대부분이다.

가령 여우가 용의 여의주 같은 여우 구슬을 가지고 있는데 이 구슬을 3백 년만 품고 있으면 인간으로 변할 수 있다는 것이다. 그런데 도중에 어떤 계기에 의해 인간이 못 돼 원한을 품고 구미호로 변해 인간들에게 복수하는 구미호 전설이 있다. 또한 누명을 쓰거나 억울하게 죽은 여인이 여우 얼굴을 가진 귀신으로 나타나 한풀이한다든지, 구미호보다 여우 귀신 얘기들이 매우 많다는 것이 특징이다.

망부석의 놀라운 사실

'망부석(望夫石)'은 멀리 떠난 남편이 약속한 기일에도 돌아오지 않자, 아내가 높은 곳에 올라가 하염없이 남편을 기다리다가 죽어 그 자리에서 돌이 됐다는 것을 뜻한다. 우리나라에 망부석과 관련된 설화나 전설이 적지 않다. 그 대표적인 설화가 신라시대, 일본에 볼모로 갔던 왕자를 구출하려고 사신으로 갔던 충신 박제상 부인의 설화다. 그녀는 세 딸과 함께 높은 곳에서 바다를 바라보며 끝없이 남편을 기다리다가 마침내 돌이 돼, 망부석이라고 부르게 됐다는 것이 설화의 골자다. 그런데 여기에는 잘 알려지지 않은 놀라운 사실이 숨어 있다.

박제상(朴堤上)은 왕족으로서 신라의 충신이었다. 그는 신라의 시조, 박혁거세의 후손이라고 한다. 그런데 <삼국사기>에는 박제상, <삼국유

사>에서는 김제상이라고 기술한다. 그의 부인도 왕족인 치술공주였다.

4~5세기 신라는 강하지 못하고 약체였다. 그 때문에 주변의 고구려와 백제 그리고 일본(왜국)에까지 끊임없이 침략당했다. 그들과 맞서 싸울 능력이 없었던 신라는 고구려와 왜국에 왕자나 왕족을 볼모(인질)로 보낼 수밖에 없었다. 신라 왕조 17대 내물왕은 고구려에 왕족 실성(實聖)을 볼모로 보냈다. 실성은 무려 10년 동안이나 볼모로 잡혀 있다가 돌아올 수 있었다. 그 무렵 내물왕이 죽었다. 하지만 왕자들이 너무 어려서 오랫동안 볼모로 고생했던 실성을 왕으로 추대해 18대 실성왕이 됐다. 사실 실성이 왕이 될 수 있었던 것은 고구려의 도움이 컸다고 한다.

실성왕은 자신을 고구려에 볼모로 보냈던 선왕 내물왕을 증오했으며 내물왕의 아들 3형제도 몹시 싫어했다. 더욱이 그들 왕자는 언제든지 자신의 왕위를 빼앗을 수 있었기에 더욱 미워했다. 그리하여 신라에 공세를 취하는 왜국에는 내물왕의 셋째 아들 미사흔(未斯欣)을 볼모로 보내버렸고, 고구려에는 둘째 아들 복호(卜好)를 볼모로 보냈다.

그렇게 세월이 흐르고 내물왕의 장남인 눌지가 왕위에 올라 19대 눌지왕이 됐다. 실성왕은 고구려와 음모를 꾸며 눌지가 왕위를 빼앗지 못하게 하려고 했지만 눌지를 죽이기로 했던 고구려 장수가 오히려 그의 인품에 반해 눌지를 앞세워 실성왕을 몰아낸 것이다. 눌지왕은 무엇보다 고구려와 왜국에 볼모로 잡혀 있는 동생 복호와 미사흔을 구출해야겠다고 생각했다. 그럴 때 사신을 자원하며 나선 인물이 충신 박제상이었다.

먼저 박제상은 고구려에 가서 뛰어난 외교 수완과 화술로 고구려 장수왕을 설득, 복호를 구출했다. 크게 기뻐한 눌지왕은 막냇동생 미사흔이 더욱 그리웠다. 이러한 왕의 심정을 잘 아는 박제상이 왜국에 가서 미사흔을 구출하겠다고 나섰다. 미사흔은 왜국에 무려 20년이나 볼모로 잡혀 있었다. 눌지왕으로부터 허락을 받은 박제상은 집에도 들르지 않고 곧바로 왜국으로 향했다. 뒤늦게 이 소식을 들은 박제상의 아내 치술공주가 급히 율포(栗浦)로 달려왔지만 이미 남편을 태운 배가 왜국으로 떠난 뒤였다.

왜국에 당도한 박제상은 왜왕에게 신라를 배신하고 왜국에 귀화하기 위해 망명했다는 거짓말로 그의 신임을 얻고 신라를 공격하려는 왜국 군대의 선봉장이 됐다. 그리고 신라를 향해 전함들이 진격하는 도중에 미사흔이 갇혀 있는 산도(山島)라는 작은 섬에 들러 아무도 모르게 미사흔을 신라로 돌아가도록 탈출시켰다. 박제상은 몸이 무척 피곤하다는 구실로 일부러 늦잠을 자 미사흔이 도주할 시간을 벌었다.

하지만 이 사실이 왜왕에게 알려졌다. 크게 분노한 왜왕은 박제상에게 속은 것을 알고 즉각 체포해서 모질게 고문했다. 그러면서도 박제상을 설득하려고 "우리 왜국의 신하가 되겠다면 상을 내릴 것이고, 계림(신라)의 신하로 남는다면 온갖 형벌을 가하겠다."라고 으름장을 놓았다. 그러자 박제상은 "차라리 계림의 개돼지가 될지언정 왜국의 신하가 될 수는 없다."며 자신의 굳은 의지를 밝혔다.

크게 분노한 왜왕은 박제상을 외딴섬으로 유배를 보냈다가 화가 안 풀렸는지 그를 잔혹하게 고문하도록 명령했다. 박제상의 발바닥 살가죽을 벗기고 갈대밭을 걷게 했는가 하면 불에 달군 쇠 위를 걷게 하는 등 끔찍한 고문을 가한 뒤에 화형에 처했다고 한다. 이러한 박제상의 죽음을 알게 된 신라의 눌지왕은 몹시 슬퍼하며 그에게 대아찬(大阿飡)이라는 최고의 벼슬을 추증하고, 왜국에서 돌아온 미사흔과 박제상의 둘째 딸을 혼인시켰다.

한편 남편 박제상의 죽음을 알았지만 치술공주는 항상 치술령(지금의 경상북도 월성군) 언덕에 올라 바다를 바라보며 남편을 그리워하다가 그곳에 쓰러져 망부석이 됐다고 한다. 어떤 망부석 설화에는 치술공주와 세 딸이 함께 돌로 변해 망부석이 됐다고도 한다.

또한 그와 함께 갈수록 정절과 일편단심의 표상으로 치술공주가 미화되면서 수많은 박제상과 치술공주의 망부석 설화들이 만들어지고 퍼져나갔다. 어떤 설화에서는 치술공주와 그의 세 딸이 박제상을 기다리다 망부석이 됐지만 치술공주는 치(鵄)라는 새, 딸들은 술(述)이라는 새가 돼서 박제상이 있는 곳까지 날아갔다고 한다.

하지만 이러한 설화들은 세월이 흐르면서 덧붙여지고 각색된 설화, 전설일 뿐 역사적 사실은 놀랄 만큼 크게 다르다. 박제상이 미사흔을 구출하고 왜국에서 희생된 것은 사실이다. 누구보다 눌지왕이 크게 슬퍼한 것도 사실이나. 따라서 죽은 박제상에게 갖가지 추증과 포상을 했지만 그것이 상심에 빠진 부인 치술공주에게는 실질적 도움이 안 됐다.

진위 논란이 있기는 하지만, <화랑세기>에 따르면, 그 때문에 고심하던 눌지왕은 어느 날 치술공주를 궁으로 불러 온갖 위로의 말을 전했지만 그것이 큰 도움이 안 된다는 것을 알고 있는 눌지왕은 그녀에게 실질적으로 최선의 위로와 보답을 하기로 마음먹었다. 그것은 색도(色

道), 즉 섹스였다.

　그 당시 신라는 성골(聖骨, 왕족), 진골(眞骨, 귀족)들 사이에 근친혼이 보편적이었으며 성이 무척 개방돼 화랑을 비롯한 상류 계층에서는 남녀가 기혼, 미혼을 불문하고 일상적으로 성관계를 맺는가 하면, 마음만 맞으면 신분에 상관없이 사통(私通)했다. 말하자면 불륜이 일반화돼 있었으며 부인을 여러 명 두는 다혼과 중혼이 예사로웠다.

　이러한 신라의 성 개방 풍조는 종교적 영향에서 비롯됐다고 볼 수 있다. 신라는 선도(仙道)가 국교라고 할 수 있는데 이 선도를 실천하는 과정에서 색도가 최고의 가치를 지니게 된 것이다. 그 때문에 선도를 수양하고 단련하던 화랑들도 섹스를 거의 일상화했다.

　그에 따라 눌지왕도 박제상의 부인 치술공주에게 자신이 해줄 수 있는 최고의 위로와 보답이 섹스였다. 어찌 되었든 눌지왕과 치술공주는 성관계를 갖고 나중에 황아(皇我)부인이 되는 딸까지 낳으며 눌지왕의 후궁이 됐다. 또한 눌지왕의 막냇동생 미사흔과 결혼했던 치술공주의 둘째 딸이 낳은 딸, 즉 그녀의 외손녀가 신라 20대 자비왕과 혼인해서 21대 소지왕을 낳았다.

　이렇게 서로 얽히고설켜 치술공주는 남편 박제상을 잃었지만 임금의 딸, 후궁, 장모가 돼 국대부인(國大夫人)이라는 왕족 여성 최고의 칭호를 얻었으며, 세상을 떠난 뒤 그녀의 영혼은 치술신모(鵄述神母)로 추앙돼 그녀를 모시는 사당까지 세워졌다.

　망부석의 특징은 글자 그대로 돌이나 바위지만 몇 가지 유형이 있다. 멀리 떠난 남편을 하염없이 기다리던 아내가 그 자리에서 굳어져 돌이나 바위가 된 유형, 아내가 죽은 뒤에 돌이 된 유형, 아내가 스스로 몸을 던져 죽은 자리에 돌을 세운 유형 등이라고 한다.

하기는 돌이 아닌 일도 있다. 경상북도 영일군에는 '망부산 전설'이 있다. 신라 말기, 왜국에 사신으로 갔던 정승이 돌아오지 않자 부인이 개와 말을 데리고 한없이 기다리다 지쳐 죽었다고 한다. 그리하여 부인이 남편을 기다리던 산을 망부산(望夫山)이라고 부르게 됐으며, 마을 주민들이 부인과 개와 말의 무덤까지 만들고 망부사(望夫祠)라는 사당을 지어 제사를 지냈다고 한다. 망부석이 돌은 아니지만 치술공주 설화와 매우 비슷하다.

그러나 대개 산이나 언덕, 바다를 향해 높은 곳에 우뚝 서 있는 바위 등에 망부석이라는 이름이 붙고 그에 대한 설화와 전설들이 전해지는 경우가 많은데 대부분 가공된 이야기다. 사람이 죽어 돌이나 바위가 된다라는 것은 있을 수 없는 얘기다.

하지만 돌인 것이 중요하다. 돌이나 바위는 변함이 없다. 원래 서 있는 자리에서 수백 년이 흘러도 꿈쩍하지 않고 모양도 전혀 변하지 않는다. 여성의 정절이나 일편단심을 상징하기에 더없이 좋은 자연물이다. 망부석은 비록 꾸며진 이야기지만 우리 인간과 자연의 일체감을 말해 주는 것이기도 하다.

인간의 상상력이 빚어낸 우렁각시

'우렁각시'는 내조를 잘하는 젊은 아내를 일컫는 말이다. 하지만 요즘은 남들을 위해 선행을 베푸는 젊은 여성, 직장에서 일을 잘하는 여성도 우렁각시라고 부르는 등 폭넓게 쓰이고 있다. 그런데 왜 하필 우렁각시일까?

'각시'는 갓 결혼한 젊은 여자를 뜻하는 순수한 우리말이다. 갓 결혼한 젊은 여자를 색시, 새색시, 새댁이라고도 부르는데, 색시의 어원이 각시다. 각시가 새 각시로 변화했고 '새 각시'가 음운 변화 과정을 거치며 'ㄱ'이 빠져 새악시, 그리고 새악시가 색시가 됐다는 것이다. 그런데 왜 그 앞에 '우렁'이 붙었을까? 누구나 알고 있듯이 '우렁이'는 벼를 심는 논에서 서식하는 작은 연체동물로, 달팽이나 다슬기처럼 둥근 껍질 속에 들어 있다. 논뿐 아니라 강이나 호수, 연못 등 민물에 서식하는 우렁이도 있다. 또한 달팽이처럼 식용으로도 쓰여 우렁이를 양식하기도 한다. 이런 우렁이가 각시 앞에 붙어 '우렁각시'가 된 것은 설화 또는 전설에 의한 것이다. 우렁각시 설화는 오랜 세월에 걸쳐 우리에게 널리 알려져 어린이들을 위한 전래동화에도 빠지지 않는다.

　옛날 조선시대에 어느 시골에 노총각이 살고 있었다. 20세를 넘겼지만 결혼도 못하고 농사를 지으면서 혼자 어렵게 살아가고 있었다. 당시는 20세 이전에 결혼하지 못하면 노총각이었다. 아무런 즐거움도 없이 온종일 논밭에서 지내면서 "농사를 지어봤자 누구랑 먹고사나?" 하고 한탄했는데 어디선가 "나랑 먹지." 하는 소리가 들렸다. 노총각은 깜짝 놀라서 주변을 둘러봤지만 아무도 없었다. 다만 논두렁에 커다란 우렁이 하나가 눈에 띌 뿐이었다. 노총각은 무심코 그 우렁이를 주워 집으로 돌아가 물항아리에 넣어두었다.

　그런데 논밭에서 일하다가 어두워지면 자신의 오두막에 돌아가 스스로 저녁을 지어서 쓸쓸하게 혼자서 먹어야 했던 노총각에게 꿈조차 꿀 수 없었던 이상한 일이 벌어졌다. 어느 날부터 오두막집에 돌아오면 맛있는 반찬들이 가득한 푸짐한 밥상이 차려져 있는 것이었다.

　"도대체 누가 밥상을 차렸을까?"

　하루 이틀이 아니었다. 너무나 궁금하게 생각한 노총각은 어느 날, 일하러 가는 척하면서 숨어서 집 안을 살폈다. 그랬더니 우렁이를 넣어놓았던 항아리에서 아름다운 여인이 나와 부엌으로 들어가는 것이었다. 노총각은 너무 놀라 잔뜩 긴장한 채 계속해서 지켜봤더니, 그 아름다운 여인이 정성껏 차린 밥상을 들고나와 자리에 놓고 집 안 청소까지 말끔

하게 마친 뒤에 다시 항아리로 들어가는 것이었다.

도무지 있을 수 없는 상황에 넋이 빠진 노총각은 한동안 멍하니 서 있다가 급히 항아리로 다가가서 뚜껑을 열었지만 오직 우렁이만 놓여 있을 뿐이었다. 그다음 날도 노총각은 일하러 가는 척하다가 숨어서 항아리를 지켜봤다. 아니나 다를까. 얼마 후 항아리에서 아리따운 여인이 나와 부엌으로 들어가는 것이었다. 숨어 있던 노총각이 뛰어나와 그녀를 붙잡았다.

"이봐요, 당신은 누구시오?"

그러자 여인은 언젠가 붙잡힐 줄 알았다는 듯 차분하게 자신의 정체를 털어놓았다.

"저는 바다 용왕님의 딸입니다. 아버지 몰래 세상 구경을 나왔다가 들통나는 바람에 아버지에게서 우렁이가 되는 처벌을 받았습니다."

노총각은 아무 말도 못하고 어안이 벙벙했다. 여인이 계속해서 말을 이어갔다.

"논두렁에서 이러지도 저러지도 못하고 망설이고 있을 때 당신이 나를 데려다가 항아리에 넣어주어 위험을 피할 수 있었습니다. 그에 대한 보답으로 당신이 해야 할 집안일을 도운 것입니다."

그제야 노총각 농부는 안심하고 아름다운 여인에게 청혼했다. 여인은 그의 청혼을 기꺼이 받아들여 용왕의 축복을 받으며 결혼식을 올리고 정식으로 부부가 됐다. 그런데 그 고을에는 심성이 고약한 사또가 있었다. 그는 산골에서 보잘것없는 농부가 빼어난 미인과 살고 있다는 소식을 들었다. 그리하여 몰래 찾아가 봤더니 정말 천하제일의 미인이었다. 사또는 그녀를 빼앗기 위해 남편인 농부에게 터무니없는 내기를 걸었다. 사또가 자신에게 절대적으로 유리한 갖가지 내기를 걸었지만 용왕의 도움으로 농부가 모두 이겼다. 사또는 강탈하려던 미인을 포기할 수밖에 없었다. 농부와 우렁각시는 오래도록 행복하게 잘 살았다.

대략 이러한 내용이 '우렁각시 설화'의 기본적인 줄거리다. 그런데 이 설화가 널리 퍼지고 입에서 입으로 전해지면서 이런저런 내용들이 덧붙여진 수많은 버전의 우렁각시(혹은 달팽이각시) 설화들이 생겨났다. 예컨대 농부와 사또의 내기에서 사또에게 일방적으로 유리한 내기의 구체적인 내용이다.

첫 번째 내기는 벌거벗은 민둥산에 나무를 빨리 심는 내기였는데, 농부는 용왕의 지원을 받아 조롱박에서 쏟아져 나온 장정들이 달려들어 나무를 심었다. 그 덕분에 당연히 농부가 이겼다는 것이다.

두 번째 내기는 말달리기였는데 농부는 용왕이 보내준 날개 달린 용마(龍馬)가 있어서 쉽게 이겼으며, 세 번째는 배를 타고 빨리 가기였는데 그 역시 용왕의 도움으로 농부가 이겼다는 것이다. 여기에는 지역마다 약간의 차이가 있다.

또한 우렁각시와 관련된 또 다른 설화에서는 농부가 사또와 내기에서 지는 바람에 우렁삭시를 빼앗기고 혼자 슬퍼하다가 자결했다는 내용인데, 그러자 우렁각시도 뒤따라 자결해서 파랑새로 환생했다고 한다. 또 어떤 설화에서는 농부가 죽자 우렁각시도 죽어 머리를 빗는 참빗으로 변했다고도 한다.

이렇게 다양한 형태로 각색된 우렁각시 설화를 보면 대체로 결말이 비극이다. 그것은 우리 민족의 감성이 희극보다는 안타까운 비극을 더 선호하기 때문으로 풀이된다. 또한 사또가 일방적으로 자신에게 유리한 내기를 걸어 농부를 이겨 우렁각시를 빼앗았다는 것은 권력을 가진 자들의 횡포를 은근히 비난하는 것이기도 하다.

그런가 하면 어떤 우렁각시 설화에는 노총각이 우렁이가 아리따운 여인으로 변하고 결혼까지 하게 되자 그녀에게 푹 빠져 농사를 게을리하고 항상 그녀 곁에 눌러붙어 있는 바람에 나태해져 우렁각시가 다시 용궁으로 돌아갔는데 그 때문에 실의에 빠진 농부(노총각)가 바다에 몸을 던져 스스로 목숨을 끊었다는 것이다.

우렁각시 설화는 우리나라에만 있는 것은 아니다. 동서양에 비슷한 설화들이 여러 나라들에 있다고 한다. 이를테면 중국의 '우렁각시' 설화에는 농부가 우렁각시의 정체를 알아버려 헤어졌다고 한다.

또 베트남에는 한 농부가 우연히 미인도(美人圖)를 주워 벽에 걸어놓았는데 이상하게 집에 돌아오면 푸짐한 밥상이 차려 있고 깨끗하게 청소가 돼 있었다. 농부는 기이하게 생각하며 어느 날 숨어서 지켜봤더니 미인도에서 미인이 나와 식사를 짓고 청소하는 것이었다. 그 모습에 반한 농부가 뛰어들어가 미인을 붙잡고 결혼하자고 졸랐다. 그랬더니 미인이 자신의 정체를 절대로 비밀로 한다는 조건으로 농부와 결혼해서 자녀까지 낳으며 잘 살았다. 그런데 세월이 흐르면서 농부는 늙어가는데 부인은 아무리 나이를 먹어도 처음 모습 그대로였다. 성장한 자녀들이 그것이 너무 궁금해서 아버지에게 끈질기게 그 까닭을 물었다. 견디다 못한 농부가 비밀을 털어놓고 말았다. 그랬더니 미인이 "당신이 약속을 어겼으니 더 이상 함께 살 수 없어요." 하고는 다시 그림으로 들어갔다고 한다.

  이처럼 동서양에는 인간이 사람이 아닌 존재와 결혼하는 설화들이 무척 많다. 하지만 마침내 그 정체가 밝혀지거나 뜻하지 않은 이유로 헤어지고 만다는 비극적 결말이 대부분이라고 한다. 역시 인간의 상상력은 어디서나 비슷한 것 같다.

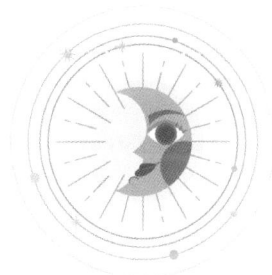

동물이 사람으로 변신해 관계 맺는 지네 각시

옛사람들은 단순해서 생각이 비슷한 탓인지 동서양의 설화들에 구조가 서로 비슷한 것들이 매우 많다. 우리나라에서 전해지고 있는 설화들도 짜임새나 내용이 거의 비슷한 것들이 일일이 헤아리기 어려울 정도로 많다. 특히 인간과 동물이 짝을 이루고 교접하는 내용의 설화들이 많은데 이러한 경우를 '이물교구설화(異物交媾說話)'라고 한다. 사람이 다른 동물과 관계를 맺는 내용의 설화를 뜻한다. 대부분 동물이 사람으로 변신해서 관계를 맺는 것이다.

알다시피 그러한 동물들도 서로 비슷해서 여우, 호랑이, 용, 곰, 뱀(구렁이) 등이 대다수지만 뜻밖에 흉측한 큰 지네가 사람으로 변신하는 설화나 전설도 적지 않다는 것이 특이하다. 옛날에는 전국이 거의 농촌 지역이었기 때문에 도시에서는 보기 어려운 지네가 흔했던 까닭인 것 같다. 다른 동물들도 그렇듯이 지네도 어여쁜 여인으로 변신한다. 따라서 지네 각시가 등장하는 설화가 적지 않다.

옛날에 서울에 많은 재산을 가진 관직에서 물러난 정승이 살고 있었다. 그런데 너무 무분별하게 살아서 차츰 재산을 탕진하고 몹시 궁핍해졌다. 그 바람에 결국 아내와 자식들이 구걸까지 해야 하는 처지에 이르렀다. 정승은 크게 낙심하고 자결하기로 마음먹고 몰래 혼자서 집을 나와 산속으로 들어갔다. 그는 자결할 마땅한 곳을 찾아 산속으로 점점 들어갔는데 느닷없이 고래등같이 커다란 기와집이 눈에 들어왔다. 정승은 어떻게 이런 산속에 대궐 같은 기와집이 있는지 궁금해서 기와집 대문 앞까지 다가가 주인을 찾았다. 그랬더니 대문이 열리더니 젊고 어여쁜 각시가 얼굴을 내미는 것이었다.

당황한 정승이 잠시 머뭇거리다가 얼떨결에 하룻밤만 묵어가게 해달라고 여인에게 부탁했다. 여인은 처음에는 거절하다가 정승이 이곳까지 오게 된 자초지종을 얘기하며 하소연했더니 마침내 허락했다. 그리하여 집 안으로 들어갔는데 그 넓은 집에 각시 혼자뿐이었다. 더구나 각시의 태도가 달라졌다. 정승에게 푸짐한 음식을 대접하고 온갖 친절과 정성을 다하는 것이었다. 과분한 섭내에 정승은 크게 감동해서 그날 밤 각시와 동침하게 되었고, 그들은 그렇게 부부가 돼서 그곳에서 함께 살았다.

하지만 정승은 각시와 함께 꿈같은 세월을 보내다 보니 자결하려고 떠났던 집 생각이 났다. 그래서 각시의 눈치를 살피다가 가족이 너무 궁금하다며 몰래 떠났던 자기 집에 한 번 다녀오겠다고 말했다. 각시가 대답이 없자 정승은 그동안 너무 궁핍해서 구걸까지 하던 식구들이 걱정된다고 다시 한 번 부탁했다. 그랬더니 각시가 정승의 집에 돈과 재물을 넉넉히 보내 잘살게 해줄 테니 안심하고 여기 있으라는 것이었다. 정승은 할 말이 없어서 그대로 눌러앉았는데 세월이 흐르다 보니 또다시 집에 가보고 싶은 마음이 간절해졌다. 그의 마음을 알아차린 각시가 선뜻 허락했다.

정승은 크게 기뻐하며 서둘러 자기 집을 찾아갔더니 아내가 반갑게 그를 맞았다. 정승은 대뜸 아내에게 가정 형편부터 물었다. 그전보다 매우 후덕해진 아내가 밝은 얼굴로 "집안 걱정은 이제 하지 마세요. 장날마다 어떤 사람이 나타나 많은 돈을 주고 가기 때문에 논도 사고 밭도 샀어요. 행복하게 잘 살고 있어요." 하는 것이었다.

정승은 자기 집에서 가족들과 며칠을 지낸 뒤 다시 산속의 각시 집으로 떠났는데 가는 도중에 갑자기 천둥과 번개가 치고 비가 오더니 빗속에서 전혀 알지 못하는 사람이 나타나,

"당신은 지금 각시 집에 가는 길이 아닌가?" 하고 물었다. 정승이 그렇다고 대답하자,

"그 각시는 사람이 아니라 왕지네인데, 내가 하라는 대로 하지 않으면 그 각시에게 죽임을 당할 것이오." 하는 것이었다.

"그러면 어찌하라는 말씀이오?"

"여기서 조금만 더 가면 담배 세 잎과 담뱃대 하나가 놓여 있을 테니 그걸 가지고 가서 방문을 모두 닫고 담뱃대에 담배를 넣어 피우시오." 라고 말하고 그 낯선 사람은 하늘로 올라가 버렸다.

정승은 의아해하면서 각시 집에 도착했다. 그런데 각시는 어디가 아픈 듯이 방구석에 엎드려 있었다. 정승이 그 까닭을 물었지만 각시는 아무런 대답이 없었다. 정승은 낯선 남자의 지시대로 담뱃대에 담배 한 잎을 넣고 피웠더니 각시가 방바닥에 완전히 쓰러졌다. 이상하다고 생각한 정승이 또 담배 한 잎을 넣고 피웠더니 방 안에 담배 연기가 자욱해지고 각시가 죽어가고 있는 것이었다.

정승은 마지막 셋째 담뱃잎을 피우려다가 생각해보니 자기 가족이 잘 살게 된 것이 각시 덕분인데 그런 각시를 죽게 하는 것이 도리가 아니라는 생각이 들어 세 번째 담뱃잎은 피우지 않고 방문을 모두 활짝 열었다. 그러자 담배 연기가 모두 빠져나가고 각시가 살아나는 것이었다. 정승은 각시에게 자신이 담배를 피우게 된 연유를 자세하게 설명했다. 묵묵히 그 얘기를 들은 각시는,

"그 갑자기 나타난 사람은 원래 산무이(구렁이)인데 나하고 함께 천년 동안 도를 닦아 누가 먼저 사람이 되는지 내기를 했거든요. 그런데 둘이 모두 99명째 사람을 만났는데 내가 당신을 만나 100명을 채우면

견훤왕릉 후백제 마지막 왕 견훤의 능이다. 충남 논산시 연무읍에 있다.

서 이기게 되니까 담배 연기로 나를 죽이려 했던 거예요."라고 말했다. 그리고 "내일 그 산무이와 싸울 것인데 내가 싸움할 때 당신은 방 안에 가만히 앉아 있으세요. 천둥소리가 나더라도 절대로 밖에 나오지 말고 내다보지도 마세요."라고 말을 이었다.

그다음 날 정말 각시와 산무이가 맞서 크게 싸우는데 마치 하늘과 땅이 부딪치는 것 같은 요란한 소리가 들렸다. 얼마 뒤 각시가 돌아왔다. 산무이와 싸워 이겨서 이제 완전한 사람이 됐다는 것이다. 정승이 각시와 함께 산무이가 있던 곳에 가보니 큰 동굴이 있고 그 옆에 죽은 구렁이가 있었다. 각시는 많은 금은보화를 싸들고 정승과 함께 그의 본가로 향했다. 정승이 뒤돌아보니 각시와 살던 큰 기와집은 사라지고 없었.

이것이 지네 각시의 평안도에서 전해 내려온 대표적인 '지네 각시' 설화다. 그런데 후백제를 세운 견훤(甄萱)과 관련해서도 지네 각시 설화가 있다. 견훤의 아버지가 원래 지렁이라는 설화가 있지만 견훤의 설화에서는 지네가 등장한다.

통일신라 말엽, 어느 지방 토호의 딸에게 이상한 소문이 들리자 아버지가 딸을 다그쳤다. 딸은 "매일 밤 얼굴이 희고 보라색 옷을 입은 남자가 내 방을 드나들어요." 하고 실토하면서 그 남자의 정체를 모르겠다고 말했다.

그 말을 들은 아버지가 머리를 짜내 "오늘 밤에도 그 남자가 나타나면 그의 옷에 실을 꿎은 바늘에 꿰어놓아라." 하고 지시했다. 예상대로 그날 밤에도 정체를 모를 남자가 딸의 방에 나타났고 딸은 아버지의 지시에 따랐다. 하지만 남자가 눈치를 챘다.

"나는 하늘에서 내려왔으며 당신은 이미 내 아이를 가졌소."라는 말을 남기고 사라졌다. 그런데 어느 날, 길게 이어진 실이 보여 따라가 봤더니 지네가 바늘에 꿰어 죽어 있었다. 토호의 딸은 임신한 사실이 들통 나 집에서 쫓겨난다. 그녀는 품팔이하면서 아이를 낳아 정성껏 길렀지만 젖이 부족했다. 그런데 어디서 호랑이가 나타나 아기에게 젖을 주고 사라지는 것이었다. 이 아이가 성장해서 후백제를 세운 견훤이 됐다는 설화다.

　이 설화에서는 지네와 지렁이가 혼동을 주는데, 지렁이가 맞는다는 견해가 많다. 학자들은 지렁이를 재생과 생식의 상징이라고 말한다. 지렁이는 그 생김새가 남자의 성기를 닮아 일종의 남근숭배이며 다산과 풍년을 비는 상징이기도 하다는 것이다.

결혼도 못 해보고 죽은 총각의 몽달귀신

우리나라 설화, 전설, 민담 등에는 귀신, 도깨비 얘기가 참 많다. 또한 여우와 같은 동물이 둔갑해서 아름다운 여성이 되는 얘기도 무척 많지만 그런 설화와 전설들 가운데 총각 귀신, 처녀 귀신 이야기를 빼놓을 수 없다. '몽달귀신'은 총각 귀신, 도령귀신 등으로도 불리는데 결혼 못 했거나 짝사랑하다가 안타깝게 죽은 총각의 귀신을 말한다. '몽달'이 무엇을 뜻하는지 정확한 어원은 알 수 없다. 하지만 무엇인가 좀 모자라거나 부족한 느낌을 주는 말 같다. 인생사 관혼상제 가운데 결혼 못 했으니 완전한 인생은 아닌 것을 뜻하는 것일까? 우리말에 '몽달이'라는 말은 있다. 몽달이는 어두컴컴할 때 나무나 바위 같은 것들이 얼핏 사람 모습처럼 보이는 것을 말한다.

흔히 미혼 남성을 총각이라고 하는데 '총각(總角)'은 순수한 우리말이 아니다. 고대 동아시아 지역에서 남성들은 성인이 되면 머리 위에 상투를 틀었지만, 미성년은 머리의 양쪽을 갈라 뿔 모양으로 동여매는 풍속이 있었다고 한다. 그 머리 모양을 총각이라고 했는데 미혼 남성을 일컫는 말이 됐다고 한다. 어찌 되었든 남자, 여자 따질 것 없이 결혼도 못 해보고 죽게 되면 당사자들의 억울함과 여한은 말할 것도 없고 유가족들도 더없이 원통하다. 그리하여 살아 있는 사람들은 죽은 총각이나 처녀가 잔뜩 한을 품은 원귀(寃鬼)가 된다고 생각했다. 원귀는 무엇인가 사람들을 해롭게 함으로써 분풀이한다는 것이다.

그 때문에 몽달귀신과 처녀 귀신이 자주 나타나 살아 있는 사람들에게 해를 끼치는데 이것을 막자면 몽달귀신과 처녀 귀신의 한을 풀어줘야 한다. 그 방법을 하나가 사혼식(死婚式)을 치러주는 것이다. 일종의 영혼결혼식이다. 가령 결혼도 못 해보고 억울하게 죽은 총각의 한을 풀어주기 위해, 비슷한 처지에서 죽은 처녀를 찾는 것이다. 그럭해서 죽은 처녀를 찾아내고 양가가 사혼식에 합의하면 무당에게 사혼식을 의뢰한다. 무당은 비록 총각과 처녀가 죽었지만 궁합을 보고 괜찮으면 사혼식 날짜를 택일한다.

그런 다음 한바탕 굿판을 벌이고 사혼식을 거행하는데 무당은 종이로 싼 허수아비 남녀 인형을 만들이 옷을 입힌 뒤 서로 맞절을 시키고 굿판을 진행한다. 이어서 신방도 꾸며준다. 그렇게 서로 합방함으로써 죽은 미혼의 남녀가 혼인한 것이 된다.

예전에는 안타깝게 죽은 미혼자들 가운데 짝사랑을 하다가 상사병에 걸려 죽은 남녀가 많았다. 당연히 여자보다 남자가 많았다. 어느 여성을 일방적으로 죽도록 사랑했지만 감히 당사자에게 사랑한다는 말 한마디

못 하거나, 신분 차이나 부모의 반대 등 여러 가지 이유로 뜻을 이루지 못하고 상사병으로 끙끙 앓다가 죽은 것이다.

우리나라의 몽달귀신에 대한 설화, 전설, 민담 가운데 그러한 얘기들이 무척 많은데, 대표적으로 널리 알려진 설화가 황진이(黃眞伊) 설화다. 알다시피 황진이는 조선조 중엽, 시인이라고 불릴 정도로 기예와 문재가 뛰어난 송도(지금의 개성)의 기생이었다.

황진이가 아직 기생이 되기 전 15살 때 동네 총각이 그녀에게 한눈에 반해 그만 상사병에 걸리고 말았다. 그러자 총각의 집안에서는 황진이에게 중매를 넣었지만 황진이 어머니의 반대로 무산되고 말았다. 결국 총각은 혼자서 상사병에 시달리다가 죽고 말았다.

총각의 집안에서는 장례를 치르는데 총각의 상여가 황진이의 집 앞을 지날 때 상여가 갑자기 꼼짝도 하지 않는 것이었다. 상여꾼들이 쩔쩔매며 온 힘을 다했지만 상여가 마치 땅에 붙은 듯이 꼼짝 않자 의아해하다가 죽은 총각이 황진이를 짝사랑했다는 사실을 알게 됐다.

상여꾼들과 유족들이 어쩔 수 없이 황진이에게 난처한 사실을 얘기하자 황진이가 밖으로 나왔다. 그리고 자신의 속적삼을 총각의 관 위에 올려놓고 관을 어루만지며 위로의 말을 하자 그때야 상여가 움직였다고 한다. 황진이도 자기 때문에 총각이 상사병으로 죽었다는 사실을 알고 충격을 받았다. 그리하여 황진이는 자신이 평범한 여성으로 살아가기는 어렵다고 판단해서 기생이 됐다고 한다.

우리에게 잘 알려진 '바보온달과 평강공주' 설화도 있다. 온달(溫達)은 평양 근처의 산기슭에서 앞을 못 보는 홀어머니를 모시고 가난에 시달리며 힘겹게 살아가고 있었다. 그러나 심성이 착하고 효심이 지극했을 뿐 아니라 주변의 모든 사람에게도 친절했다. 그래서 마을 아이들이 그를 바보온달이라고 놀렸지만 그는 늘 웃었고 화를 내는 일이 없었다. 바보온달은 평양에 널리 알려졌고 궁궐에서도 알게 됐다.

그 당시는 고구려 25대 평원왕(平原王) 시절이었다. 그의 맏딸이 평강(平岡)공주였다. 그녀는 어려서부터 너무 울음이 많아서 별명이 울보였다. 평원왕은 툭하면 울음을 터뜨리는 평강공주를 어르기 위해 "자꾸 울면 바보온달에게 시집보내겠다."라고 했다. 하지만 평강은 울음을 멈추지 않았으며 끊임없이 바보온달 얘기를 들어야 했다.

그러는 사이 평강이 적령기가 돼 평원왕은 고구려 귀족의 아들과 그녀를 결혼시키려고 했지만 평강은 아버지 평원왕에게 수없이 들었던 대로 바보온달과 혼인하겠다고 고집을 부렸다. 크게 화가 난 평원왕은 그녀를 궁궐에서 내쫓았다. 그러자 평강은 자신의 패물들을 챙겨 온달을 찾아가서 혼인하자고 말했다.

도무지 말이 되는 소린가? 온달과 어머니는 어이가 없었다. 찢어지게 가난한 산기슭의 움막집을 고귀한 신분의 공주가 찾아와 노총각과 결혼하겠다니 그 말을 믿을 수도 없을 뿐 아니라 무엇인가 다른 뜻이 있는 것 같아 온달과 어머니는 정중하게 사양했다. 그러나 평강공주는 물러서지 않고 아예 오두막집에 짐을 풀고 끈질기게 구혼하는 것이었다. 온달은 어쩔 수 없이 평강공주와 억지 혼인을 했다. 그러자 평강은 자신의 패물을 팔아 논밭을 사고 온달에게 글을 가르치고 무예를 익히도록 했다.

세월이 흘렀다. 온달은 평강의 헌신적인 내조로 문무를 겸비한 건장한 청년으로 성장했다. 그 무렵 나라에서 전국 사냥대회를 열었다. 온달은 평강의 지원으로 사냥대회에 참가해서 뛰어난 실력으로 당당히 우승을 차지했다. 평원왕은 온달이 쫓아낸 자기 맏딸 평강공주와 결혼한 남자인 것을 알게 됐다. 평원왕은 크게 기뻐하면 온달에게 "네가 내 사위다."라며 장수로 임명하고, 평강공주까지 다시 받아들이고 성대한 결혼식을 치러 주었다.

평원왕이 죽고 그의 아들이 뒤를 이어 왕위에 올라 고구려 26대 영양왕(嬰陽王)이 됐다. 그럴 때, 신라와 백제가 동맹을 맺고 지금의 충청도 국경 지역에서 고구려를 공격했다. 고구려에서는 급히 온달장군을 지휘관으로 세우고 그들을 맞아 대전투를 벌였다. 온달장군의 활약으로 전투는 고구려가 우세하게 됐지만 안타깝게도 온달은 적군의 화살을 맞고 전사하고 말았다.

영양왕은 평강공주와 남매였으니까 온달은 영양왕의 매부가 된다. 영양왕은 크게 슬퍼하며 성대하게 장례식을 거행하려 했는데 온달의 시신이 담긴 관이 도무지 움직이지 않는 것이었다. 평강공주가 나서서 "삶과 죽음이 이미 정해졌으니 그만 돌아가십시오." 하며 관을 어루만지자 그때야 관이 움직여 장례를 치를 수 있었다고 한다.

6세기 중엽, 신라 진흥왕 때 화랑도 풍월주(風月主, 화랑의 우두머리)였던 사다함(斯多含)도 10대의 나이에 상사병으로 죽었다고 한다. 그는 미실(美室)을 사랑했다. 미실도 그를 사랑하며 순수한 사랑을 이어갔다. 그러나 미실은 색공지신(色供之臣)이었다.

당시 신라에는 왕이나 왕자들에게 성을 가르치는 색공지신이 있었다. 그 무렵 왕이나 왕자들이 매우 어린 나이여서 성을 잘 몰랐다. 그에 따라 성교육을 담당하는 여성들이 있었는데 그녀들이 색공지신이다. 이들은 이론으로 성교육을 하는 것뿐 아니라 실제로 성행위를 하면서 성체험이라든지, 성에 대한 모든 것을 가르쳤다.

색공지신은 아무나 되는 것이 아니었다. 외할머니에서 어머니로, 어머니에서 딸에게로 대대로 색공지신을 이어가는 가문이 있었다. 왕이나 왕자에게 성을 몸으로 가르치다가 왕비가 되는 경우도 간혹 있었다. 그녀들은 항상 왕족들과 가까이할 수밖에 없으므로 왕궁에 상주했으며 '궁주(宮主)'라고 불렀다.

미실은 이 가문 출신으로 훗날 그녀는 3명의 임금에게 색공을 한 당대의 가장 유명한 색공지신이 됐다. 왕실뿐 아니라 수많은 화랑과도 성관계하며 위세를 떨쳤던 여성으로 유명하다.

미실이 아직 궁주가 되기 전부터 사다함과 순수한 사랑을 이어갔다. 하지만 미실은 운명적으로 궁에 들어가 궁주가 됐으며 색공지신으로 왕실에서 성교육을 하게 된다. 그럼에도 사다함은 미실을 사랑했다. 더욱이 미실은 자기 가문과 왕실의 요구에 따라 그녀를 몹시 사랑하던 '세종'이라는 화랑과 혼인까지 하게 됐는데도 아랑곳하지 않고 여전히 사다함은 미실을 짝사랑했다.

그 무렵 신라는 대가야와 전쟁을 하게 됐는데 사다함은 이 전쟁에 참여하겠다고 자원했다.

그때 사다함은 불과 17세의 소년이었다. 진흥왕은 그가 너무 어리다며 전쟁에 내보내지 않으려고 했지만 사다함은 끝까지 자기주장을 굽히지 않고 마침내 진흥왕의 허락을 받아냈다. 그러면서 사다함은 그 대신 한 가지 조건을 내걸었다. 전쟁에서 승리하고 돌아오면 미실과 혼인하게 해달라는 것이었다. 진흥왕이 사다함의 요청을 받아들였다. 미실은 이미 혼인했지만 그 당시는 이혼이 쉬웠던 것 같다.

아무튼 그러는 사이 궁에서는 태후와 왕후, 고부간의 갈등과 권력 암투가 벌어졌으며 그 바람에 미실은 궁에서 쫓겨나 사다함의 출전을 격려할 수 있었다. 그런데 색사가 뛰어난 아내를 잃은 남편 세종이 너무나 미실을 그리워하다가 그만 상사병에 걸려 실성할 지경에 이르렀다. 세종도 왕족이었다. 그의 어머니인 지소태후는 차마 아들이 죽거나 미치는 꼴을 볼 수 없어 다시 미실을 불러들였다.

한편 대가야와의 전투에 참여해서 화랑으로써 신라군을 지휘했던 사다함은 대승을 거두고 금의환향했다. 진흥왕은 크게 기뻐하며 사다함에게 많은 노비와 땅을 하사하며 전공을 포상했다. 하지만 사다함은 미실이 다시 궁으로 들어갔다는 사실을 알고 크게 낙담했다. 미실과 혼인할 수 없게 된 것이다.

사다함은 자신에게 주어진 그 엄청난 포상을 다른 낭도(郞徒)들에 나눠주고 절망감에 빠진 채 단 하나의 소망이 허망하게 무너지자 그만 상사병에 걸리고 말았다. "나는 죽어 귀신이 되고 신병(神兵)이 되어 궁주(미실)를 호위하는 병사가 되리니…."

이렇게 자신의 심정을 호소하던 사다함은 결국 병석에 누운 지 7일만에 죽고 말았다.

황진이, 온달, 사다함은 가공의 인물이 아니라 역사에 남아 있는 실존 인물들이다. 이들의 얘기가 설화로 전해지지만, 설화라기보다 그들의 일화라고 할 수 있다.

황진이는 자신을 짝사랑하던 동네 총각이 상사병으로 죽자 충격을 받고 자신은 평범한 여자의 삶을 살기 어렵다고 생각하고 뭇 남자들을 상대하는 기생이 됐다고 했지만, 그녀는 기생이 될 수밖에 없었다. 그 당시 조선에는 '천자수모법(賤者隨母法)' 또는 '종모법(從母法)'이라는 법령이 있어서 서민들이 어머니가 직업이 있는 경우 그의 딸도 어머니의 직업을 따라야 했다. 황진이의 어머니는 기생이었다. 황진이는 기생이 될 수밖에 없는 숙명이었다.

황진이는 총각의 짝사랑 이야기보다 당대 최고의 학자였던 화담 서경덕(花潭 徐敬德)과의 순수한 사랑 이야기가 더 유명하다. 황진이의 고향 개성에서는 서경덕, 황진이, 박연폭포를 개성 '3절(絶)'로 손꼽는다.

온달은 평강공주와 정식으로 혼인했으니까 총각은 아니다. 사다함은 미실을 짝사랑하다가 상사병으로 일주일 만에 숨졌다고 하지만 <삼국사기> 등의 기록은 그와 다르다고 한다. 사다함은 화랑도에서 죽을 때까지 행사를 같이하기로 굳게 다짐한 무관랑(武官郎)이라는 화랑이 있었다. 그런데 그가 병을 앓다가 죽었다. 그 때문에 크게 상심한 사다함이 심적 고통을 견디지 못하고 몸져누워 7일 만에 죽었다고 한다.

그러나 결혼도 못 해보고 죽은 총각의 몽달귀신 설화와 전설에는 그들의 얘기가 항상 뒤따른다. 황진이를 짝사랑하다가 죽은 동네 총각의 경우는 모르지만 온달이나 사다함이 귀신이 됐다는 얘기는 없다. 다만 그들이 한이 맺혀 귀신이 됐을 것으로 상상한 것이다.

모두 역사적 인물이 그들의 일화가 여러 사람의 입으로 전해지는 과정에서 얘기가 덧붙여지고 조금씩 변질되고 각색되면서 설화가 된 것이다. 그 때문에 설화, 전설, 민담 등에는 하나의 얘기를 두고 여러 개의 버전이 있는 경우가 매우 많다.

아사달과 아사녀의 사랑

신라 시대 세워진 경주 불국사(佛國寺)는 석굴암과 함께 1995년 유네스코 세계문화유산으로 등재된 우리나라의 자랑스러운 문화재다. 이 사찰이 처음 세워진 것은 서기 528년 신라 법흥왕 때다. 법흥왕의 어머니인 연제태후가 새로운 사찰을 세우고 싶어 하자 법흥왕이 국력을 기울여 완공했다.

그 당시의 불국사는 전체 규모가 지금의 8배나 될 정도로 매우 웅장했다고 한다. 그러나 그 뒤 여러 차례 갖가지 재난을 겪으며 붕괴하고 복원되기를 반복하면서 점점 규모가 줄어들었다고 한다. 특히 임진왜란 때 서라벌(경주)에 왜군들이 진주했는데 우연히 불국사 내부에 각종 무기가 보관된 것을 발견하고 승병이나 의병이 숨어 있을 것으로 판단하고 불을 질러 상당한 부분이 소실됐다고 한다. 오늘날의 불국사는 조선조 영조 시대에 복원된 것이라고 한다.

애틋하고 순수한 사랑 이야기 <아사달과 아사녀> 설화는 통일신라 때의 이야기다. 그 당시 불국사가 크게 훼손돼 있자 신라는 김대성(金大城)에게 대대적으로 보수하고 증축하도록 맡겼다. 불국사를 보면 대웅전 앞에 석가탑과 다보탑이 나란히 서 있다. 그 당시에 세워진 탑으로 모두 국보로 지정돼 있다. 김대성은 대웅전 앞에 매우 정교하고 멋진 탑을 세우고 싶었다. 그리하여 그 당시 불탑 건축에 최고 장인으로 손꼽히던 백제의 아사달(阿斯達)을 초빙해서 먼저 석가탑을 세워달라고 간청했다.

아사달은 아무런 요구도 하지 않고 즉시 석탑 공사에 매달려 묵묵히 작업을 했다. 높이가 10m가 넘는 완벽한 삼층 석탑을 쌓는 일은 결코 쉬운 일이 아니다. 적어도 몇 년이 걸리는 대공사다. 아사달은 밤낮을 가리지 않고 자신의 빼어난 솜씨로 온 힘을 다했다. 그렇게 마냥 세월이 흘렀다.

한편 백제에 남아 있던 아사달의 아내 아사녀는 몇 년이 지나도 남편이 돌아오지 않자 그리움에 지쳐 서라벌에 있는 남편을 찾아 먼 길을 나섰다. 그리고 무려 1천 리를 걸어 불국사에 도착했다. 당장 그리운 남편을 찾아 불국사 안으로 달려가려고 했다. 그런데 공사 현장을 관리하던 관리원이 그녀의 앞을 가로막았다.

"탑이 완성될 때까지 여자는 출입할 수 없습니다."

아사녀는 사정을 호소하고 남편을 만나게 해달라고 애원했지만 관리원은 규율을 어길 수는 없다고 완강했다. 끝내 남편을 만날 수 없게 된 아사녀는 먼발치서 석탑 공사를 바라볼 수밖에 없었다. 좀처럼 남편의 모습을 볼 수 없어 그녀는 속이 타들어갔다. 그래도 아사녀는 항상 불국사 앞에서 남편의 모습이 보이길 기다렸다.

그럴 때 한 스님이 아사녀에게 다가왔다.

"내가 여러 날 동안 눈여겨봤는데 누군가를 기다리는 것 같소."

"예, 스님. 남편이 삼층 석탑 공사를 하고 있습니다. 여자는 석탑이 완공될 때까지 경내에 들어갈 수 없다기에 여기서 남편의 모습이라도 보고자 기웃거리고 있습니다."

석가탑 정식 명칭은 '경주 불국사 삼층석탑'이지만, 비공식적으로 건축 의도가 담긴 석가탑이라는 간결한 이름이 더 많이 쓰인다. 아사달과 아사녀 전설에서 나온 이름인 무영탑(無影塔: 그림자가 없는 탑)이라고도 불린다.

"안타깝습니다. 그렇다면 여기서 저쪽으로 한참 가면 연못이 있습니다. 그 연못을 바라보며 정성을 다해 빌면 석탑이 완공될 때 연못에 그 모습이 비쳐질 터이니 여기에서 무작정 기다리는 것보다 연못에 가서 석탑이 완공되기를 기다리는 편이 한결 나을 것입니다."

아사녀는 스님의 조언을 따르기로 했다. 그리하여 아침저녁으로 연못가에서 지극정성으로 빌며 석탑의 그림자가 물에 비치기를 기다렸지만 소나무 숲만 비칠 뿐 석탑의 모습은 좀처럼 나타나지 않았다. 아쉬움과 그리움이 켜켜이 쌓이고 몸이 점점 쇠약해졌지만 아사녀는 멈추지 않았다. 그러던 어느 날 아사녀의 눈앞에 연못의 잔잔한 물속에 아른거리는 석탑이 보였다. 완공된 모습이었다. 아사녀는 남편 아사달을 부르며 연못에 뛰어들었다. 아사녀는 그렇게 삶을 마감하고 말았다. 아사녀가 본 것은 실제로 석탑이 완공된 모습이 아니라 환영이었다.

마침내 석가탑이 완공됐다. 아사달이 그의 예술혼을 남김없이 쏟아 완공한 석가탑은 더없이 훌륭했다. 끝나자, 그때야 관리원들이 아사달에게 아사녀가 이곳에 왔다는 사실을 알리며 연못 얘기를 꺼냈다. 아사달은 아내 아사녀에 대한 자초지종이 끝나기도 전에 연못으로 달려갔다. 그는 마구 "아사녀!"를 외쳤지만 그녀는 어디에도 없었다.

마치 실성한 사람처럼 연못 주변을 맴돌며 아내의 이름을 외치던 아사달은 아내가 연못에 몸을 던져 숨졌다는 얘기를 들었다. 아사달은 어린아이처럼 펑펑 눈물을 쏟았다. 그리고 바위에 아사녀의 모습을 새겼다. 아사달의 최후에 대해서는 두 가지 설화가 전해진다. 하나는 그가 혼자 백제로 돌아갔다는 설화이며 또 하나는 아사달도 연못에 몸을 던져 삶을 마감했다는 설화다.

그 뒤 연못은 그림자 연못이라는 뜻으로 '영지(影池)'라는 이름이 붙었고 석가탑은 그림자가 비치지 않는다고 해서 '무영탑(無影塔)'이라는 이름으로 부르기도 했다. 아사달이 아내 아사녀를 새긴 석상을 '영지 석불좌상'이라고 부른다.

아사달과 아사녀는 실존 인물이 아니라 전설일 뿐이다. 불국사와 관련된 어떤 사서에서는 석가탑과 다보탑을 건축하기 위해 중국 당나라에서 석공이 초빙되고 그의 누이인 아사녀가 찾아왔었다고 기술하고 있다.

일제 강점기 때, 당시 손꼽히는 저명한 소설가인 현진건(1900~1943)이 '아사달과 아사녀' 설화를 소재로 <무영탑>이라는 소설을 발표해서 큰 반응을 얻었고 불국사는 더욱 유명해졌다.

우리나라의 설화와 전설 대부분은 권선징악이 주제다. 하지만 참사랑을 주제로 한 설화들 가운데 가장 널리 알려진 <망부석> <우렁각시> <아사달과 아사녀>를 한 자리에 모아봤다. 그 밖에 너무 유명한 <견우와 직녀>가 있다.

직녀는 천제(天帝)의 손녀로 길쌈을 잘 하고 성실한 처녀였다. 천제는 직녀를 은하수 건너편의 목동인 견우와 결혼시켰다. 하지만 이들은 신혼의 달콤함에 푹 빠져 일을 게을리했다. 그 때문에 천제가 크게 노해서 그들을 은하수를 가운데 두고 다시 서로 떨어져 살게 했다. 다만 일년에 한 번, 7월 칠석날만 만날 수 있게 했다. 하지만 고대하던 7월 칠석날이 왔지만 아마득한 은하수를 건너지 못해 안타까워하자, 지상의 까마귀와 까치들이 하늘로 올라가 서로 머리와 몸을 이어서 다리를 만들어줬다. 그 다리가 바로 오작교(烏鵲橋)다. 7월 칠석이 지나면 까치들이 다시 지상으로 돌아오는데 다리를 놓느라고 머리가 하얗게 벗겨졌다는 것이다.

바람잡이 봉이 김선달

봉이 김선달(鳳伊 金先達)은 평안도 평양에 살았다고 알려졌는데 실존 인물이 아니라 설화 속의 인물이다. 많은 사람이 실존 인물로 착각하고 있지만 그에 대한 많은 설화가 구전으로 전해지다가 문헌에 나타난 것은 20세기 초였다. 이 문헌들에 의해 김선달의 설화들이 전해지게 됐는데 그가 활동한 시기는 조선 후기 23대 순조 때인 것으로 짐작된다. 참고로 그가 실존 인물이라는 견해도 있다. 그의 본명은 김인홍이며 과거에서 장원급제했지만 서북 지방에 대한 차별 정책으로 벼슬을 하지 못했다는 것이다.

어찌 됐든 김선달을 모르는 성인은 거의 없을 것이다. 또한 그에 대한 설화들도 널리 알려져 있는데 새삼스럽게 그의 설화들을 소개하는 것은 당시의 시대 상황도 살펴볼 가치가 있을뿐더러 우리나라의 대표적

설화 가운데 하나여서 빼놓을 수 없기 때문이다.

　조선은 중엽에 이르러 당파 싸움이 치열하면서 각종 사화(士禍)가 잇따르고 커다란 국난을 초래해 큰 혼란에 빠졌으며 그에 따라 백성들은 피폐해진 상태에 이르게 되었다. 영조 치세 때 탕평책을 쓰는 등 정조 시대까지는 그런대로 버텼지만, 순조 이후 헌종과 철종 대에 이르자 국기가 흔들렸고 세계사의 흐름을 읽어내지 못해 위험에 노출되었다.

　순조는 겨우 11세에 왕위에 올랐다. 필연적으로는 수렴청정이 행해지는 동안 정약용 숙청 등, 천주교 박해로 시국은 더욱 어수선했다. 더욱이 순조는 순원왕후(純元王后)를 맞으면서 60년간 3대에 걸쳐 지속된, 풍양 조씨와 안동 김씨 일파가 권력을 독점하게 되는 세도정치(勢道政治)의 토대가 놓이게 된다.

　그로 말미암아 권력이 한군데로 편중되면서 탐관오리들의 부정부패가 만연해서 정국은 더 어지럽게 되었으며 백성들의 삶 역시 궁핍해졌다. 평안도 지방에서 일어난 '홍경래(洪景來)의 난'을 비롯해서 전국적으로 농민들의 반란이 쉴 새 없이 일어났다.

　봉이 김선달은 이런 시대 상황을 풍자하고 조롱하고 탐관오리들을 골탕 먹여 전국적으로 널리 알려지며 화제의 중심에 놓인 인물이었다.

　'선달(先達)'이란 과거에 급제했지만 관직에 오르지 못한 선비를 말한다. 안동 김씨 세도정치가 한창일 때 매관매직이 성행해서 과거에 급제하고도 벼슬을 얻지 못하는 경우가 많았다고 한다. 김선달은 앞서 설명했듯이 가공된 인물이어서 그에 대한 많은 설화들을 누가 만들었는지 정확하게 알 수 없다. 하지만 그 당시 백성들의 억눌린 정서를 대변하는 갖가지 일화들이 떠돌면서 비슷한 사례들이 가공되며 김선달 설화들이 만들어졌을 것이다. 그 가운데 가장 대표적인 것은 다음의 설화들이다.

김선달이 어느 장날, 시장에 갔다가 매우 크고 빛깔이 좋은 닭 한 마리를 발견했다. 선달은 느닷없이 닭 장수에게 "저 봉황은 어디서 구했소?" 하고 물었다. 닭 장수는 봉황이 아니라 수탉이라고 사실대로 대답했다. 하지만 선달은 좀 어수룩한 태도를 보이며 "에이, 내가 보기에 봉황이 틀림없소. 값이 얼마요?" 하고 묻자 닭 장수는 못 이기는 척 봉황이 맞는다며 선달에게 비싸게 받고 팔았다.

선달은 그 수탉을 안고 관아로 달려가 어디서 구경조차 하기 어려운 봉황을 구했다며 사또에게 바쳤다. 사또가 보니 봉황이 아니라 수탉이었다. 몹시 화가 난 사또는 자신을 속인 죄로 선달에게 곤장을 치게 했다. 선달은 곤장을 맞으며 "나는 닭 장수에게 속은 잘못밖에 없습니다. 닭 장수가 수탉을 봉황이라고 속였소이다." 하고 울부짖었다.

사또가 나졸들을 시켜 닭 장수를 잡아왔다. 사또가 추궁하자 닭 장수는 어쩔 수 없이 수탉을 봉황으로 거짓말하고 팔았다고 실토했다. 아울러 선달에게 닭값과 곤장 맞은 값까지 10배를 보상해야 했다. 선달은 자신의 재치 하나로 큰돈을 번 것이다. 그때부터 선달에게 봉이(鳳伊)라는 별명이 붙어 봉이 김선달이 됐다고 한다.

대동강 물을 팔아먹었다는 설화는 아주 유명하다. 선달이 살았던 당시는 시국이 혼란스러운 틈을 타서 지방의 특산물을 사재기하거나 탐관오리들과 결탁해서 독점하는 등 부당한 방법으로 큰돈을 버는 벼락부자들이 많았다. 선달은 그들을 골탕 먹이고 싶었다. 드넓은 평양 대동강에 주인이 있을 리 없다. 대동강은 수량이 풍부해서 물을 긷는 사람들이 많았다. 선달은 물 긷는 사람들을 지켜보다가 한 가지 꾀를 냈다. 그는 특히 물을 길어오는 물장수들에게 두 냥씩을 주며 물을 긷고 갈 때는 자신에게 한 냥만 돌려달라고 했다. 물장수들에게 그런 횡재가 어디 있겠는가?

수많은 물장수가 몰려들어 앞다퉈 물을 긷고 선달에게 한 냥만 돌려줬다. 이 소문이 평양은 물론 평안도 그리고 한양에까지 알려졌다. 벼락부자들이 큰 관심을 가졌다. 세상에 이런 '땅 짚고 헤엄치기' 장사가 어디 있을까? 무궁무진한 대동강 물을 팔다니! 결국 벼락부자들 사이에 경쟁이 붙었고 큰 재산을 가진 한양의 소문난 부자가 선달에게 무려 3천 냥을 주고 대동강 물 판매권을 사들였다. 그는 떼돈을 벌 꿈에 부풀어 선달이 물세를 받던 자리에 섰다. 그리고 물지게를 지고 떠나려는 물장수들에게 물세를 요구했지만 아무도 돈을 내밀기는커녕 날강도 취급을 하다가 그를 두들겨패 쫓아버렸다는 얘기다.

그뿐 아니라 겨울철 대동강의 철새 떼를 팔아먹은 얘기 등 김선달 설화는 무궁무진하다. 그가 머리가 명석해서 잔꾀가 많고 재담이 풍부한 것은 맞지만 그의 행각은 대부분 금전과 관계된 것들이다. 김선달이 꾀를 써서 큰돈을 벌었다는 얘기다. 엄밀히 요즘으로 말하면 희대의 사기꾼이다. 그럼에도 그가 백성들에게 큰 인기를 얻고 호감을 받았던 것은 두 가지 이유가 있는 것 같다. 하나는 당시 홀대를 받던 서북 지방 사람들에게 선달이 상대방을 골탕 먹이는 재치와 조롱을 통해 웃음과 통쾌감을 주었다는 것이다.

또 하나는 가난에 시달리는 많은 백성에게 잘 먹고 잘사는 것이 가장 큰 꿈이었을 것이다. 김선달의 설화가 거의 모두 금전적 이익과 관련된 것이 그 때문일 것이다. 재치 있는 술책으로 큰돈을 쉽게 벌었던 김선달의 설화들을 들으면서 아주 많은 서민이 대리 만족했기 때문에 그의 행각이 사기였든 불법이든 크게 상관하지 않았을 것이다.

김선달과 비슷하고 재치와 풍자, 해학이 뛰어났던 인물들이 많이 등장한다. 서북 지방에 김선달이 있었다면 한양에는 정수동, 경상도 영일에 정만서, 영덕에 방학중 등을 손꼽을 수 있다. 하지만 아쉽게도 그들의 설화 대부분은 말장난이다. 예컨대 정만서가 어느 유명한 기생에게 좋은 거문고를 사주겠다고 돈을 받았다. 하지만 그는 거문고가 아니라 검게 칠한 절굿공이를 기생에게 주었다. 기생이 의아해하자 "내가 언제 거문고 사주겠다고 했어? '검은 거' 사주겠다고 했잖아."와 같은 것들이다.

Part 4.

| 유별난 패거리 |

남사당과 사당패

서민 애환의 대변자 각설이와 품바

신비로운 비밀조직 프리메이슨

전통춤 추다가 죽은 인도 힌두 축제

'지구 최후의 날'에 대비하는 사람들

세계적으로 유명한 쌍둥이 마을

조폭(gang)이 지배하는 나라

남사당과 사당패

지금이나 예전이나 끼가 많고 흔히 '딴따라~'라고 하는 예능 기질이 많은 사람이 있기 마련이다. 요즘은 자기 적성에 따라 자유롭게 자신이 원하는 분야에 꿈을 가질 수 있지만 직업이 매우 제한적이었던 예전에는 그럴 수 없었다. 우리나라에서 이러한 사회현상이 바뀐 것은 조선 말엽이라고 볼 수 있다. 시대의 흐름에 따라 민중들의 의식 수준도 달라지고 개화 분위기의 영향도 무시할 수 없었다.

그에 따라 밖으로 나돌기를 좋아하는 이른바 역마살이 있는 젊은이, 끼가 넘치고 선천적으로 예능 기질이 있는 젊은이들이 가만히 있지 못하고 대부분 농사가 주업이었던 집을 떠났다. 하지만 그들이 갈 곳은 없었다. 그리하여 그들끼리 서로 만나고 뭉쳐 패거리를 만들었다. 각설이를 비롯한 걸립패, 광대패, 솟대쟁이패 등과 남사당도 그런 패거리 가운데 하나였다. 동냥하는 걸인이 아니라 자신들의 재주를 이용해서 생계를 유지하려는 나름대로 정처 없이 떠도는 유랑 연희집단이었다.

그러한 패거리들 가운데 대표적인 유랑 연희집단이 남사당(男寺黨)이었다. 글자 그대로 남자들로만 구성된 연희집단으로 그 기원에 대해서는 확실한 정설이 없다. 18세기 초 조선조 숙종 때라는 견해가 있지만, 대체로 조선 말이었던 1900년을 전후해서 서민 사회에서 자연적으로 발생한 민중 놀이집단이라는 견해가 가장 설득력이 있다. 그 시대 이들은 모두 광대와 같은 취급을 받는 최하층 천민들이었다.

경기도 안성(安城)시가 이들의 대표적인 고장으로 손꼽히는 남사당은 그 시작과는 달리 차츰 규모가 커지고 체계가 잡히면서 40~50명 규모의 연희집단으로 성장한다. 뛰어난 재주꾼들이 많이 모였고 연희 내용도 틀이 잡히고 연희 종목도 다양해졌다. 이들의 구성은 남사당패의 우두머리인 꼭두쇠, 공연을 기획하는 곰뱅이쇠, 각 부문의 놀이를 책임지는 뜬쇠, 공연의 연기자들인 가열, 초보 단원인 삐리, 나이가 많은 단원인 저승패 그리고 나이 어린 잔심부름꾼, 장비를 운반하는 등짐꾼 등으로 기능과 역할이 짜였으며 위계질서가 엄격하고 초보 단원들에게는 체계적인 기술 교육을 했다고 한다.

단원들 가운데 나이가 많아서 연희할 수 없는 저승패일지라도 패거리와 동행했다. 이들은 가족도 없고 갈 곳도 없으려니와 집단의 의리와 인정으로 연장자 대우를 하며 죽을 때까지 함께했다. 남사당 또는 남사당패로 불렸던 이들의 연희 종목에도 독특한 명칭이 있다. 놀이를 총괄하는 꼭두쇠, 풍물(농악), 버나(접시 돌리기), 살판(텀블링 같은 땅재주), 어름(줄타기), 덧뵈기(탈춤, 가면극), 덜미 (꼭두각시, 인형극) 등이 그것이다.

남사당은 전국을 떠돌며 공연했지만 그들 마음대로 어디서나 공연했던 것은 아니다. 어느 마을에서 공연하려면 그 마을의 허락을 받아야 했다. 돈 많은 부자들은 환갑잔치 등에 남사당패를 부르기도 했다. 그들은 어느 마을에서 공연하려면 먼저 그 마을의 산등성이나 주민들에게 잘 보이는 마을 외곽의 들판 등에서 남사당놀이의 맛보기와 같은 간략한 공연을 미리 보여준다. 그것을 본 마을 주민들이 공연을 원하면 마을 지도자가 공연을 허락해야 그 마을에 들어갈 수 있었다.

그다음 마을에 들어간 남사당패는 연희단원들이 풍물(농악)을 요란하게 연주하며 마을을 돌면서 주민들을 불러 모은다. 이들의 공연에 정해진 대가(사례)는 없다. 액수가 얼마든 주는 대로 받는다. 하기는 약 50명에 이르는 연희단원들을 재워주고 먹여주는 것만으로도 큰돈이 든다.

야외에서 펼쳐지는 남사당놀이는 '가열'이라고 부르는 여러 재주꾼이 각종 곡예를 보여주고 풍자와 해학이 담긴 재담 그리고 풍물놀이 등, 춤과 노래로 이루어져 비교적 완벽한 공연 형식을 갖추고 있다. 등장인물에서 여자의 역할은 남사당은 모두 남자로 구성돼 있어서 여장한 남자가 맡는다. 이들의 재담에는 부조리에 대한 풍자, 무능하고 부패한 양반의 풍자와 조롱, 남성들의 여성에 대한 횡포 등이 담겨 있어 서민들의 정서와 민중 의식을 대변해서 큰 호응을 얻었다. 물론 구경꾼들을 웃기기 위해 다소 저속하고 질이 낮은 대목들이 있는 것도 사실이다.

그뿐 아니라 남사당에는 버려진 고아 또는 부모가 남사당에 판 어린 남자아이들이 여러 명이 있었는데 이들은 모두 수습생인 '삐리'가 되어 남사당놀이에서는 여장하고 여자 역할을 허거나 놀이에서 머리 위에 올려놓는 무동 역할을 했다. 그런데 여기 남사당의 조금 부끄러운 역사가 있다. 알다시피 남사당은 모두 독신의 남자들이다. 이것이 성적인 문제를 가져왔으며 패거리들을 '수동모'와 '암동모'로 나누었다. 수동모는 동성애에서 남자 역할을 맡은 자이며 암동모는 여자 역할을 맡는 자다. 여장하는 어린 남자아이들은 모두 암동모가 됐다.

그리하여 패거리들 사이에서 남색(男色), 즉 동성애가 이루어지기도 했는데, 패거리의 우두머리인 꼭두쇠라 할지라도 한 명 이상의 암동모와 남색을 즐길 수는 없었다고 한다. 또한 암동모를 머슴이나 한량들에게 빌려주고 몸값을 받기도 했다는 것이다.

남사당과 관련해서 한 가지 주목할 것은 남자들로 구성된 남사당의 전통에서 유일하게 여성 꼭두쇠(우두머리, 대장)가 있었다라는 것이다. '바우덕이'라는 이름의 그녀는 다섯 살 때 머슴이었던 아버지가 사망하자 남사당패에 맡겨졌다고 한다. 고아가 된 어린아이였기에 남녀를 따지지 않고 남사당에서는 모든 기예를 가르쳤는데 재주가 뛰어났다.

그녀가 15세 때 그 남사당패의 꼭두쇠가 사망하자 안성 남사당패에게서는 전통적인 관례를 깨고 바우덕이를 꼭두쇠로 앉혔다고 한다. 그녀는 여성 꼭두쇠라는 특성과 탁월한 기예로 안성 남사당패를 최고의 인기 남사당으로 키우면서 남사당의 전설적인 인물이 됐다. 전해오는 일화에 따르면 1865년 조선조 고종 2년째 경복궁을 중건하면서 근로자들을 위로하기 위해 전국의 남사당패들을 불러들였다고 한다. 이때 안성의 바우덕이 패와 돌우물 패가 최고의 인기를 얻어 흥선대원군으로부터 포상까지 받았다고 한다. 멸시받던 천민들인 남사당이 국가로부터 포상까지 받았다는 것은 정말 대단한 일이었다.

바우덕이는 안타깝게도 23세에 폐병(폐결핵)으로 사망했다. 그녀는 안성 청룡사가 있는 불당골에서 나고 자랐는데 그녀의 유언에 따라 이곳의 청룡골 입구의 개울가에 매장했다고 한다. 지금도 안성에서는 2001년부터 해마다 '바우덕이축제'가 열리고 있다.

남사당놀이의 발전에 크게 이바지한 바우덕이의 예술 정신을 기리는 이 축제는 2006년 유네스코의 자문 협력 기구에서 공식 축제로 인정받아 세계적인 축제가 되고 있다. 남자들만의 집단에 어린 여자가 우두머리였다는 것은 기담이 아닐 수 없다.

흔히 남사당과 '사당패'를 혼용하는 경우가 많은데 남사당패와 사당패는 본질적으로 차이가 있다. 남사당패는 모두 남자들로 구성되지만, 사당패는 여자들로 구성된 사당 놀이패다. 물론 그녀들도 최하위층의 천민들이었다.

철저한 남성 위주의 봉건사회였던 그 시대에도 가출하는 젊은 여성들이 있었고 고아도 있었으며, 끼가 넘쳐 가만히 앉아 있을 수 없는 여성들도 있었음을 말해주는 것이 사당패였다. 하지만 여자들이 전국을 떠돌며 연희 공연을 했기 때문에 많은 문제점이 있었다. 가장 큰 문제점은 사당패의 매춘(성매매) 행위였다. 이들이 과연 연희집단인지 매춘집단인지 구별이 안 될 정도로 매춘은 이들의 일상이었다.

우선 이들 패거리의 구성부터 문제가 있었다. 사당패니까 당연히 춤과 노래 등을 앞세우지만, 이들의 우두머리는 꼭두쇠가 아니라 '모갑(某甲)'이라는 남자였다. 그는 기예가 뛰어난 예인이 아니라 사당패의 서방, 기둥서방이었다. 또한 모갑 밑에는 거사(居士)라는 여러 명의 남자가 각자 한 명씩의 여사장과 짝이 되는 기둥서방들이 있었다. 이들 모갑이나 거사는 사당패에 붙어서 그녀들의 수입을 착취하고 성행위를 즐기는 기생충과 같은 존재들이었다. 모갑을 요즘 표현으로 성매매업소의 포주(抱主)와 같다고 할까?

 이들 기둥서방은 사당패의 수입으로 불사(佛事)를 돕는다는 구실을 내세워 자기들이 관리했다. 어떤 사찰에서 이들에게 준 부적(符籍)을 가지고 다니며 구경꾼들에게 팔기도 했는데 그 판매 대금의 일부를 형식적으로 사찰에 바치기도 했다. 하지만 그들의 주 수입은 성매매의 대가인 허우채(해의채의 변용어. 解衣債), 즉 몸값이었다.

 그들은 남사당과 똑같은 절차를 거쳐 어느 마을에서 사당패 공연을 했는데 그녀들은 연희하면서 남자들을 유혹하기도 했으므로 연희의 수준이 높을 수가 없다. 되도록 자신들의 관능미 등을 과시하면서 남자들

안성남사당풍물놀이(문화재청)

의 관심을 끌기에 바빴다. 연희공연 도중에 성적 욕구가 발동한 남자들이 뒤에서 거사들과 몸값 흥정을 벌인다. 그리하여 합의가 이루어지면 그날 밤, 매춘 행위가 이루어지는 것이다. 어찌 보면 연희 공연은 형식이고 기이한 성매매 집단이라고 봐도 과언이 아니다. 하기는 제대로 연희 공연하는 사당패도 있었겠지만 매춘 행위로 악명이 높아지면서 사당패는 차츰 사라졌다.

사당패의 일탈행위를 제외하면 남사당놀이는 별다른 볼거리가 없던 시대에 가장 인기를 끌었던 야외 공연이었다. 서민들의 정서가 담긴 남사당놀이는 국가무형문화재로 지정돼 있으며 2009년에는 유네스코 인류무형문화유산으로 등재된, 우리나라를 대표하는 전통적인 문화 공연으로 인식되고 있다. 남사당의 발상지라고 할 수 있는 경기도 안성에는 남사당놀이 상설공연장도 있다.

서민 애환의 대변자 각설이와 품바

좀 불편한 얘기지만 우리 민족은 풍족하지 못한 삶을 이어왔다. 좁은 농토에 외세의 침입까지 이어져 맘 편히 산 적이 흔치 않았다. 궁핍하게 살다 보니 끼니를 못 잇는 사람들도 적잖았고 특히 보릿고개에는 농민들이 굶기를 밥을 먹듯이 했다. 따라서 떠돌아다니며 구걸하고 동냥하는 걸인(거지)들이 생겨나게 되었다.

어쩌다 집이 있고 가속이 있는 걸인들도 있었지만 가족도 뿔뿔이 흩어지고 정처 없이 떠돌면서 구걸하는 걸인들이 대부분이었다. 근래에 이르러서는 해방 무렵부터 6.25 한국전쟁의 전후에 더욱 많았다. 그들은 집마다 옮겨 다니며 깡통을 들고 대문 앞에서 '한 푼만 줍쇼!' 하고 큰 소리로 외쳤다. 하지만 그 집도 가난하니까 돈은 없어서 못 주고 밥 한술을 깡통에 넣어주는 것이 고작이었다. 걸인들은 여럿이 함께 모여

다리 밑이나 폐가에서 살았다. 거지 대장도 있었다. 어른 걸인들도 있었지만 어린이 걸인이 더 많았다.

구걸하지 않고 자기 능력으로 살아보려는 사람 가운데 넝마주이가 있었다. 지금은 파지를 주워 고물상에 파는 노인들이 있지만 예전에는 종이상자 같은 것은 없었기에 헌 옷가지, 찢어진 종이, 빈 병 등을 기다란 집게로 집어 등에 지고 있는 큰 광주리 따위에 넣는 사람을 일컬어 넝마주이라 불렀다. 그들은 수거해온 것들을 팔아서 생계를 유지했지만 그들도 거의 걸인이나 다름없었다.

걸인들을 가리켜 '각설이'라고도 했는데 그들은 '한 푼 줍쇼' 대신에 '각설이타령'을 불러 '각설이'라고 불렀다. 그들은 일반적인 걸인과는 차이가 있었다. 각설이를 다른 표현으로 '품바'라고 했는데 몇 명씩 한 팀이 돼서 야외 공연을 하면서 관중들에게 푼돈을 받았다. 요즘으로 말하면 일종의 '거리공연(busking)'이라고 할까?

장날이나 휴일, 명절 같은 날 사람들이 많이 모이는 시장 같은 곳에서 각설이타령 공연을 하는 것이다. 바꿔 말하면 아무런 노력도 하지 않고 남들에게 도움을 청하는 걸인이 아니라 자신의 재능을 제공하고 정해진 것은 아니지만 그 대가를 받는 것이다. 따라서 걸인들과는 개념부터 차이가 있다.

'각설이'라고 하면 먼저 걸인의 이미지가 떠오른다. 그러나 국어사전에 '각설이(却說-이)는 장타령꾼을 낮춰 부르는 말'로 풀이하고 있다. 각설이타령이 장타령이다. 말하자면 걸인이 아니라 소리꾼이다. 각설이와 품바를 혼동하는 경우가 많은데 '품바'는 떠돌아다니는 걸인들이 장날이나 잔칫집 등, 많은 사람 앞에서 동냥하며 부르던 노래로 우리 고유의 판소리가 품바에서 파생됐다는 견해가 있다.

사실 품바는 각설이타령에 들어 있는, 흥을 돋구는 후렴구 또는 추임새라고 할 수 있다. 따라서 각설이와 품바는 의미가 다르지만 품바가 더 많이 알려지면서 각설이가 품바가 된 셈이다. 더구나 품바는 걸인의 이미지가 강해서 소리꾼인 각설이까지 걸인으로 착각하는 경우가 많은 것이다.

품바의 기원을 멀리 신라 시대 원효대사(元曉大師)에 두기도 한다. 그는 사찰에서 수행만 하는 것이 아니라 불교를 중생들에게 전파하기 위해 거리에 나서서 바가지를 두드리며 마치 타령하듯이 불교 교리를 쉽게 설파했던 것이 품바의 기원이라는 주장이다. 아무튼 품바가 역사의 기록에 나타난 것은 조선 초기의 '세조실록'이라고 하지만 고려시대에도 품바가 있었던 것 같다. 매우 긴 역사를 가진 것은 틀림없다.

가장 중요한 각설이타령을 살펴볼 필요가 있다. 각설이타령은 각설이나 품바가 제멋대로 가사를 바꿔 부르기도 하므로 여러 버전이 있는 것이 사실이다. 하지만 보편적으로 알려진 가사는 아래와 같다. 다소 길지만 여기에 소개한다.

어얼 씨구씨구 들어간다
저얼 씨구씨구 들어간다
작년에 왔던 각설이
죽지도 않고 또 왔네
품바품바가 들어간다

품바품바가 들어간다
어허 품바가 들어간다

1. 일 자나 한 장을 들고나 보니
　일편단심 먹은 마음
　죽으면 죽었지 못 잊겠네

2. 둘에 이 자나 들고나 보니
　수중 백로 백구 떼가
　벌을 찾아서 날아든다

3. 삼 자나 한 장을 들고나 보니
　삼월이라 삼짇날에
　제비 한 쌍이 날아든다

4. 넷에 사 자나 들고나 보니
　사월이라 초파일에
　관등불도 밝혔구나

5. 다섯에 오 자나 들고나 보니
　오월이라 단옷날에
　처녀 총각 한데 모아
　추천 놀이가 좋을씨고

어허 품바가 잘도 헌다
어허 품바가 잘도 헌다

어얼 씨구씨구 들어간다
저얼 씨구씨구 들어간다
작년에 왔던 각설이
죽지도 않고 또 왔네
품바품바가 들어간다
품바품바가 들어간다
어허 품바가 들어간다

6. 여섯에 육 자나 들고나 보니
   유월이라 유두날에
   화전놀이가 좋을씨고

7. 칠 자나 한 장을 들고나 보니
   칠월이라 칠석날에
   견우직녀가 좋을씨고

8. 여덟에 팔자나 들고나 보니
   팔월이라 한가위에
   보름달이 좋을씨고

9. 구 자나 한 장을 들고나 보니
　구월이라 중구 날에
　국화주가 좋을씨고
　추천놀이가 좋을씨고

10. 남았네 남았어
　장자가 한 장이 남았구나
　십 리 백길 가는 길에
　정든 임을 만났구나
　어허 품바가 잘도 헌다
　어허 품바가 잘도 헌다

이러한 버전도 있다.

　　얼씨구 씨구 들어간다
　　절씨구 씨구 들어간다
　　작년에 왔던 각설이 죽지도 않고 또 왔네
　　요놈의 소리가 요래도 천 냥 주고 배운 소리
　　한 푼 벌기가 땀난다
　　품, 품바가 잘한다
　　네 선생이 누군지 남보다도 잘한다
　　시전 서전 읽었는지 유식하게도 잘한다
　　논어 맹자 읽었는지 대문대문 잘한다

냉수동이나 먹었는지 시원시원이 잘한다
뜨물통이나 먹었는지 걸직걸직 잘한다
기름통이나 먹었는지 미끈미끈 잘한다

살펴봤듯이 가사의 내용이 무척 쉽고 서민적이다. 각설이들은 일반 관중들을 모아놓고 공연하면서 타령만 부르는 것이 아니라 흥을 돋우기 위해 타령의 가사를 조금 바꿔서 부르기도 하고, 즉흥적인 객담(우스갯소리), 조금 저속한 음담패설을 늘어놓고 장단에 맞춰 춤까지 추면서 관중들을 웃게 하고 즐겁게 한다.

그런데 이 각설이타령의 내용을 두고 의미를 부여해서 가치를 높이기도 한다. 앞서 설명했듯이 각설이는 국어사전에서 각설이(却說-이)로 풀이했다. '각설'이란 알다시피 어떤 이야기를 하다가 화제를 돌려 다른 말을 꺼낼 때 "각설하고…."라면서 앞의 화제와 다른 화제를 꺼낸다. 하지만 각설이타령이 상징하는 내용 분석은 그와는 다르다. 정설이라기보다는 누군가가 만들어낸 좀 억지스러운 야설(野說)일 가능성이 높은데 재미삼아 소개해본다.

그들은 각설이를 국어사전의 풀이와는 다르게 '각설이(覺說理)'로 풀이하고 있다. 즉 '깨달음을 전하는 말로써 이치를 깨쳐 알려준다'라는 뜻이라고 한다. 또한 우리나라 민요에서 가장 많이 쓰이는 후렴구이자 추임새라고 할 수 있는 '얼씨구 절씨구 지화자 좋구나'도 뜻이 있다고 풀이한다. 우리 민족의 애환이 깃들어 있다는 것이다.

우리 선조들은 역사적으로 숱한 외침을 받으면서 성인 남자들이 전쟁터에 나가 목숨을 잃었다. 그 때문에 성인 남자가 부족해지고 과부나 마땅한 남자가 없어서 시집을 못 가는 노처녀들이 크게 늘어나게 되었고, 그녀들은 남자를 구하는 것이 가장 큰 소망이었다.

얼씨구는 한자로 孼氏求로 멸시당하는 첩의 자식, 서자(庶子)라도 구해야겠다는 뜻이며 절씨구는 卍氏求로 절간의 중(승려)이라도 구해야겠다는 뜻이란다. 또 '지하자 좋을씨구'는 至下者卒氏求로 '지하자'는 신체 불구자로 군인이 될 수는 없지만 전쟁터에 나가는 졸병(卒兵)들의 수발을 들고 허드렛일을 하는 사람을 가리킨다는 것이다. 따라서 가장 낮은 신분의 남자에게서라도 씨를 구해야겠다는 의미라는 것이다. 끊임없는 전쟁에 시달리고 많은 남성을 잃은 우리 여인들의 한과 애환이 담겨 있다는 주장이다.

또한 각설이타령에 "작년에 왔던 각설이 죽지도 않고 또 왔네."라는 구절이 있다. 이것은 전생에 깨달음이 있었던 영(靈)은 죽지 않고 살아서 다시 태어나는 것으로 풀이했다. 그리고 타령에 따라 "이놈의 자식이 이래 봬도 정승판서의 자제로서…."하는 구절도 있다. 살아 있을 때 덕을 쌓지 않으면 각설이(품바)와 같은 초라한 행색으로 태어나니까 생전에 덕을 많이 쌓으라는 교훈을 주고 있다고 풀이했다.

각설이 또는 품바는 헌 누더기 옷을 입는다. 형형색색으로 이곳저곳을 기워입어 완전히 거지 행색이다. 얼굴을 광대처럼 분장하기도 한다. 보편적으로 혼자서 품바 공연을 하는 각설이가 많았다. 북, 장구, 꽹과리 등 각종 악기를 서로 연결해서 등에 지고 관중 앞에 나서서 엿장수 가위를 흔들며 넉살을 피운다. 그야말로 혼자서 북 치고 장구 치고 다 하는 것이다. 나중에는 '버드리'라는 여자 품바도 생겨났다.

'버드리'라는 버드나무의 사투리다. 버들가지처럼 나긋나긋하다는 의미로 그런 이름을 붙인 것 같다. 버드리 혼자서 하는 공연도 있었고 부부 품바도 있었다. 그와 달리 각설이는 '각설이패', 즉 여러 명이 팀을 이루고 함께 공연하는 경우가 많았다. 하지만 각설이든 품바든 일정한 거처 없이 전국을 떠돌아다니기는 마찬가지다. 각설이보다 품바가 더 많이 알려진 것이 사실이다.

품바는 6.25 한국전쟁 이후에도 시골 장터 등에서 큰 인기를 끌었다. 볼만한 공연이 없었던 시대에 품바는 서민들에게 아주 좋고 재미있는 볼거리였다. 그러나 1968년 법으로 걸인 행각을 금지하면서 품바도 사라지게 됐다. 품바도 걸인 취급을 받았다.

그 뒤 각설이든 품바든 오랫동안 그 모습을 볼 수 없게 되고 마침내 우리의 뇌리에서 잊혔는데 1982년 극작가 김시라(金時羅)가 '품바'라는 희곡을 쓰고 자신의 극단에서 연극 공연을 했는데 관객이 구름처럼 밀려들어 대박이 났다. 전국 순회공연은 물론이고 해외 공연까지 가서 모든 자리 매진이라는 대성황을 이루었다. 그뿐 아니라 품바는 민중의 의식과 정서가 담긴 민속적 가치를 인정받아 많은 민속학자의 연구 대상이 됐으며 이후 크게 활성화돼 수많은 품바가 등장했다. 특히 품바 공연은 노인들의 향수를 자극해서 갈수록 그 인기가 높아져 오늘날 어느 지방에 가더라도 지역 축제에서 품바 공연을 쉽게 볼 수 있다. 하나의 공연 형식으로 정착된 것이다.

다만 너무 난장 품바가 되는 것을 우려하는 실정이다. 자신들을 돋보이려고 남자가 여장하는 품바도 있고 지나친 음담패설, 옷 벗기 등 그야말로 난장판이나 다름없는 품바 공연들도 생겨났다. 분명히 좀 정화할 필요가 있다.

충청북도 음성군에서는 '음성 품바 축제'라는 정기적인 행사를 이어가고 있다. 예상외로 관람객들이 많아 큰 인기를 얻고 있다.

신비스러운 비밀결사 조직 프리메이슨

'프리메이슨'과 관련해서 한 번쯤은 들어봤을 것이다. 하지만 그 실체를 제대로 아는 사람은 드물다. 매우 오랜 역사와 전통을 지니고 있으면서도 과연 실체가 있는지 없는지조차 알 수 없을 정도로 겉으로 드러나지 않는 비밀결사조직이 프리메이슨이며 아직도 그 실체가 기이하기 짝이 없다.

'프리메이슨(Freemason)'은 사전적으로는 "세계 동포주의, 인도주의, 개인주의, 합리주의, 자유주의 이념을 바탕으로 상호 친선, 사회사업, 박애 사업 따위를 벌이는 세계적인 민간단체"라고 정의하고 있지만 실상은 신비주의와 자신들만의 권위주의에 매몰돼 있는 공공연한 비밀조직이기도 하다.

무척 오랜 역사를 지닌 프리메이슨의 기원에 대해서는 고대 이집트의 피라미드를 만든 석공에서부터 고대 이스라엘 솔로몬 성전을 건축한 기술자들, 성전 기사단, 중세 영국의 석공 길드(Guild)라는 설 등 매우 다양하다. 하지만 1717년에 영국 런던에서 프리메이슨 회원들이 모임을 했다는 공식 기록을 볼 때, 그 당시 영국의 석공들과 고도의 기술을 가진 성당 건축가들이 중심이 돼 설립됐다는 것이 정설로 인정받고 있다.

당시 석공은 단순히 돌을 다듬는 근로자가 아니라 과학자들이라고 해도 과언이 아니다. 석공을 영어로 masonry 또는 mason이라고 하는 것을 보면 영국의 석공 길드가 기원이라는 견해가 맞는 것 같다. 프리메이슨의 로고(logo, 심벌)에는 컴퍼스와 직각으로 된 자(尺)가 있다. 이 로고를 보면 과학자, 수학자를 연상케 한다. 또한 영문자 'G'가 있는데 신(God)의 뜻과 함께 기하학(Geometry)을 뜻한다고 한다.

1717년에 영국에서 결성된 프리메이슨은 무엇보다 계몽주의를 기반으로 삼았다. 계몽주의 이념은 17세기 후반에 등장해서 18세기에 크게 확산했는데 이 사상의 핵심은 '인간의 이성'이다. 오랫동안 기독교가 지배하던 유럽에서 중세의 후반기 시기에 르네상스 등으로 인간중심의 인본주의가 확산하면서 계몽주의가 큰 영향력을 갖게 됐다. 계몽주의는 종교의 기적이나 비합리에서 벗어나 우주를 이해하고 자신의 상황을 개선하려는 인간중심의 이념으로 인간의 지식, 자유, 행복 등을 목표로 삼고 있다고 알려졌다.

아이작 뉴턴, 스피노자, 볼테르, 장 자크 루소, 임마누엘 칸트 같은 당대의 뛰어난 과학자와 사상가들이 계몽주의를 절대적으로 지지했다.

이러한 시대적 흐름에서 프리메이슨이 탄생한 것이다. 하지만 그들은 매우 비밀스럽고 폐쇄적이었다.

프리메이슨은 우선 회원 가입이 무척 까다롭다. 무엇보다 신을 믿는 종교를 갖고 있어서 믿음이 확실해야 하며, 21세 이상의 성인 남자로서 부양가족이 있어야 하고, 연수입이 일정한 고정직이어야 하며, 영어에 능숙해야 했다. 그러나 이런 조건도 형식에 불과했다. 사회적으로 명성이 있는 귀족 남성, 상류층이어야 회원이 될 수 있었다. 거기다가 가입비나 연회비가 무척 비싸서 일반인으로서는 회원 가입이 거의 불가능했다.

명성이 있고 상류층이어도 쉽게 가입할 수 있는 것은 아니었다. 신입 회원을 많이 뽑지도 않거니와 프리메이슨의 간부라고 할 수 있는 마스터들이 주관하는 최고 회의에서 만장일치로 통과돼야 했다. 따라서 기

미국 노스캐롤라이나주의 프리메이슨 본부 심벌 왼쪽의 태양은 바알신을, 오른쪽의 달은 아세라를, 중간의 전시안(全視眼)은 사탄을 상징한다. 전시안을 중심으로 빛의 광선이 뿜어나오며, 사탄은 자신을 '깨달은 지식의 전달자'라고 지칭한다.

성 회원의 가족이나 친척 또는 프리메이슨이 있는 대학에서 엘리트 조직원으로 활약하다가 추천을 받아야 신입 회원이 될 가능성이 있었다고 한다.

이러한 프리메이슨의 폐쇄성이 그들을 더욱 신비스럽게 하고 비밀주의, 권위주의에 빠져들게 했다. 또한 폭력, 마약 등과 관련 있는 범죄 조직이 아니면 대부분의 사회단체는 자신들의 업적이나 사회 활동 등을 내세우며 단체의 역량을 과시하기 마련인데 프리메이슨은 그와 반대였다. 공식적인 회원 명단이 없어서 누가 회원인지 알 수도 없었다.

18세기, 영국 의회의 국회의원 가운데도 프리메이슨 회원들이 있다는 소문이 나자 회원 명단을 공개해야 한다고 의결했지만 프리메이슨은 제대로 된 회원 명단을 공개하지 않았다. 그 때문에 영국의 프리메이슨 조직 규모가 얼마나 큰 것인지조차 알 수 없었다. 그러한 부정적인 인식 탓으로 프리메이슨에 대한 사회적 비판이 높아졌는데 더욱이 영국 청교도 역사가들이 프리메이슨을 사이비 집단으로 매도했다. 하지만 그보다 유럽에서 가장 큰 영향력을 지녔던 가톨릭이 프리메이슨에 대해 비판적이었던 것이 그들을 궁지로 몰아넣었다.

가톨릭과 프리메이슨이 대립하게 된 것은 그럴 만한 이유가 있었다. 개신교와 가톨릭이 절대신, 유일신인 하느님을 섬기지만 프리메이슨은 유일신의 존재를 믿으면서도 '이신론(理神論)'을 내세우고 있다는 것이 가장 큰 이유라고 할 수 있다.

'이신론'이란 신(하느님)이 세상을 창조한 것은 믿지만 그 이후에는 인간의 이성과 경험이 삶을 지배한다는 논리를 말하는 것이다. 특히 기독교(가톨릭, 개신교)에서는 인격화된 신이 세상을 창조하고 그 뒤에도 초자연적 섭리와 기적을 통해 세상을 이끌고 직접 관여한다고 믿지만, 이신론은 신이 세상을 창조한 뒤에는 인간의 삶에 관여하지 않는다고 믿는 것이다.

신이 창조한 세상은 언제나 변화 없이 통일된 질서를 견지하는 것이 자연의 섭리이기 때문에 세상 창조 이후 신의 기적이나 계시 등을 믿지 않는 것이며, 따라서 우리 인간의 삶은 인간의 자연적 인식능력이자 과학적이고 합리적인 이성에 의해 운행된다는 것이 이신론이다. 다분히 프리메이슨의 기반인 계몽주의적 이론과 흡사하다. 가톨릭에서는 프리메이슨의 그러한 종교관이 몹시 못마땅할 수밖에 없었다.

그에 따라 가톨릭은 프리메이슨을 신앙의 순수성을 훼손하는 이단으로 규정하고 계몽주의 사상과 함께 정치적, 도덕적으로 재앙을 가져오는 악으로 몰아붙여 종교재판을 통해 프리메이슨을 처벌했다고 한다. 그런 가운데에서도 프리메이슨은 18세기 말, 프랑스혁명에 적극 참여했다. 혁명이 일어나기 전부터 프리메이슨은 프랑스의 정치를 맹렬하게 비판했으며 시민혁명을 부채질했다.

아무튼 어느덧 세계적인 결사 조직이 된 프리메이슨이 지나치게 신비주의를 고수하며 회원들의 이름은커녕, 얼마나 큰 조직인지 알 수 없을 만큼 폐쇄적이었지만 놀랄 만한 정치적 존재감과 세계적 영향력을 갖게 된 것은 사실이다. 하지만 그럴수록 부정적인 비판 여론도 높아져 갖가지 음모론까지 나돌게 됐다. 이를테면 프리메이슨에는 유대인들이 많고 그들이 적극적으로 재정을 지원한다는 음모론이 퍼지자 제2차 세계대전 당시, 히틀러의 나치 독일은 유대인들과 함께 프리메이슨 회원들을 색출해서 수용소에 수감하고 유대인들과 똑같이 학살했다.

프리메이슨이 영국에서 기원했지만 미국의 독립 이후 미국에서 크게 활성화됐다. 그러나 역시 미국에서도 신비주의와 폐쇄성을 견지하자 부정적인 비난 여론이 한층 더 높아져 프리메이슨도 그때까지 견지해 온 견해를 바꿔 신입 회원을 공개 모집하는 광고까지 게재하고 입회 자격도 평범하게 일반화했다.

그 덕분에 보통 사람들도 회원이 돼서 자신들의 승용차에 프리메이슨 심벌을 부착하고 다니며 과시하기도 했다. 미국 뉴욕에는 당당하게 프리메이슨 표지를 붙인 빌딩까지 생겨났다. 또한 프랑스 파리에는 프랑스 프리메이슨 박물관이 설립됐으며, 프리메이슨 자신들은 인류의 박애 정신과 형제애를 위해 활동하는 단체이지 세계 정복을 목표하는 비밀결사 조직도 아니고 폐쇄적인 고급 사교 집단도 아니라고 공개적으로 말하고 있다.

그러나 이 조직이 얼마나 규모가 큰지 여전히 알려지지 않았다. 다만 세계 각지에 지부라고 할 수 있는 랏지(lodge)가 있다. 랏지는 프리메이슨 최고 회의가 결정하는 것이 아니라 해당 지역 회원들의 허락을 받아 설립된다고 한다. 랏지는 18세기 초 영국 런던에서 United Grand of England가 생긴 것이 최초였다. 당시 영구 랏지의 수장은 영국 왕실의 에드워드 왕자였다고 한다.

프리메이슨은 최근에도 회원을 공개적으로 모집하고 있지만 인기가 떨어져 신입 회원이 크게 부족한 것으로 알려졌다. 회원으로서의 명성과 사회적 지위 상승 등을 위해 비싼 입회비, 연회비 등을 감수하고 가입해봤자 모임은 한 해에 겨우 한두 번뿐이고 회원들이 대부분 노령층이어서 세대 간에 대화가 잘 통하지 않기 때문이라고 한다. 사실 신비스럽고 많은 비밀에 싸여 있으면서도 정치적 성향이 강했던 과거의 프리메이슨 회원들은 거의 명성이 드높은 쟁쟁한 인물들이었다. 특히 유럽의 많은 군주와 왕족, 귀족 들이 회원이었다.

프리메이슨이 기원한 영국만 하더라도 국왕 대부분이 은밀한 회원이었다. 추리소설로 유명한 코난 도일도 회원이었다. 프랑스도 <몬테크리스토 백작>으로 유명한 대문호 알렉상드르 뒤마를 비롯해서 역시 소설가이자 영화감독이었던 장 콕토 등이 프리메이슨이었고, 미국 건국의 아버지로 불리는 초대 대통령 조지 워싱턴부터 벤저민 프랭클린 같은 초기의 정부 요인 거의 모두 회원이었다. 현대에 와서도 루스벨트, 트루먼, 포드 대통령 등이 회원이었으니까 명성과 정치적 영향력이 대단했던 것이다. 더욱이 프리메이슨의 비밀성, 폐쇄성 등이 더욱 신비스럽게 느껴질 수밖에 없었다.

프리메이슨이 서양에만 있는 것은 아니다. 일본 천황의 아들이자 총리였던 히가시쿠니 나루히코, 일본 최대의 정당 자민당 총재이자 총리였던 하토야마 이치로 등이 회원이었다. 우리나라에도 프리메이슨이 있다. 개화파였던 박영효, 서광범, 서재필, 김옥균 등이 회원이었다. 물론 최근에도 몇몇 회원이 있는 것으로 알려졌다.

오늘날의 프리메이슨은 예전보다 명성이 크게 떨어진데다 여론에 밀려 다소 개방되기는 했지만 아직도 비밀스럽고 신비롭다. 여전히 성인 남성만 회원이 될 수 있을 뿐 여성은 제외되고 있으며 그 규모나 사업조차 알 수 없을 정도로 폐쇄성이 유지되고 있는 기이하고 독특한 조직이다. 더욱이 지난날의 전통적인 프리메이슨과 최근 개방 이후에 가입된 회원들과는 큰 차이가 있다. 사회적 위치를 따지지 않고 일정한 자격만 갖추면 회원이 될 수 있어서 과시용으로 가입한 요즘 회원들과는 서로 비교할 수 없다. 과연 프리메이슨의 실체가 제대로 밝혀지는 날이 올 수 있을까?

전통춤 추다가 죽는 인도 힌두 축제

인도는 곧 힌두(Hindu), 즉 힌두교가 곧 인도라고 할 만큼 인도는 힌두교의 나라다. 이슬람교를 비롯해 여러 종교가 있지만 14억 명이 넘는 세계 최대 인구의 약 90%가 힌두교를 믿는다. 힌두교는 다신교다. 대표적인 신인 브라흐마, 비슈누, 시바 신 이외에도 헤아릴 수 없이 많은 신들이 있다. 또한 워낙 신들이 많아서 그들을 기리는 힌두 축제도 많다. 전국적인 축제도 있고 지방의 축제들도 있다. 그 가운데서도 해마다 열리는 '나바라트리(Navaratri) 축제'가 유명한데 특히 인도 서북부에 있는 구자라트(Gujarat)주의 축제가 손꼽힌다. 구자라트주는 면적이 우리 한반도와 비슷하다.

이 지역의 힌두 축제가 유명한 것은 그 지역 고유의 전통춤인 '가르바(Garba)'가 유명하기 때문이다. 이 전통춤은 2023년 유네스코의 인류무형문화유산으로 등재되기도 했다. 그런데 지난해(2023), 구자라트주에서는 황당하고 어처구니없는 사태가 벌어져 세계적인 화제가 됐다.

나바라트리 축제는 전국적으로 해마다 가을에 열리는 대축제로 10일 동안이나 계속된다. 이 축제는 힌두교 신들 가운데 용기와 전쟁의 여신 두르가(Durdga), 부와 재물의 여신 락슈미(Lakshmi), 지혜의 여신 사라스와티(Saraswati)를 기리는 축제로 각각 3일씩 의식을 진행하고 여성들은 금식하는 그야말로 대축제다. 구자라트주에서도 어김없이 이 대축제가 열렸는데 수많은 주민이 전통춤 가르바를 추다가 무려 10명이 심장마비로 숨졌다는 쇼킹한 소식이 전해졌다. 춤을 추다가 죽다니, 어찌 된 일인가?

전통춤 가르바는 축제 기간, 매일 오후 6시부터 다음 날 새벽 2시까지 계속되는데 너무 오랜 시간 춤을 추다가 탈진하여 죽은 것이다. 공식적으로 죽은 사람은 10명으로 발표되고 가장 어린 사망자는 겨우 13세라

나바나트리 축제 축제에 참가한 여성

고 한다. 그 기간에 응급차가 500여 회나 출동했다는 것을 보면 죽지는 않았지만 쓰러지고 기절한 사람들이 무척 많았던 것 같다.

전통춤 가르바는 춤을 추다가 심장마비를 일으킬 만큼 격렬한 춤인가? 그렇지 않다. 가르바는 나바라트리 힌두 축제에서 여신들을 기리는 구자라트 지역의 전통춤이기 때문에 의식을 중요시하는 경건한 춤이다. 영상을 보면 많은 사람이 함께 손뼉을 치며 천천히 단순한 스텝을 밟는 춤이다. 우리의 '강강술래'와 비슷하다.

다시 말하면 춤 자체에 심장마비를 일으킬 만큼 격렬한 것은 아니다. 여러 날 동안 계속되는 축제에서 밤늦게까지 너무 오랫동안 쉬지 않고 춤을 추다가 체력이 고갈돼 쓰러지거나 심장 쇼크가 왔던 것이다. 따라서 인도 당국에서도 너무 오랫동안 계속해서 춤을 추지 말도록 당부하고 있다. 그러면 왜 그처럼 무리하게 오랜 시간을 계속해서 춤을 추는 것일까?

그들이 어리석거나 무모해서 그런 것이 아니다. 원인은 단 하나, 투철한 신앙심 때문이다. 인도인들에게 힌두교 신앙은 곧 그들의 일상생활이다. 그들의 돈독한 신앙심에는 과학이나 논리가 앞서는 것이 아니다. 더욱이 자신들이 숭배하는 여신들을 기리는 축제에서 온 정성을 다한다. 오로지 여신만을 의식하며 심취해서 자기 몸이 기진맥진한 것도 잊고 춤을 추다가 쓰러진 것이다.

힌두교뿐 아니라 거의 모든 정통 종교에서 신실한 신앙심을 가진 신자들의 정신세계는 어떠한 잣대나 기준으로 가늠하기란 쉬운 일이 아니다. 그들에게는 자신들이 추앙하는 신만 존재할 뿐이며, 자신에게 일어나는 좋은 일, 궂은일을 가리지 않고 모두 신의 뜻에 의해 이루어진다고 생각한다.

  어쩌면 수천 년의 역사를 지닌 정통 종교들이 그 때문에 지금까지 교세가 줄어들지 않는 것 같다. 갈수록 정신이 산란한 현대사회에서 그 때문에 종교에 의지하는 사람들이 많은 것인지도 모른다.

'지구 최후의 날'에 대비하는 사람들

이미 중세부터 지구의 종말, 말세론 등이 고개를 들고 많은 사람을 현혹했다. 구체적으로 지구 종말의 날짜까지 지적하며 대중을 선동했지만 결과적으로 모두 거짓이었다. 심지어 중세 남미 잉카제국의 달력은 2012년 12월 21일에 지구가 멸망하는 것으로 예언했다.

우리나라에서도 지구의 종말 날짜와 시간을 정해놓고 선택된 자들만 모든 것을 버리고 하늘로 올라간다는 이른바 '휴거 소동'이 있었다. 물론 그날, 그 시간에 아무런 일도 일어나지 않았다. 여기서 새삼 그러한 허황한 종교적인 종말, 말세를 얘기하려는 것은 아니다.

그러한 사기성이 짙은 것들이 아니라도 현대의 여러 환경과 관련해서 '지구 최후의 날'이 심심찮게 거론되고 있다. 몇 년 전부터는 '지구 최후의 날'이라는 가상 영화들이 거의 해마다 새로 나와 상영되기도 했다.

하지만 '지구 최후의 날'은 절대로 오지 않는다. 우주과학자들은 앞으로 약 50억 년 뒤에 태양이 폭발해서 소멸할 것이라고 한다. 그때가 태양과 함께 지구를 비롯한 태양계의 행성들이 소멸하는 날이다. 그러나 50억 년 후라면 영원한 것이나 다름없다.

그런데 왜 지구 최후의 날이 끊임없이 거론되고 있는 것일까? 그것에는 그럴 만한 이유가 있다. 따라서 지구의 멸망을 두려워하고 있는 사람들은 이미 그것에 대비하고 있다. 이른바 '둠스데이 프레퍼스(Doomsday Preppers)'라고 불리는 유별난 사람들이다. 우리로서는 어처구니없는 기담으로 들리는 그들은 왜 머지않아 지구 최후의 날이 올 것으로 믿고 있으며 그것에 대비해서 무엇을 하고 있을까?

날이 갈수록 지구의 안전을 위협하는 갖가지 위기의 징후와 위험한 요소들이 나타나고 있는 것은 부인할 수 없는 사실이다. 우리가 피부로 느낄 수 있는 지구온난화 현상 등 기후의 급격한 변화에서 오는 자연재해가 인류를 위협하고 있다. 무분별한 핵 개발도 큰 위협감을 준다. 어느 때 갑작스러운 실수로 핵이 폭발하거나 강대국들의 핵전쟁이 일어날지 모르는 일이다. 그 밖에도 불안한 심정으로 지구 위기의 징후들을 지적하자면 수없이 많다.

일단 지구의 미래를 두려워하고 부정적인 생각을 갖게 되면 생각할수록 한층 더 불안해지기 마련이다. 특히 현재 잘 살고 있는 사람들, 현실에 만족하며 행복하게 살고 있는 사람들은 자신들의 앞날을 걱정하게 된다. 따라서 백만장자와 같은 부자들, 선진국 국민이 지구 최후의 날에 대비하는 둠스데이 프레퍼스가 되는 것이다.

그렇기 때문인지 모르겠으나 지구 최후의 날에 대비하는 사람들은 미국에 제일 많다. 적어도 미국에서는 이러한 현상이 신드롬이 돼 확산하고 있는 것이 사실이다. 영화를 비롯한 각종 매체가 이러한 현상을 더욱 부채질한다. 그렇다면 둠스데이 프레퍼스는 구체적으로 어떻게 지구 최후의 날에 대비하고 있을까?

그들은 먼저 지구의 종말을 재촉하는 갖가지 절대적인 위험 요소들을 정리해놓고 있다. 그것이 '지구 멸망 12가지 시나리오'다. 대지진, 태양 폭발, 전자기파 공격, 방사성 물질 누출, 슈퍼바이러스, 인구 포화, 자연재해, 핵전쟁, 조류인플루엔자, 방사능 폭탄, 경제 붕괴 등이 그것이다.

또한 인류를 멸망시킬 수 있는 우주 현상들로 야기될 수 있는 '인류 멸망 10가지 시나리오'도 있다. 소행성, 블랙홀, 떠돌이 행성, 대형 폭발, 핵전쟁, 감마선 폭발, 태양 폭풍, 지구궤도 이탈, 외계인 침공, 심해 재앙 등이 그것들이다.

누군가를 의심하면 의심이 점점 커지듯이 지구의 종말이나 인류의 멸망이 점점 가까워진다고 불안해하고 걱정하면 불안감이 더욱 커질 수밖에 없다. 가진 것이 없는 사람들은 정말 그런 사태가 와도 큰 걱정 안 한다. 될 대로 되라는 생각으로 별걱정 안 할 수 있지만, 앞서 말한 대로 백만장자 같은 재산이 많은 사람이나 현실에 만족하는 행복한 사람들은 만약에 그런 비상사태가 오더라도 어떻게든 살아남기 위해 어떤 대비책을 세울 것이다. 둠스데이 프레퍼스가 그런 사람들이다.

그들을 위해 지구에 어떤 재앙이 오더라도 안전을 보장하는 콘도를 분양하는 사람도 있고, 핵전쟁이나 핵폭발에 대비해서 핵폭발에도 끄

떡없는 지하 14층 규모의 벙커를 만들어 둠스데이 프레퍼스들에게 분양하기도 한다. 개인적으로 거액을 투자해서 최고의 안전시설을 만들고 수개월치의 비상식량을 비축해놓는 사람들도 있다. 또 지구의 종말, 인류가 멸망하더라도 살아남아 계속 생존하기 위해 1만 종이 넘는 각종 씨앗을 비축해놓고 각종 항생제, 임시 병원을 준비하는 사람도 있다고 한다.

그런가 하면 전기 공급 체계가 완전히 파괴된 사태에 대비해서 태양열만 있으면 작동하는 통신수단을 준비하는 사람도 있고, 핵폭발이나 핵전쟁을 피해 외딴 시골로 이사해서 안전한 벙커를 준비하는 사람도 있다고 한다. 다시 말하면 생각보다 많은 둠스데이 프레퍼스들이 자기 나름대로 자신의 생존을 위한 갖가지 대비책들을 열심히 세우고 있다는 것이다.

굳이 그들을 비난할 이유는 없다. 하지만 지나치게 사회적으로 위기감을 조성하는 것은 바람직하지 못하다. 지난날 일부 사이비 성직자들이 종교적인 말세론, 종말론을 제기하며 불안감을 조성했을 때 자기들만 살아남겠다는 이기적인 신도들이 있었다. 그처럼 지구 최후의 날, 인류 멸망의 날 같은 것을 주장하며 터무니없이 공포감을 만들어내고 역시 자기만 살아남겠다는 것은 어리석은 생각이다.

태양이 폭발하거나 수명을 다해 소멸하면 지구도 사라진다. 살아남을 사람이 어디 있겠는가? 우리 지구와 혜성의 충돌은 그 가능성이 거의 없다. 또 그것을 방지할 대비책을 과학적 차원에서 마련해놓고 있다. 핵폭발이나 핵전쟁은 충분히 우려할 만하고 그럴 가능성을 부인할 수 없다. 하지만 그것은 우리 인류의 지성과 이성에 의지할 수밖에 없다.

외계인 침공은 SF소설에서나 가능한 얘기다. 지구에서 빛의 속도로 수십 광년이나 떨어져 있는 어느 행성에 인류와 같은 지적 생명체가 존재하더라도, 또 그 행성이 지구보다 훨씬 먼저 태어나서 인간이 상상할 수 없을 정도로 과학이 발달했더라도 무엇 때문에 얼마나 많은 병력의 외계인들이 지구까지 몰려와서 공격하겠는가? 지구를 멸망시켜 그들에게 어떤 이익이 있겠는가?

설령 어떤 뜻밖의 이유로 인류가 멸망하는 사태가 온다면 둠스데이 프레퍼스들, 일부에 불과한 그들만 살아남을 수 있을까? 또 살아남는다고 가정하더라도 모든 것이 파괴되고 폐허가 된 상황에서 얼마 동안이나 견뎌낼 수 있을까? 거듭해서 말하지만 지난날의 말세론, 종말론이 일부 사이비 성직자들이 사적 이익을 위해 무모한 신자들의 재산을 탈취하려던 것이었다면 작금의 지구 최후의 날, 인류 멸망의 날은 약삭빠른 몇몇 사업가들이 터무니없는 공포를 조성해서 '안전시설'을 팔아먹으려는 비양심적 상업 행위가 아닌지 의심하게 된다.

세계적으로 유명한 쌍둥이 마을

지난날 우리나라가 가난하던 시절, 임산부가 쌍둥이를 낳으면 기쁨보다 큰 걱정이었다. 하루 세 끼 끼니를 제대로 때우기도 힘들었던 시기에 쌍둥이를 키우기는 정말 어려웠다. 지금 저출산 시대를 맞아 쌍둥이를 낳는다는 것은 큰 축복이다. 각종 지원도 뒤따른다. 물론 쌍둥이를 낳기를 원한다고 해서 나을 수 있는 것은 아니다.

그런데 세계에는 마을 주민들이 유별나고 기이하게 쌍둥이를 많이 낳는 마을들이 있다. 우리나라에도 있다. 기네스북에 기재됐으니 세계적인 쌍둥이 마을이다. 쌍둥이 마을로 널리 알려진 마을에서는 어떤 원인으로 쌍둥이를 많이 나을까? 정말 궁금하지 않을 수 없다. 먼저 세계적으로 유명한 인도의 쌍둥이 마을부터 살펴보겠다.

인도 케랄라주의 코딘히(Kodinhi)는 주민이 약 2천 명인 마을이다. 현재 이 마을에는 무려 220쌍이 넘는 쌍둥이들이 살고 있다고 한다. 모두 이 마을에서 출생한 쌍둥이들이다. 해마다 몇십 쌍의 쌍둥이들이 태어나 세계 최고의 쌍둥이 마을로 잘 알려진 곳이다. 많이 낳을 때는 한 해에 60쌍의 쌍둥이가 태어났다고 한다. 더욱이 쌍둥이 출산율이 매년 높아지고 있을 뿐 아니라 공식적으로 알려진 것 이외에도 많은 쌍둥이가 있다고 한다. 전문가는 약 300~350쌍이 될 것으로 추산한다.

유전학자와 전문가들이 이 마을에서 왜 그렇게 많은 쌍둥이가 태어나는지 갖가지 분석과 연구를 했지만 아직 특별한 원인을 찾아내지 못하고 있다. 다만 식습관이 원인이 아닌가 추측하고 있으며 이곳 여성들이 인도 여성들의 평균 신장보다 대략 10cm 정도 키가 작다는 것도 관계가 있는 것 같다는 추정을 하고 있을 뿐이다. 오히려 쌍둥이를 둔 이 마을주민들이 단체를 결성하고 쌍둥이들을 보호하고 지원하는 한편, 기금을 모아 원인을 연구할 기관을 물색하고 있다고 한다. 이 마을에 쌍둥이가 그렇게 많지만 모두 건강이 양호하고, 환경오염에서 오는 기형적 쌍둥이 출산은 없다고 한다.

남미의 브라질에도 세계적으로 알려진 유명한 쌍둥이 마을이 있다. 브라질 남부 아르헨티나와 국경 지대에 있는 '칸디도 고도이'라는 이 마을의 입구에는 '쌍둥이의 땅'이라는 큰 표지판이 붙어 있는데, 약 6,700명이 거주하는 이 마을 반경 1km 이내에 거주하는 80가구에 쌍둥이가 무려 38쌍이나 된다고 한다.

이 마을의 특징은 독일계 이민자들의 후손이 많다는 점이다. 제1차 세계대전 이후 브라질 정부가 농사짓기 좋은 기후와 값싼 토지를 내세워 이민자들을 적극적으로 유치했기 때문이다. 쌍둥이들은 모두 산모가 자연분만했다고 알려졌는데, 이 마을에 쌍둥이가 특히 많은 이유를 아직까지 밝혀내지 못하고 있다. 다만 이 마을에 공급되는 물에 쌍둥이 출산을 높이는 특수한 미네랄이 포함된 것이 한 가지 원인일 수 있다고 한다.

그런가 하면 독일계 이민자들이 많은 이 마을에 유난히 쌍둥이가 많은 것은 요제프 멩겔레와 관련이 있다는 주장도 만만치 않다. 요제프 멩겔레(Josef Mengele)는 제 2차 세계대전 당시 히틀러 나치 독일의 SS(친위대) 장교이자 내과 의사였다. 그가 유대인 강제수용소의 소장으로 있을 때 항상 반듯한 용모와 상냥하고 자비로운 미소로 마치 천사와 같았지만 실제로는 온갖 잔인하고 야비한 악행을 저질러 '죽음의 천사'라는 별명으로 유명한 나치의 핵심 인물이었다.

그는 자기 기분대로 유대인 수감자들을 선별해서 가스실로 보내고, 강제 노역장으로 보냈다. 어떤 날은 키가 큰 사람을 가스실로, 또 어떤 날은 키가 작은 사람들을, 또 어떤 날은 부녀자와 아이들을 가스실로 보내 처형하는 식이었다. 더욱이 그는 남녀노소를 가리지 않고 생체 실험으로 악명이 높았다.

한 번은 유대인 수감자 가운데 임산부가 있었는데 그녀를 살려줘 고맙게 생각했는데, 그녀가 아이를 낳자 신생아가 며칠 동안 굶을 수 있는가를 실험한 뒤 갓난아기를 굶겨 죽였다. 그런데 멩겔레에게 한 가지 특별했던 점은 유대인 수감자의 어린이가 쌍둥이로 밝혀지면 따로 모아서 특별 관리를 했다는 것이다. 왜 그랬을까?

그는 인종학적으로 쌍둥이를 연구했다. 쌍둥이를 한 쌍씩 철저하게 신체 검진을 한 뒤, 한 아이에게 갖가지 종류의 독약이나 세균 또는 화학물질을 주입해서 어떤 변화가 나타나면 다른 쌍둥이 아이와 비교 분석을 하는 악명높은 생체 실험이었다. 그런 뒤 아이들을 죽여서 해부했다. 그처럼 야비하고 악랄한 멩겔레는 제2차 세계대전이 독일의 패배로 끝나자, 교묘한 위장으로 체포되지 않고 농부로 몇 년 동안 숨어 살다가 나치 추종자들의 도움으로 남아메리카로 도주했다.

남미에서 그는 자기 남동생의 미망인과 재혼하고, 이스라엘 정보 당국의 추적을 피해 아르헨티나, 파라과이, 브라질 등지로 옮겨가며 아주 편안하게 잘 살다가 67세가 되던 해, 브라질의 상파울루 해변에서 수영하다가 심장마비로 죽었다.

그러한 멩겔레가 1960년대 브라질의 칸디도 고도이 마을에서 수의사로 일한 적이 있는데 그 당시에 쌍둥이들이 폭발적으로 늘어났다는 것이다. 멩겔레가 인공수정, 약물 등을 이용해서 가축과 사람들의 쌍둥이 출산을 심하게 증가시켰다는 것이다. 하지만 일부 학자들은 맹겔레가 아리아인의 우수성을 입증하기 위해 쌍둥이 아이들에게 독성 실험, 생체 실험을 한 것은 사실이지만, 멩겔레 때문에 브라질의 한 마을에 쌍둥이가 다른 곳보다 6배나 많다는 것을 입증할 증거는 없다고 주장했다. 아무튼 이 마을에 쌍둥이가 많은 것은 아직 정확하게 원인을 찾지 못한 채 미스터리로 남아 있다.

그런데 우리가 주목할 것은 기네스북에 지금까지 세계 제일의 쌍둥이 마을은 한국에 있다는 기록이다. 전라남도 여수시 소라면 현천리 중촌마을이 그 주인공이다. 불과 52가구가 사는 작은 마을이지만 1989년 기네스북에 '쌍둥이 마을'로 등재된 마을이다. 그 당시 이 중촌마을에는 무려 48쌍의 쌍둥이가 살고 있었다고 한다. 이 마을의 3가구는 연년생으로 쌍둥이를 낳아 화제가 되기도 했다.

그러면 어떤 이유가 있어서 이 마을에 쌍둥이가 그렇게 많을까? 아직 유전적 원인은 정확히 밝혀지지 않았다. 하지만 마을 주민들은 마을에서 마주 보이는 산봉우리가 2개인 쌍봉산의 기를 받아 쌍둥이가 태어난다는 민간신앙과 같은 속설을 믿고 있었다. 아이를 원하지만 임신이 되지 않는 여성들이 태몽을 꾸려고 이 마을을 찾아온다고 한다. 그와 관련해서 전설적인 일화도 있다. 몇십 년 전이지만 인근 지역에 사는 어느 가문 종갓집 맏며느리가 결혼한 지 7년이 되도록 아기가 없었는데, 이 마을에 찾아와 암자에서 백일기도를 드리고 나서 쌍둥이를 낳았다는 이야기가 전해온다.

현재 이 마을은 크게 변하고 있다. 노년이 된 쌍둥이들이 돌아가시거나 도시로 이사해서 쌍둥이들이 점점 줄어들고 있다는 것이다. 또한 젊은이들이 없어서 쌍둥이가 태어날 가능성도 거의 없다고 한다. 자칫하면 역사적인 기록으로만 남게 될 처지에 놓인 것 같다.

조폭(gang)이 지배하는 나라

우리 지구상에서는 헤아릴 수없이 많은 기이한 현상들이 일어나고 있지만 갱(gang)단, 즉 조직폭력배들이 지배하는 나라가 있다니, 믿어지는가? 어떻게 그럴 수가 있을까? 그것도 제법 오랜 역사를 지니고 있으며 인구가 1천만 명이 넘는 나라다. 바로 카리브해의 섬나라 아이티가 그 나라다. 아이티(Haiti)는 카리브해의 쿠바 동쪽 가까이 있는 서인도제도 히스파니올라(Hispaniola)섬의 서쪽 3분의 1을 차지하고 있는 섬나라다. 이 섬의 동쪽 3분의 2는 도미니카공화국이다. 히스파니올라 섬은 카리브해에서 두 번째로 큰 섬이다.

이 섬은 1492년 신대륙을 발견한 콜럼버스가 첫발을 디딘 섬이다. 그 뒤 스페인의 식민지였다가 다시 프랑스의 식민지가 됐다. 더욱이 이 섬은 무척 아픈 역사를 지닌 섬이기도 하다. 강제로 노예선에 실린 아프리카 흑인 노예들이 온갖 수난을 겪으면서 처음으로 도착하는 곳이 이 섬이었다. 흑인 노예들은 이 섬에서 북아메리카, 남아메리카로 팔려 갔다.

그러나 이 섬에서 고달픈 삶을 견디던 흑인 노예들이 마침내 오랜 항쟁 끝에 1804년 독립을 쟁취했다. 그때 해방된 흑인 노예들이 약 48만 명이었다. 지금도 아이티 국민의 약 95%가 흑인들로 아프리카 흑인 노예의 후손들이다. 그들의 평균수명은 남자가 겨우 54세, 여자는 56세로 생활환경이 매우 열악하고 국민의 절반 이상이 굶주림에 시달리는, 세계에서 가장 빈곤한 국가 가운데 하나다.

아이티는 일찍 독립은 했지만, 특출한 지도자가 없어서 쿠데타가 되풀이되면서 나라는 더욱 혼란스럽고 국민은 절대 빈곤에서 벗어나지 못했다. 그러한 거의 무정부 상태에서 1957년 프랑수아 뒤발리에(F. Duvelier)가 대통령이 되면서 피비린내 나는 강력한 독재정치가 시작됐다. 야당 인사들은 물론 일반 국민 수만 명을 무자비하게 학살하는가 하면, 인구의 80% 이상이 가톨릭 신자인 나라에서 아프리카의 토속신앙인 부두교를 끌어들여 미신적 신권 통치까지 감행했다.

그는 1971년까지 가혹한 독재 철권통치를 하다가 자기 아들 장 클로드 뒤발리에게 권력을 물려줘 세습 독재정치를 계속했다. 그사이 부정부패가 만연하고 정치인과 관리들은 마약 밀매, 무기 밀매 등 사리사욕을 위한 각종 부정행위를 일삼아 나라의 경제는 완전히 파탄에 이르러 국민은 비참하게 연명해야만 했다. 마침내 더 이상 견디지 못한 국민이 반란을 일으켜 1986년 아들도 쫓겨났다.

또다시 무정부 상태의 혼란이 이어지다가 정부 체제를 유지하게 됐지만 설상가상으로 2020년 1월, 200년 만에 가장 강력한 대지진이 발생해서 20만 명 이상이 목숨을 잃었고 거의 모든 건물이 무너져 폐허 상태가 됐다. 그 때문에 대통령이 해외로 도망쳐 사태 수습조차 못하며 국민 대다수가 길거리에 나앉는 더없이 비참한 삶을 살아야만 했다. 이런 무법천지에 온갖 범죄가 만연하고 조직폭력배들이 판을 쳤다.

그들의 비극은 여기서 그치지 않았다. 무정부 상태로 행정 기능이 마비된 상태에서 2021년 7월, 조브넬 모이스(Jovenel Moise) 대통령이 대통령궁에서 콜롬비아 전직 군인들로 이루어진 용병들에게 피살됐다. 이 대통령 암살 사건에는 아이티의 여러 정치인과 영부인까지 가담된 것으로 알려졌다. 영부인도 부상당했지만 기소돼 재판받는 중이다.

투생 루베르튀르(1743~1803) 아이티의 혁명가이다. 지금까지 가장 잘 알려진 흑인 투사들 중의 하나였고, 노예제도를 끝장내고 프랑스로부터 생도밍고(현 아이티)의 독립을 이끌어냈다. 또한 프랑스군의 장군과 생도밍고(산토도밍고의 프랑스어 이름)의 식민 통치자를 역임하기도 했다.

국가의 행정 기능이 완전히 마비되자 수많은 조폭들이 더욱 날뛰기 시작했다. 그들은 가톨릭 성직자들까지 납치하고 무고한 국민 2,500여 명을 마구 죽였다. UN은 통계자료를 통해 그들이 8,400명을 납치하거나 죽였다고 발표했다.

그러한 조직폭력배, 갱(gang)단 가운데 9개 갱단이 가장 세력이 컸다. 그들 9개 갱단이 모여서 이른바 'G9 일가와 동맹국 혁명 세력'이라는 조직을 결성했다. 총두목이자 리더는 아이티의 수도 포르토프랭스에서 활동하는 지미 세리지에(Jimmy Cherizier)라는 전직 경찰관 출신이다.

'G9' 대규모의 갱단은 올해(2024) 수도 포르토프랭스에 있는 교도소를 습격해서 수용돼 있던 자신들의 조직원들을 포함해서 죄수 약 4,000명을 탈옥시켜 온 나라가 또 한 차례 큰 혼란에 빠졌다. 그뿐만 아니라 그들 갱단은 국가기관 등 정부 건물을 불태우고 수도의 국제공항을 비롯한 80% 이상을 장악했다. 또한 그들은 국제사회의 지지를 받는 아리엘 앙리(Ariel Henry) 총리의 사퇴를 요구했다. 그가 사퇴하지 않으면 아이티 내전을 일으켜 대량 학살을 각오하라고 경고했다. 앙리 총리는 국내 현안과 관련해서 케냐의 지원을 받기 위해 아프리카에 갔다가 푸에르토리코까지는 왔지만 귀국하지 못하고 있다. 최근에 그는 사임할 뜻을 밝힌 것으로 알려졌다.

미국을 비롯한 국제사회에서는 자기 나라 국민을 서둘러 아이티에서 철수시키는가 하면 국제연합군 파견을 준비하고 있다고 한다. 또 아이티를 안정시키고 자유선거를 실시할 계획이라고 한다. 그러나 이미 전국을 장악하고 있는 아이티의 갱단들이 얌전하게 물러날지는 의문이다. 그들이 권력을 장악하고 쟁취하기 위해 내전을 펼친다면 아이티는 어찌 될지 바로 앞을 내다볼 수조차 없다. 세계 최초로 조폭들이 지배하는 나라, 아이티의 앞날이 암담하기만 하다.

세상을 놀라게 한 기인(奇人)들

- 5천 년 동안 얼음에 묻혀 있던 고대인 외치
- 예수의 초상
- 외계인에게 납치당한 사람들
- 여자친구를 잡아먹은 일본 남자
- 바위산을 뚫어 길을 만든 인도 남자
- 정글 속에서 29년간 혼자 숨어지낸 일본군
- 평생 아무것도 먹지 않은 수도승
- 세계에서 가장 털이 많은 사람
- 세계에서 가장 많은 자녀를 낳은 남녀
- 히틀러의 그림값은 얼마?

5천 년 동안 얼음에 묻혀 있던 고대인 외치

1991년 9월, 독일인 부부 등반가가 알프스를 등반하고 하산하다가 오스트리아와 이탈리아 국경 지대에 있는 외츠 계곡에서 우연히 얼음에 묻혀 있는 시신을 발견했다. 시신은 얼핏 중년 남성으로 보였으나 사망한 지 무척 오래됐는지 미라 상태로 엎드려 있었다. 부부 등반가는 시신이 매우 오래전에 사망한 등반가나 1차나 2차 세계대전 때 죽은 병사라고 생각했다. 시신의 상체만 드러나 있었기에 깊은 얼음 속에 묻혀 있어서 꺼낼 수가 없었다.

이튿날 경찰 구조대가 도착해서 각종 장비를 이용해서 시신을 꺼내려 했지만 쉽지 않았다. 시신은 무척 두꺼운 얼음과 그 위에 빙하가 겹쳐 있었는데 오랜 세월이 지나면서 빙하가 흘러내려 마침내 모습을 드러낸 것 같았다. 시신은 빙하에 눌려 미라 상태로 납작 엎드려 있었다. 경찰 구조대는 시신을 꺼내려고 노력했지만 갑작스러운 악천후로 포기할 수밖에 없었다.

그리고 사흘 뒤 8명의 산악인으로 구성된 구조대가 현지에 도착해서 온갖 노력 끝에 시신을 꺼내면서 매우 놀랄 일들이 벌어지게 된다. 미라가 된 시신은 뜻밖에도 수천 년 전에 살았던 것으로 보이는 고대인이었다. 그들은 이 미라를 가까운 인스브루크 대학에 인계했다. 대학의 고고학자들로 구성된 연구팀이 시신의 피부조직, 소지품 등을 과학적으로 분석한 결과, 미라는 약 5,300년 전에 살았던 고대인으로 밝혀져 온 세계의 관심이 집중됐다.

사망 원인이 어떻든, 몹시 추운 알프스 계곡에서 얼음과 빙하, 폭설 속에 묻혀 냉동 상태가 되면서 5천여 년 전의 온전한 모습 그대로 발견이 된 것이다. 다만 허벅지와 엉덩이 일부가 야생동물에게 물어뜯겨 약간 훼손돼 있을 뿐이었다. 그는 과연 누구이며 어쩌다 이 매서운 추위와 깊고 외진 곳에서 죽음을 맞게 된 것일까?

5천여 년 전에 살았던 거의 완벽한 냉동 인간을 발견한 것은 고대의 생활상을 살펴보는 데 수많은 실제적인 자료들을 획득하게 됨으로써 고대사회를 연구할 수 있는 획기적인 계기가 됐다. 완전에 가까운 시신뿐 아니라 그가 지니고 있던 무기, 소지품, 의류, 식품 등도 당연히 모두 학자들의 연구 대상이 됐다. 세계적으로 큰 관심을 끌면서 그에게는 수많은 이름이 붙여졌지만 그것들이 통합되면서 '외치(Oetzi)'라는 통일된 이름이 붙여졌다. 그가 발견된 알프스 외츠 계곡의 지명과 설인(雪人)을 뜻하는 예티(Yeti)를 합친 말이라고 한다. 일명 '아이스맨(Ice Man)'이라고도 부른다.

외치의 신체 조건은 나이 45세, 키 160cm, 몸무게 50kg이며 왼손잡이로 갈색 눈동자를 가지고 있었고 혈액형은 O형이었다. 생전의 건강 상태는 좋지 않았다. 신장염, 담석, 기생충, 관절염, 진드기 등에 물린 세균성 질환인 라임병, 치아 질환 등 지병이 많았다. 또한 늑골이 12개로 2개가 부족한 무척 희귀한 유전 질환까지 있었다. 또한 약간 대머리였으며 골절상을 입은 흔적도 있었다.

외치에게는 많은 소지품이 있었다. 작은 도구들이 들어 있는 가죽 가방, 바구니, 나무껍질로 만든 나무 그릇이 있었으며 각종 동물 뼈로 만든 바늘과 공구들이 있었다. 또한 돌로 만든 짧은 칼, 풀로 만든 칼집 등도 있었다. 그가 입었던 각종 의류도 다양했다. 대부분 염소, 양, 사슴, 소 등 갖가지 동물들의 털과 가죽을 이용한 것들이었다. 곰 가죽으로 된 모자, 염소가죽 바지, 소가죽 신발 끈, 사슴가죽 신발, 돌화살, 노루가죽 화살통 등 연구할 만한 것들이 여럿 있었다. 식품도 발견됐는데 훈제 염장 고기, 과일 자두씨였다. 또 가죽끈으로 엮은 버섯도 있었는데 버섯은 식용이라기보다 치료용으로 보였다.

다부진 근육을 가진 외치의 직업은 사냥꾼이었을 것으로 판단됐다. 무엇인가 짊어지고 다니는 직업으로 사냥한 동물과 물물교환을 하면서 생계를 유지했던 것으로 보았다. 특히 그의 몸에는 문신이 아주 많았는데 치장용 문신이 아니라 치료용 문신으로 판단했다. 그의 상처 부위마다 문신이 있어서 주술 치료를 했을 것으로 추정했다. 문신한 부위에 침을 놓은 자국들도 있었다.

외치가 어느 지역 출신이었는지에 관한 연구도 활발하게 이루어졌다. 유전학적 분석에서 부계(父系)로 이어지는 Y염색체는 중앙아시아, 중부

유럽 등지에 자주 보이는 염색체로 지금의 크로아티아에 가장 흔한 염색체였다. 또한 여자, 모계로 이어지는 미토콘드리아 염색체는 유럽, 근동, 북아프리카 등지에 흔한 염색체로 수렵 채집 사회가 아니라 농경 부족 사회에서 살았으며, 알프스에서 그다지 멀지 않은 발칸반도 지역의 주민이었을 것으로 짐작됐다.

가장 관심을 끈 것은 외치의 사망 원인이었다. 그에 대해서는 입장이 다양하고 새로운 견해가 나오고 있어서 아직 확정적인 사망원인은 알 수 없다. 사냥꾼이 도대체 왜 혼자서 그 추운 알프스의 깊은 계곡까지 들어갔다가 죽음을 맞게 됐는지 그 자체가 미스터리니까 사망 원인에 대한 견해도 다양할 수밖에 없다. 그러나 대체로 타살된 것으로 판단하는 견해가 많은데 외치는 왼쪽 어깨에 돌화살을 맞고 그 화살이 폐까지 찔렀기 때문이다. 또 뒤통수에 둔기로 강하게 맞은 것이 직접적 사인이라는 견해도 있다.

아무튼 외치에 방어흔도 있으며 함께 발견된 화살촉, 칼, 의류 따위에 다른 사람 4명의 혈흔이 있는 것으로 볼 때 여러 명과 싸우다가 전사했다는 주장도 있다. 그렇다면 외치는 어떤 족속들과 싸운 것인지 그것 또한 여러 상황을 상상해볼 수 있다. 외치가 여러 명의 동료와 사냥에 나섰다가 자신들끼리 내분이 생겨 동료들이 외치를 죽였을 가능성도 있

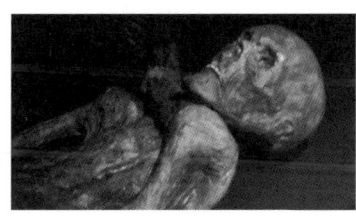

외치 유럽에서 발견된 미라 가운데 가장 오래되었으며 청동기시대에 살았다. 외치의 몸과 함께 발견된 도구들은 이탈리아의 볼차노에 있는 알토 아디게 고고학 박물관에 전시되어 있다.

다. 아니면 여러 명으로 이루어진 다른 족속의 무리와 마주쳐 싸우다가 죽었을 수도 있다. 과연 어떤 경우인지 알 수 없다.

최근에는 실족사했다는 주장까지 나왔다. 외치가 어깨에 화살을 맞고 둔기로 머리를 타격받은 것은 사실지만 그때까지는 살아 있었는데 높은 곳에서 발을 헛딛거나 미끄러져 실족사했다는 것이다. 그의 사망 원인이 어떠하든, 외치가 왜 그 깊은 알프스 계곡까지 가게 됐는지 그것이 궁금하다. 외치가 어떤 무리에게 붙잡혀 그 험준한 곳까지 끌려갔을 것 같지는 않다. 그가 물물교환하는 사냥꾼이었다고 하는데 교환할 만한 물품을 지니고 있진 않았다. 상상력을 동원하여 추측하건대 물품을 교환하려고 험준한 알프스 계곡이지만 지름길을 이용하다가 다른 무리들과 맞부딪쳐 그들에게 살해당하고 물품도 빼앗긴 것이 아닌가 하는 생각이 든다. 또는 죽지는 않았지만 크게 상처를 입은 몸으로 계곡에서 빠져나오려다가 실족사했을지도 모른다.

외치가 세계적으로 유명해지고 학자들의 연구가 활발해지면서 소유권을 놓고 오스트리아와 이탈리아가 서로 치열하게 경쟁을 벌여 법정투쟁까지 갔으나 발견된 장소가 항공촬영 결과 이탈리아 국경으로 93m 안쪽에 있어 이탈리아의 소유가 됐다. 그 때문에 현재 이탈리아의 한 고고학 박물관에 보존하게 된 것이다.

외치를 처음 발견한 독일 등반가 부부도 화제에 오르며 법적으로 보상을 요구한 끝에 승소했다. 하지만 남편은 지난 2004년 등반 도중에 사망했다. 또한 외치를 구조했던 대원들이 잇따라 사망하면서 '아이스맨의 저주'라는 괴담이 나돌기도 했다.

외치를 처음 발견한 독일 등반가가 알프스 등반 도중 사망한 그다음 날 등반가의 조수도 심장마비로 사망했다. 외치를 관찰했던 법의학자도 의문의 교통사고로 사망했으며 그를 외치가 있는 곳까지 안내했던 30년 경력의 산악인도 산에서 의문의 죽음을 맞았다. 외치의 사진집을 제작했던 사진작가도 뇌종양으로 사망했으며, 외치 연구팀을 이끌던 고고학자도 갑자기 사망했고, 외치를 연구한 학자도 자택에서 숨진 채 발견됐다.

그렇게 모두 7명이 갑작스럽게 죽음을 맞았다고 한다. 그야말로 외치의 저주, 아이스맨의 저주라는 말이 나올 만하다.

예수의 초상

석가모니, 공자, 소크라테스 등 옛 성인들의 실물 사진이 남아 있을 리 없다. 역사적 기록 등에 그들의 용모에 대한 기록이 있다면 그것을 바탕으로 상상의 초상화를 그린 것뿐이다. 어쩌면 그것들은 '몽타주'라고 할 수 있다. 범죄자 수배에 활용되는 몽타주가 실존 인물의 얼굴과 완전히 일치하는 것은 아니다.

예수그리스도 역시 그렇다. 지금 모든 기독교(가톨릭, 개신교) 기관이나 단체들에 십자가와 함께 예수의 초상화가 걸려 있다. 그 얼굴 모습은 서양의 백인 중년 남성이다. 과연 그 모습이 예수의 실제 모습일까? 아프리카에는 흑인 예수의 초상화도 있다지만 역시 상상 속의 모습이고 실제의 예수 모습과는 큰 차이가 있다는 것이 일반적인 견해.

사실 화가의 처지에서 예수의 얼굴을 상상해서 그리기는 매우 어렵다. 가장 중요한 것이 예수의 이미지를 잘 나타내야 한다. 자비롭고 인자하면서도 카리스마가 있어야 하고, 카리스마가 있으면서도 포용력과 친근감이 있어야 하며, 총명하면서도 오만하거나 도도하지 않고, 신뢰감을 주는 과묵하면서도 말을 설득력이 있게 잘하는 인물, 키가 너무 작아도 안 되고 너무 커도 안되고, 너무 뚱뚱해도 안 되고 너무 말랐어도 안 되고…. 예수는 중동의 아랍계 셈족 출신이기 때문에 아랍 민족의 용모 등등, 생각해야 할 요소들이 무척 많은데 그런 요소들을 모두 포함해서 초상화를 그린다는 건 대단히 어려운 작업이다.

유럽을 기독교가 지배하던 시대에도 마땅한 예수의 초상이 없었던 것 같다. 따라서 교황은 당대의 유명한 화가들에게 예수의 초상을 의뢰했지만 바람직한 성과를 얻지 못했는데 15세기 말, 그 시대 최고의 화가 이탈리아의 레오나르도 다빈치가 <최후의 만찬>을 의뢰받으면서 기이한 현상이 일어났다.

1491년 새로운 수도원을 지은 로마교황청은 수도원에 벽화를 그릴 화가를 찾았다. 당연히 명성이 높았던 피렌체의 다빈치가 먼저 선발됐다. 교황청은 다빈치에게 성서 속에 있는 예수와 제자들의 만찬 모습을 벽화로 그려줄 것을 의뢰했다. 이것이 <최후의 만찬>이다. 예수가 혹세무민의 죄목으로 로마군에 붙잡혀 처형당하기 하루 전 상황이다. 예수는 12명의 제자와 마지막으로 만찬을 가졌다. 이 만찬의 진행 과정에는 신약의 복음서마다 약간의 차이가 있지만 거의 엇비슷하다.

이 자리에서 예수는 제자들 가운데 배신자가 있다는 것을 암시했다. 그리고 빵과 포도주를 들어 기도한 뒤 제자들에게 빵을 조금씩 나눠주며 "받아 먹으라 이것은 내 몸이다." 하고, 또 포도주잔을 제자들에게 돌리며 "너희는 모두 이 잔을 받아 마셔라. 이것은 나의 피다. 죄를 용서해주려고 많은 사람을 위하여 내가 흘리는 계약의 피다."라고 말했다. 가톨릭의 미사 영성체 의식에서는 신부가 반드시 이 구절을 진행한 뒤 신자들은 성체를 상징하는 조그만 밀떡(전병)을 받아 먹는다.

'최후의 만찬' 벽화를 의뢰받은 다빈치는 크게 고심했다. 제자들의 얼굴 생김새도 어떤 근거가 필요하지만 특히 예수를 어떻게 그릴 것인가, 또 배신자 가룟 유다는 어떻게 표현해야 할지 오랜 시간을 고심했다. 그는 그림의 모델로 쓰일 사람을 무려 1년 동안이나 찾아다녔다. 그리고 수소문 끝에 예수의 모습을 상징할 만한 순수하고 선하게 생긴 19세의 청년을 찾아내 '최후의 만찬'을 그리기 시작했다고 한다. 우리가 <최후의 만찬> 그림을 보면 예수는 서양인의 모습이다.

다빈치는 무려 6년이 걸려 예수와 제자들의 모습을 그렸다. 마지막으로 가룟 유다만 남았다. 배신자를 어떻게 표현할지, 그를 그린다는 것은 무척 어려운 일이었다. 다빈치는 예수의 모델을 찾았듯이 유다의 모델을 찾으려고 온갖 노력을 다했다.

이 소식을 들은 로마 시장이 다빈치에게 "로마의 지하 감옥에서 사형을 기다리고 있는 많은 죄수 가운데서 모델을 찾아보는 게 어떻겠소?" 하고 건의했다. 다빈치는 선뜻 시장의 건의를 받아들였다. 가장 잔인하고 악랄한 살인을 저지른 사형수들의 감옥을 찾아가 가룟 유다의 이미지에 맞는 한 죄수를 찾아냈다.

다빈치는 7년이나 걸린 <최후의 만찬> 마무리 작업에 온 힘을 쏟았다. 마지막 가룟 유다까지 마무리한 다빈치는 죄수에게 이제 감옥으로 돌아가도 좋다고 말했다. 그러자 그는 다빈치 앞에 무릎을 꿇더니 입을 열었다.

"다빈치 님, 혹시 저를 모르시겠습니까?"

다빈치가 사형수를 천천히 살펴보고 말했다.

"난 당신 같은 사람을 만난 적이 없소."

그러자 사형수는 다빈치가 무려 7년이나 걸린 <최후의 만찬>을 가리키며,

"6년 전, 저 그림에 그려진 예수의 모델이 바로 저였습니다."

그야말로 기이한 일이었다. 성스럽고 순수한 19세 청년으로 예수의 모델이 됐던 그가 살인마가 됐고 가룟 유다의 모델이 됐다. 이런 우연이 또 있을까? 인간의 용모는 그의 인생 행로에 따라 성자의 얼굴이 되고

최후의 만찬 레오나르도 다 빈치가 그의 후원자였던 루도비코 스포르차 공의 요청으로 그린 그림이다. 이 작품은 성경에 등장하는 예수의 마지막 날 있었던 최후의 만찬의 정경을 그린 것이다. 그림은 밀라노에 있는 산타 마리아 델레 그라치에 성당 수도원의 식당 벽화로 그려졌다.

악마의 얼굴이 되었던 것이다. 큰 충격을 받은 다빈치는 그 뒤부터는 예수에 대한 그림을 더 이상 그리지 않았다고 한다.

지금까지 예수의 초상은 대부분 잘생긴 장발의 백인 남성 모습으로 중동의 아랍인 모습과는 차이가 있다. 네덜란드의 세계적인 화가 렘브란트도 예수의 초상을 그렸다. 그는 유대인 거주 지역의 30대 남성들을 관찰한 끝에 예수의 초상을 그렸다고 하지만 머리가 검은 백인에 가까웠다.

영국 맨체스터 대학의 법의학자와 이스라엘 고고학자들이 2천 년 전 셈족 평균 얼굴을 분석해서 예수의 초상을 만들었는데 현재의 널리 알려진 예수의 초상과는 큰 차이가 있다. 백인이 아니라 짙은 갈색 피부에 검은 머리, 얼굴에는 검은 털과 수염이 가득하고 얼핏 노동자나 사냥꾼을 연상케 하는 모습이다. 원래 예수가 잘생긴 얼굴은 아니라고 성경의 복음서에도 기록돼 있고 키도 160cm가 안 됐던 것 같다. 그 시대에는 평균적으로 키가 작았고 수명도 짧았다.

우리는 예수의 얼굴에 대해 대부분이 머릿속에 떠올리는 모습이 있다. 일반적으로 가장 흔한 모습이 장발의 백인 미남일 것이다. 우리에게 가장 널리 알려진 예수의 초상은 1940년 미국 시카고의 저명한 화가 워너 샐먼(Warner Sallman)이 그린 것이다.

그는 병원에서 림프샘 결핵으로 3개월쯤 더 살 수 있다는 시한부 선고를 받았다. 한창나이에 앞으로 석 달밖에 더 살 수 없다니 그는 절망에 빠지고 말았다. 가수였던 그의 부인은 임신 중이어서 한층 더 실의에 잠길 수밖에 없었다.

그런데 그의 부인이 "여보, 3개월밖에 못 산다고 생각하지 말고 3개월을 허락해주셨다고 생각하면서 감사한 마음으로 살아가요." 하고 위로하고 사기를 북돋아주는 것이었다. 샐먼은 감동했다. 남아 있는 3개월을 모든 것을 감사하며 살겠다고 다짐했다.

마침 어느 신학교에서 그에게 예수의 초상을 그려달라는 부탁을 해왔다. 그는 온갖 정성을 다해 <Head of Christ>라는 예수의 초상을 그렸다. 이 초상화가 놀라운 반응을 보이면서 당장에 500만 점이 팔려나갔으며 세계 곳곳에 5억 점 이상이 팔려 빅셀러가 되었다.

이 초상이 바로 세계적으로 가장 널리 알려진 예수의 초상이다. 지금도 성당이나 교회에 걸려 있는 예수의 초상이 바로 샐먼의 작품이다. 샐먼에게도 기적이 일어났다. 그의 림프샘 결핵이 씻은 듯이 나은 것이다.

외계인에게 납치당한 사람들

적어도 20세기 이후, 전 세계 사람들이 가장 큰 호기심과 관심이 있는 것이 외계인과 관련된 일명 비행접시, UFO일 것이다. 알다시피 UFO는 Unidentified Flying Obeject의 첫 글자로 미확인비행물체를 뜻한다. 근래에 와서 미국을 중심으로 UAP라고도 부른다. UAP는 Unidentified Aerial(Anoumalous) Phenomena의 첫 글자로 '미확인 공중 현상'을 뜻한다. 흔히 말하는 비행접시뿐만이 아니기 때문이다. 여기서는 편의상 UFO를 사용하겠다.

일찍부터 하늘에서 UFO를 목격했다는 사람들은 세계 곳곳에서 헤아릴 수 없이 많다. 우리나라에도 있다. 또한 UFO를 관찰하고 연구하는 단체들도 수없이 많다. 하지만 대다수의 미확인비행물체는 전문가들에 의해 특별히 발생한 기상 현상이거나 군사용 비행물체, 착시 현상 등으로 밝혀졌지만 여전히 그 정체를 밝혀내지 못한 미확인비행물체들도 많다.

　전 세계 어디서나 미확인비행물체 또는 비행접시라고 하면 당장 머릿속에 떠올리는 것이 외계인이다. 과연 머나먼 외계의 행성에서 외계인이 지구를 찾아온 것일까? 그것이 사실이라면 지구가 발칵 뒤집히는 대이변이 일어날 것이다.

　외계인들이 지구에 왔었다는 흔적은 고대에서부터 많이 있어 왔다. 심지어 이집트의 피라미드나 페루의 기하학적이고 한쪽 변의 직선 길이가 1km가 넘는 초대형의 나스카 지상화도 외계인들이 남긴 것이라는 주장도 있었다. 지금도 외국의 어느 다큐멘터리 채널에서는 외계인의 흔적을 시리즈로 방영하고 있다.

　더욱이 근래에 이르러서도 외계인의 비행물체에 납치당했었다는 주장이 여러 차례 제기되었다.

　1973년 10월, 미국 미시시피강에서 두 명의 농부가 낚시를 하고 있었다. 그들은 물고기를 많이 잡아 기뻐하면서 자리에서 일어서려고 할 때 뒤에서 무엇인가 윙윙거리는 소리가 들렸다. 고개를 돌려 소리가 나는 곳을 보려는 순간 허공에 커다란 비행접시가 떠 있는 것이 보였다. 크기가 20m쯤 돼 보이는 무척 큰 비행접시였다.

　농부들은 깜짝 놀라 사냥총을 들고 겨냥했는데, 비행접시의 문이 열리더니 세 명의 외계인이 아래로 내려오는 것이었다. 그들은 인간들보다 훨씬 작았고 주름진 회색 피부에 눈과 입이 매우 작았다. 그들은 허공에서 천천히 아래로 낙하하더니 농부 두 명을 움켜잡아 비행접시 안으로 끌어들였다. 농부들은 몸이 얼어붙은 듯이 꼼짝도 하지 않아 어쩔 수 없이 비행접시 안으로 끌려갔다. 농부들이 낚시를 끝냈을 때가 저녁 무렵이었지만 강물과 푸른 하늘이 보였는데 비행접시에 끌려들어 가는 순간, 캄캄하게 어두워지더니 곧 우주로 바뀌는 것을 보고 몹시 놀랐다. 키가 작은 외계인들이 농부들을 철제 테이블에 눕혔다. 그리고 여러 가지 도구들을 늘어놓았다. 수술 도구 같았다.

이어서 문이 열리더니 이번에는 키가 2m가 넘을 것 같은 외계인이 들어오는데 의사 같았다. 그는 키가 작은 외계인들이 늘어놓은 도구들로 농부의 몸을 가르고 뭔가를 하기 시작했다. 아무런 고통이 없었다. 그는 40여 분 동안 두 명의 농부를 상대로 수십 가지의 생체 실험을 했는데 마취하지 않은 것 같았는데도 아무런 통증도 없었고 기억조차 생생했다.

이윽고 수술을 통한 생체 실험이 끝났는지 비행접시가 지상으로 내려가더니 두 명의 농부를 내려놓고 다시 허공으로 떠올라 깜짝할 사이에 시야에서 완전히 사라져 버렸다. 농부들은 이러한 사실들을 당국에 고발해서 세상에 알려지면서 미국에서 큰 충격과 함께 엄청난 화제를 불러일으켰다.

이 같은 사실을 살펴보면 순진한 농부들이 터무니없는 거짓말을 했을 리가 없다. 두 명의 농부가 외계인과 비행접시 얘기를 서로 짜 맞추고 꾸몄을 까닭도 없다. 그렇다면 이 충격적인 외계인 체험이 사실일까? 글쎄, 그들의 얘기를 완전히 믿을 만한 아무런 증거도 없으니 정확한 판단을 할 수도 없다.

외계인에게 납치당했다는 사례는 이들 농부보다 10여 년 전에도 미국에서 있었다.

1961년 9월 뉴햄프셔주에 사는 바이 힐과 베티 힐 부부가 캐나다에서 휴가 여행을 마치고 자신들의 승용차로 귀가하는 도중이었다. 집에 거의 가까이 왔을 때 차창으로 보이는 하늘에 빛이 쏟아지는 원형 물체가 눈에 띄었다. 밤늦은 자정 무렵인데 저렇게 강렬한 빛을 내다니!

힐 부부는 놀랍기도 하고 호기심이 생겨 차에서 내렸다. 그리고 쌍안경으로 원형 물체를 관찰했더니 원반형으로 생긴 비행물체에 창문이 여러 개 달려 있었다. 창문을 통해 보이는 비행물체 안에는 검은 제복을 입은, 사람처럼 생긴 생명체들이 여러 명이 있는 것이 보였다. 그런데 비행물체가 갑자기 힐 부부를 향해 하강하기 시작했다. 그 때문에 잔뜩 겁에 질린 부부가 급히 승용차에 올라타고 전속력으로 달렸는데 정체를 알 수 없는 비행물체에 잡혔다는 것이다. 안타깝게도 힐 부부는 점점 기억이 희미해져서 그 뒤에 벌어진 상황은 제대로 기억할 수 없었다는 것이다.

아무튼 얼마 뒤, 힐 부부는 그들의 집에 도착했는데 시간을 보니 무려 2시간이 흘렀다는 것이다. 이상한 비행물체가 하강하는 것을 보고 급히 차를 몰았기에 불과 5분이면 도착할 거리였다. 그런데 두 시간이 걸리다니? 힐 부부는 몹시 의아해서 그 생각이 머릿속에서 떠나지 않았는데 잠이 들면 빛을 발산하는 비행물체에 납치되는 꿈을 계속해서 꾸게 되고 몸이 점점 눈에 띄게 쇠약해져 갔다. 병원에서도 그 원인을 알아내지 못했다.

힐 부부는 그 이해할 수 없는 2시간에 문제가 있다고 생각하고 보스턴에 있는 유명한 정신병리학자 벤저민 사이먼 박사를 찾아갔다고 한다. 힐 부부로부터 자초지종을 들은 사이먼 박사는 큰 관심을 보이면서 최면요법을 실시해보자고 했다. 그런데 그 결과가 너무도 충격적이었다고 한다.

종합하면 힐 부부는 외계인들을 직접 봤다는 것, 외계인은 머리가 무척 크고 얼굴 대부분은 이마와 눈이 차지하고 입술과 코는 보이지 않았다는 것, 부부는 자신들이 납치돼 어디론가 끌려갔는데 이상하게 온몸을 꼼짝도 할 수 없었고, 외계인들이 부부의 치아, 눈 따위를 세밀하게 관찰하고 머리카락, 손톱 등을 채취하는 생체 실험을 했다는 것이다.

더욱 놀라운 것은 베티 힐이 리더로 보이는 외계인과 잠시 마주할 기회가 있었는데 리더는 지도까지 펴놓고 자신들의 고향인 우주의 어느 행성을 위치와 그림을 그려가며 자세하게 설명했는데 베티 힐은 기억을 더듬어 그 행성의 그림을 다시 그렸다. 그런데 놀랍게도 그 행성이 '제타 레티쿨리'(Zeta Reticuli)라고 이름 붙인 외계의 행성이었다. 이 행성은 실제로 존재하며 지구에서 39광년 떨어진 곳에 있는 외계의 행성이라고 한다.

또 있다. 미국 애리조나주의 어느 목수도 외계인들에게 납치당다고 한다. 1975년 11월, 이 목수가 산에서 벌목하는 도중에 나무들 사이로 강렬한 빛이 쏟아지는 것을 발견하고 그곳으로 가까이 다가갔다가 행방불명이 됐다. 그리고 5일 뒤에 나타났지만 그동안 있었던 일을 전혀 기억하지 못했다고 한다. 그리하여 역시 최면요법을 사용했더니 당시 어디에서도 본 적이 없는 생명체를 만났다고 했다. 그 생명체는 지나치게 큰 눈을 가지고 있었는데 눈자위는 없고 눈 전체가 동공뿐이었다고 했다. 그들은 목수를 어디론가 데려갔는데 목수는 자신이 무슨 일을 당했는지 전혀 기억하지 못하고 5일 후에야 외계인들에게 납치당했던 것을 알게 됐다고 한다.

외계인들에게 납치당했다고 주장하는 인물들을 모두 거짓말탐지기로 조사했지만 결과는 한결같이 '진실'로 나타나 그때마다 온 세계에 큰 화제가 됐었다. 이와 같은 외계인에 의한 납치설에 대해 많은 전문가가 납치됐다는 사람들이 자신들의 악몽을 재구성한 것, 스트레스로 인한 환각, 뇌의 착각이라는 등의 부정적 견해를 내놓았지만, UFO 연구 단체들은 사실일 가능성이 매우 높고 납치자들의 기억 단절은 공통된 현상이라고 주장한다.

그런데 공교롭게도 이러한 외계인 납치 사건의 대다수가 미국에서 일어난 일들이다. 하기는 미국 이외의 나라에서도 외계인에게 납치당했다는 사람들이 있지만, 이처럼 미국의 외계인에 의한 납치설이 많은 것은 무슨 까닭인가?

제2차 세계대전이 끝난 직후 1947년 7월, 미국에서 뜻밖의 사건이 일어났다. 뉴멕시코주 로즈웰(Roswell)이라는 지역에 사는 목장 주인이 자신의 목장에서 갑자기 무엇인가 떨어지는 큰 굉음이 들려 달려가 봤더니 이상한 비행물체의 잔해와 함께 사람 비슷한 기이하게 생긴 시신을 발견하고 보안관과 지역신문에 이 사실을 알렸다.

보안관은 다시 그 지역에 주둔하고 있는 육군항공대에 보고했고, 그들이 비밀리에 현장을 조사하고 잔해들을 수거한 뒤 아무런 발표도 하지 않았다. 그런데 지역 언론에 그 사실이 보도되자 육군항공대는 UFO가 추락했다고 발표했다가 곧이어 군사용 풍선이 추락한 것이라고 말을 바꾸고 은박지, 종이, 테이프, 막대 같은 잔해 수거물을 공개했다. 외계인의 시신이 발견됐다는 주장에 대해서는 실험용 인체모형을 오인한 것이라고 했다.

그러자 여론이 들끓었다. UFO가 추락하고 외계인 시신이 발견됐는데 미군이 이 사실을 숨기고 있다는 주장에 대해 미국 정부는 공식 태도를 보이지 않고 침묵했다. 이것이 유명한 '로즈웰 사건'이다.

이 사건이 있고 나서 미국에서는 UFO에 관한 관심이 한층 더 크게 높아졌다. 그 때문인지 끊임없이 쏟아지는 UFO 목격담도 미국에서 가장 많았다. 그러나 역시 대부분의 목격담이 전문가들에 의해 풍선 같은 지구상 물체, 군사용 기구, 기상 변화에 따른 착시 현상 등으로 과학적 근거가 밝혀졌지만, 여전히 원인을 밝히지 못해 미스터리로 남아 있는 것들도 많다. 미국에서 1952~1969년, 17년 동안 무려 1만 2천 건이 넘는 UFO 목격담이 있었다. 그 가운데 대부분이 과학적으로 원인이 밝혀졌지만 약 5%인 701건은 아직도 원인을 밝혀내지 못하고 있다.

미국 네바다주 라스베이거스에서 약 130km 떨어진 곳에 미국 공군의 비밀 시설이 있다고 한다. '51구역(Area 51)'이라는 익명으로 불리는 이 비밀 군사시설은 각종 무기 실험 등, 미국 정부의 비밀 프로젝트들이 추진되고 있는 곳이라고 미국 정부가 공식으로 발표하기도 했다.

그런데 이 '51구역'에서는 UFO와 외계생명체에 관한 연구가 비밀스럽게 이루어지고 있다는 상당히 설득력 있는 견해가 있다. 물론 그에 대해서 미국 정부는 아무런 공식적인 의견도 내놓지 않고 있었다. 하지만 정확한 사실을 공개하라는 여론이 높아지고 많은 UFO 연구 단체가 정보를 공개하라고 요구했다.

더구나 미국의 유력한 일간지 '뉴욕타임스' 등이 미국 국방부가 10년 이상 UFO 전담 부서를 운영하면서 이러한 사실을 은폐하고 있다고 폭로하고, 미국 의회에서조차 미국 정부가 확보한 UFO와 외계인에 대한 모든 정보를 공개해야 한다고 의결하자 어쩔 수 없이 미국 정부가 입을 열었다.

미국 정부는 UFO의 실체를 규명하기 어렵지만 국가 안보 문제가 될 가능성이 있다라면서, "UFO의 존재 자체를 부정할 수는 없는 사실이지만, 아직 정보가 부족해서 그것이 무엇인지 정확하게 규정할 수는 없다."라고 공식적으로 발표했다.

51구역의 경고문 51구역에서 미국 정부 및 미군이 중요하면서도 극비로 해야 할 일을 하고 있는 것은 명백하고, 실제로 '무단 침입 시 발포함', '촬영 금지' 등의 경고 간판이 주변에 많이 존재한다.

우주에는 무려 수천억 개의 별(행성)들이 있다. 이 행성들 가운데 우리 지구처럼 생명체가 존재할 수 있는 행성들이 있다는 것은 당연하다. 그것을 부인하는 학자는 단 한 명도 없다. 그들은 "우주가 탄생한 것은 약 140억 년 전이다. 지구는 약 45억 년 전에 탄생했다. 그렇다면 우주에 생명체가 존재할 행성들이 수없이 많다는 것은 100% 사실이다."라고 입을 모으고 있다. 다만 생명체가 있지만 고등 생명체, 우리 인간과 같은 지적 생명체가 존재할까?

이론적으로는 가능하다. 왜냐 하면 그 숱한 생명체가 존재할 가능성이 있는 행성들 가운데 지구보다 훨씬 먼저 탄생한 행성들도 수없이 많기 때문이다. 더욱이 그 행성들에 지적 생명체가 존재한다면 우리가 상상하기 어려울 만큼 과학이 발달해서 우주탐사도 우리가 상상할 수 없는 상당한 수준에 이르렀을 것으로 추측할 수 있기 때문이다.

우리 지구의 과학자들은 우주의 행성들 가운데 생명체가 존재할 가능성이 있는 행성을 집중적으로 찾고 있다. 대표적으로 지구처럼 생명체가 태어나기에 적당한 온도를 지닌 '골디락스 존(Goldilocks Zone)'을 중심으로 탐사를 계속하고 있으며 여러 국제 천문대에서 우주를 향해 지속해서 전파를 보내고 있다. 그러나 바이러스 같은 미생물이 존재할 수 있는 행성은 지목하고 있지만, 고등 생명체나 지적 생명체가 존재할 만한 외계의 행성은 아직까지 찾아내지 못하고 있으며 외계에서 유의미한 어떠한 전파도 수신하지 못하고 있다고 알려졌다.

광활한 우주는 무한대다. 행성과 행성 사이의 거리가 너무 멀다. 지구에서 가장 가까운 외계의 행성도 몇십 광년이나 떨어져 있다. 아무리 과학이 상상할 수 없을 만큼 발달해도 속도가 빛의 속도를 능가하는 것은 불가능하다고 한다. 우리가 상상조차 할 수 없는 방법으로 외계인들이 지구에 왔었다면 그들은 왜 지구인들과 소통하려고 하지 않고 그냥 사라졌을까?

외계의 어느 행성에서도 지구까지 올 수가 없고 지구에서 그런 행성에 갈 수 없다. SF소설이나 <스타트랙> 같은 영화에서나 가능할 뿐이다. 어쩌면 외계 행성들의 거리는 시공간을 뛰어넘을 수 없게 설계된 것인지도 모른다.

역시 과학자들의 말같이 "외계에 생명체가 존재할 가능성은 100%다. 그러나 외계인과 우리 지구인이 만날 가능성은 없다."가 맞을 것 같다. 물론 먼 미래는 우리가 알 수 없지만 적어도 우리 세대에 그런 일은 가망이 없을 것 같다. 그런 까닭에 외계인의 납치설은 아무런 근거도 찾지 못한 미스터리로 남을 것이 거의 분명해 보인다.

여자친구를 잡아먹은 일본 남자

식인(食人)은 동물이나 다름없었던 인류의 오랜 풍습이다. 아프리카 오지나 아마존 정글에 동떨어져 사는 원시 부족들은 근래에 이르기까지 식인 풍습을 이어왔다. 예컨대 다른 부족과 전투하게 되면 적군 포로를 잡아먹었다. 여자들도 납치해서 잡아먹었다.

물론 이런 야만적인 풍습은 지금은 찾아보기 어려울 것이다. 더욱이 문명이 발달한 나라들에서는 있을 수 없는 일이다. 그런데 개명한 20세기에 자기 연인인 여성을 잡아먹은 일본 남자가 있다. 기이한 것이 아니라 기괴한 것이다. 그의 이름은 한때 세상을 놀라게 했던 사가와 잇세이(佐川一政)이다. 그가 여자친구를 잡아먹었다니 도대체 무슨 말인가?

사가와는 1949년 일본 고베(神戶)에서 태어났다. 무척 늦둥이, 미숙아였다. 자기 위로 여자아이가 있었지만 열흘 만에 죽었다. 그리고 남동생이 있다. 아버지가 사업가였기에 매우 부유하고 유복한 가정에서 성장했다. 머리가 좋아서 공부를 잘했다. 하지만 집안에 어떤 유전병이 있는지, 고등학교 시절부터 정신 건강에 문제가 있었다. 정신과 병원에서 성도착 증세를 보이는가 하면 의사에게 인육(人肉)에 관심이 있다고 하는 등, 일반 상식으로는 이해할 수 없는 정신적 이상 증세를 보였지만 의사는 너무 말 같지 않은 소리여서 무시했다고 한다. 그럼에도 공부는 열심이어서 와코 대학 문학과를 졸업하고 간세이가쿠인 대학원에서 영문학을 전공, 석사학위를 땄다. 이어서 프랑스로 유학, 파리 제3대학에서 영문학 석사학위를 획득하고 박사과정에서 비교문학을 전공했다.

아무것도 부러울 필요가 없었던 사가와에게 한 가지 콤플렉스가 있었다면 자신의 너무 왜소한 체격이었다. 성인이 되어서도 키가 겨우 145cm, 몸무게가 35kg으로 초등학교 고학년이나 중학교 저학년 수준이었다. 겨우 난쟁이라는 소리를 피할 수준이다. 그는 상대적으로 키가 큰 서양 여성을 선호했지만 너무 키가 작아 서양 여성들로부터 외면당했다.

그럼에도 변함없이 키 큰 서양 여성을 선호하면서 1972년에는 숙소 근처에 사는 독일 여성을 잡아먹을 목적으로 그녀의 집에 침입했지만, 왜소한 체격 때문에 오히려 독일 여성에게 제압당하고 붙잡혀 고발당했다. 물론 독일 여성이나 프랑스 경찰도 사가와가 인육을 먹을 목적이었다는 것은 상상도 못했고 강간이 목적이었을 것으로 판단했다. 그러나 미수에 그쳤고 아버지가 거액의 합의금을 지급해 고소가 취하된 적이 있었다.

체격이 큰 서양 여성들이 너무 작고 왜소한 사가와를 외면하는 것은 이해하지 못할 일은 아니었다. 같은 비교문학전공 박사과정의 클래스메이트인 네덜란드에서 유학 온 르네 하르테벨트(Renee Hartevelt)만은 좀 달랐다. 그녀는 키가 178cm로 덩치가 큰 25세의 여성이었다. 사가와가 끊임없이 호의를 보이자, 그녀는 사가와를 동정하듯 비교적 가깝게 지냈다. 사가와에게는 거의 유일한 여자친구였다. 하지만 그녀도 사가와가 인육에 큰 관심이 있어서 자신에게 호의를 보일 줄은 전혀 상상하지 못했다.

1981년, 사가와는 32세였다. 그는 르네에게 독일 시(詩) 해석을 도와달라는 구실을 만들어 숙소로 초대했다. 저녁을 함께한 뒤, 문학 얘기를 하다가 그녀가 독일 시를 읽는 틈에 뒤에서 목에 소총을 쏴 살해했다. 사가와는 평소에 늘 백인 여성의 엉덩이를 먹고 싶어 했다. 그는 여자친구의 시신을 먹기로 결심하고 먼저 그녀의 엉덩이를 깨물었는데 너무 단단해서 베어먹을 수가 없었다. 그러자 그는 시신을 그대로 놔두고 근처 상점에 가서 정육용 칼을 사고 돌아와 시신을 토막을 내기 시작했다.

엉덩이를 도려내 날것으로 먹었는데 너무 맛있었다고 한다. 그는 엉덩이뿐 아니라 그녀의 가슴과 여러 부위를 요리해서 먹었다. 그리고 나머지는 냉장고에 넣어놓고 식사 때마다 꺼내 먹었다. 그렇게 그녀의 신체 거의 모든 부위를 먹었다고 한다. 여성 신체의 부위별 맛의 차이에 대해서는 그가 쓴 자서전 격인 책에 상세히 기록했다고 한다.

시신을 대부분 먹어 치우고 머리와 뼈 같은 부위는 여행용 가방에 넣고 근처의 연못을 향했다. 택시 기사가 몹시 왜소한 아시아 남자가 크고 무거운 여행용 가방을 옮기는 것을 이상하게 생각하고 무심하게

"혹시 시체를 유기하려고 근처 공원에 가시는 겁니까?"

하고 농담처럼 말했는데 결과적으로 택시 기사의 느낌이 맞았다.

시신 일부를 담은 여행용 가방이 그 근처를 조깅하던 두 사람에 의해 발견되자 파리 수사당국은 범인으로 사가와를 특정했다. 그의 숙소에서는 조리 흔적, 남아 있는 시신 일부가 발견되고 여성의 신분증도 발견됐다. 수사가 시작된 것을 알아차린 사가와는 은행의 돈을 모두 찾고 일본으로 도주하려고 했지만 곧바로 체포됐다.

그는 명백한 증거들로 꼼짝없이 자신의 범행을 자백했다. 수사당국에서는 그의 살인과 식인에 매우 놀랐지만 너무 왜소한 그의 체격에 다시 한 번 놀랐다. 도저히 그런 끔찍하고 야만적인 범죄를 저지를 만한 인물이 아니었다. 결국 수사당국에서는 그의 정신감정을 병원에 의뢰했다. 병원의 의사도 마찬가지였다. 정상인으로 보이지 않았다. 의사는 사가와가 한 살 때 앓은 장염의 흔적을 뇌염으로 오진하고 그가 심신상실이라고 판정했다. 수사당국은 심신상실이라면 처벌이 어렵다고 판단해 그를 불구속 기소했으며, 판사는 사가와에게 무죄를 선고하고 정신병원에서 무기한 입원 조치를 판결했다.

정신병원에서 사가와는 틈틈이 자신의 상세한 범죄 기록이 담긴 자서전격의 <안개 속>이라는 책을 썼는데 이 책이 베스트셀러가 돼서 그는 큰돈을 벌었다. 그리고 3년 뒤 프랑스로부터 국외 추방을 당해 일본으로 돌아와 일본의 마스자와 병원에 입원했다. 병원에서는 다시 그의 정신을 감정했는데 프랑스와 달리 정상이었다.

그러자 일본은 물론 유럽에서 난리가 났다. 그의 야만적인 범행에 큰 충격을 받고 화제가 집중되었지만, 사가와가 정신이상이라는 프랑스의 판결 때문에 참고 있었는데 그가 정상이라니, 일본이 발칵 뒤집혀 강력하게 재수사를 요구하는 여론으로 들끓었다. 그에 따라 일본 수사당국은 사가와를 처벌하기 위해 프랑스 측에 수사 기록을 요청했지만, 프랑스는 무죄 선고의 경우 어떤 수사 기록도 줄 수 없다고 해 일본 당국도 처벌할 수가 없었다. 사가와는 일본 병원에 입원한 지 2년 뒤인 1986년 아무런 범죄 기록도 남기지 않은 채 퇴원했다.

사가와는 유명 인사가 됐다. 그의 야만적이고 끔찍한 범행 기록이 담긴 <안개 속>은 대중들의 호기심으로 일본에서 베스트셀러가 됐으며 수많은 방송에 출연했고 CF까지 찍으며 마치 대단한 스타처럼 활동했다. 그는 여러 방송에 출연하며 인육 맛이 어떻다든가 어느 부위가 제일 맛있다든가, 아무런 죄책감도 없이 웃고 떠드는 등 엽기적인 일이 반복되었다. 뿐만 아니라 사가와의 살인과 식인을 소재로 만든 영화는 물론 만화까지 등장했다.

그럴 때 유럽에서는 사가와가 일본에서 정신 상태의 정상 판정을 받자 언론들이 이 사실을 집중적으로 보도하면서 그를 비난하는 여론이 들끓었다. 아시아 남성과 사귀고 있는 여성들이 남성을 경계하게 됐으며 어린이나 여성들은 아시아인들을 멀리했다. 그에 따라 아시아인들을 비하하고 차별하는 분위기가 팽배했다. 네덜란드, 프랑스를 비롯한 여러 유럽 국가가 사가와의 입국을 공식적으로 금지했다.

그 때문에 유럽에서 아시아인, 특히 일본인들이 여러 가지 불이익을 겪게 되자 일본에서도 다시 사가와를 맹렬하게 비난하는 분위기가 고조됐다. 일본 최악의 살인자라는 악명이 높아져 갔다. 사가와의 어머니는 아들의 야만적 행위에 죄책감을 느끼고 자살했다. 설상가상으로 그의 아버지도 잘나가던 사업이 급격히 기울어졌다. 아들에 대한 비난 여론 때문에 거래처들이 떨어져나간 것이 큰 영향이었다. 마침내 아버지의 사업은 몰락하게 되면서 부채 청산이 어려워졌다.

당연히 사가와도 궁지에 몰리기 시작했다. 또 원고를 썼지만 이번엔 출판하겠다는 출판사를 찾을 수 없었다. 사가와는 원고를 들고 여러 출판사를 찾아가 간청했지만 가는 곳마다 외면당했다. 방송들도 다시는 그를 부르지 않았다. 그는 경제적으로 매우 어려워졌지만 취직할 수도 없었다. 어느 곳에서도 그를 받아주지 않았다. 아르바이트조차 할 수 없었다. 그런 끔찍한 범죄자를 누가 받아주겠는가.

사가와의 동생에게 값비싼 첼로가 있었다. 사가와는 그 첼로를 훔쳐 팔아 생계를 유지했지만 그의 아버지가 빚에 쫓기다가 뇌경색으로 사망했고 얼마 지나지 않아 사가와도 뇌경색으로 쓰러졌다. 하지만 아무도 그를 동정하지 않았다. 오히려 최악의 살인자, 사이코패스라는 악명만 높아졌다. 그는 재작년(2022), 뇌경색으로 쓰러진 이래 오랫동안 입원해 있던 병원에서 폐렴으로 숨졌다. 그의 나이 73세였다. 아무도 그의 장례에 참석하지 않았다. 가족도 없었고, 단 한 명의 혈육인 동생이 형의 시신을 처리해야만 했다.

사가와의 참혹하고 인간이라고 할 수 없는 야만 행위는 정신이상자의 정신착란에서 일어난 우발적 행위가 아니다. 그는 이미 청소년 시절부터 인육을 먹고 싶어 했다. 계획적으로 실행한 것이다. 그런데도 프랑스 수사당국과 법원은 그를 정신이상자로 판단하여 무죄를 선고했다. 프랑스가 크게 실수를 한 것이다. 일본도 마찬가지다. 사가와의 범죄를 처벌하기에 앞서 일본인들은 호기심을 충족시키려고 했다. 그의 범죄와 식인에 큰 흥미를 느끼고 그의 자술서 같은 책을 베스트셀러가 되게 했고, 수없이 방송에 출연시켜 인육의 맛이 어떤지, 어느 부위가 가장 맛있는지 따위의 괴기스러운 대담으로 서로 낄낄거리며 그를 스타로 만들었다. 이것은 악취미이자 야비한 변태 행위다.

아무 죄책감도 보이지 않았던 사가와는 마치 큰 벌을 받듯이 부모가 모두 비운을 맞고 자신도 비참한 최후를 맞았다.

바위산을 뚫어 길을 만든 인도 남자

'우공이산(愚公移山)'이라는 중국의 고사성어가 있다. 글자 풀이를 하면 '우공이 산을 옮기다'라는 뜻이며 도저히 불가능해 보이는 것도 꾸준히 노력하면 마침내 해낼 수 있다는 긍정적인 의미의 교훈 같은 것이다. 성어(成語)의 유래는 다음과 같다.

우공이라는 90세 노인이 있었는데 그는 자기 집 앞에 두 개의 높은 산이 가로막고 있어서 몹시 갑갑하고 못마땅했다. 마침내 우공은 두 개의 산을 옮기기로 하고 산을 파내는 작업을 시작했다. 산의 둘레가 700리나 되는 큰 산이었다. 파낸 흙과 돌은 왕복하는 데 무려 1년이 걸리는 멀리 떨어진 바다에 버렸다. 그 까닭을 알게 된 이웃과 친지들이 비웃으며 그가 하는 일을 말렸다.

"산을 옮기시겠다니요, 그게 말이 됩니까? 그만두시지요."

하지만 우공은 산을 파내는 작업을 멈추지 않았다.

"나는 늙었지만 나한테 자식도 있고 손자도 있네. 그들이 대대손손 이어갈 걸세. 산은 더 이상 불어나지 않고 그대로 있으니까 꾸준히 계속 하면 언젠가 산이 평평해지지 않겠나."

그리고 정말 대를 이어가며 산을 파내는 작업을 계속하자 오히려 산신령이 놀라서 옥황상제에게 보고했다. 그 말은 들은 옥황상제는 크게 감동해서 두 개의 산을 모두 옮겨주었다고 한다.

'우공(愚公)'은 어리석은 사람이라는 뜻이다. 따라서 실존 인물이 아니라 상징적인 인물이며 산신령이나 옥황상제가 등장하는 것을 보면 실화라기보다 전설일 것이다. 하지만 한 우물을 계속 파다 보면 마침내 이룩하는 것이 있다는 교훈은 오늘날에도 유효하다. 그 좋은 본보기이자 실화가 인도(India)에 있다. 그것도 먼 옛날얘기가 아니라 20세기 근래의 일이다.

인도의 깊은 오지에 다스랏 만지히라는 노인이 살고 있었다. 그가 사는 산골은 가장 가까운 큰 마을이 5km 이상 떨어져 있으며 그곳까지 가려면 험한 바위산을 돌아 55km를 가야 하는 오지 중의 오지였다. 더욱이 만지히는 인도의 엄격한 계급제도에서 최하위층인 천민이었다. 하지만 그는 젊었을 때 돼지 몇 마리와 술을 지참금으로 주고 여자를 구해 결혼했다. 다행스럽게 만지히 부부는 서로 사랑하며 행복하게 살았다.

그러나 1960년, 아내가 첫딸을 낳고 둘째를 임신해서 만삭이 됐을 때였다. 아내는 무거운 몸을 이끌고 돌산에서 일하는 남편 만지히에게 점심을 가져다주다가 그만 발을 헛딛어 미끄러져 추락하면서 큰 상처를 입었다. 깜짝 놀란 만지히는 아내를 업고 의사가 있는 큰 마을을 향해 달렸다. 바위산을 돌아가야 하는 무려 55km나 되는 멀고 먼 길이었다. 그는 온종일을 달려 한밤중에 병원에 도착했지만 아내는 간신히 딸을 낳고 숨을 거두고 말았다.

만지히의 충격과 슬픔은 말로 표현할 수 없었다. 그는 분노를 참기 어려웠다. 마을까지 너무 멀어서 아내가 죽은 것이다. 그는 다른 사람들이 그런 일을 당하지 않게 하려면 산을 깎아 마을까지 곧게 이어지는 길이 있어야 한다고 생각했고 그 길을 내기로 결심했다. 그는 염소를 팔아서 망치와 징 따위의 공구를 샀다. 그는 천민이어서 노예나 다름없는 소작농이었다. 온종일 논밭에서 일하고 밤을 이용해서 바위와 돌이 가득한 산을 깎기 시작했다. 누가 보더라도 도저히 이룰 수 없는 미친 짓이었다. 하지만 아무리 말려도 막무가내였다. 그는 밤낮을 가리지 않고 바윗돌을 깨트리며 돌산을 깎았다. 날씨가 무더워도, 비바람이 몰아쳐도 혼자만의 작업을 멈추지 않았다.

그렇게 마냥 세월이 흘러갔다. 10년이 훌쩍 지나고 십수 년이 지나자 바위산 허리가 깎여 길 모양의 틀이 잡혔다. 사람들이 놀랐다. 마침내 무려 22년이 지나자 곧게 뻗은 길이 모습을 드러냈다. 길이 110m, 폭 8m, 높이 9m의 반듯한 길이었다. 산을 돌아가면 마을까지 55km나 되는 거리를 만지히가 산을 깎아 만든 곧은 길을 이용하면 불과 3km만 가면 됐다.

이 놀라운 사실이 인도 정부에도 알려져 큰 화제가 됐다. 선거 유세차 인도 수상이 찾아오고 정치인들이 몰려들어 정치에 이용했다. 인도 정부에서는 보조금까지 지급했다. 하지만 그것 역시 관리들이 갈취했다. 만지히는 그것은 부정부패를 고발하려고 인도의 수도 델리까지 1,300km를 걸어가 수상을 만나려고 했지만 문 앞에서 쫓겨나고 말았다. 관리들은 오히려 그가 산을 훼손했다며 구속까지 했다.

하지만 정부에서 만지히가 만든 길을 도로포장까지 하면서 언론들이 집중 보도로 그의 22년에 걸친 불굴의 의지가 널리 알려져 그는 유명인사가 됐다. 요즘 표현으로 하자면 '중꺾마'의 상징적인 인물로 수많은 인도인의 추앙을 받았다. 그의 불굴의 의지는 <마운틴 맨>이라는 영화로 만들어졌다.

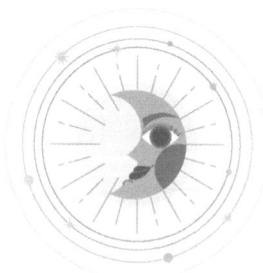

정글 속에서 29년간 혼자 숨어지낸 일본군

제2차 세계대전 당시 일본 제국은 1941년 12월, 미국 하와이 진주만 해군기지를 기습 공격함으로써 태평양전쟁이 일어나 미국과 일본 사이의 본격적인 전쟁이 시작됐다. 그러나 미국이 태평양의 여러 섬을 차례차례 장악하고 필리핀을 거쳐 오키나와까지 진격하고 1944년 8월, 히로시마와 나가사키에 원자폭탄을 투하, 일본은 무조건 항복할 수밖에 없었다. 하지만 이러한 사실을 모르는 채 필리핀의 정글에 숨어들어 무려 29년 동안 혼자 버티던 일본군 병사(육군 소위)가 구출돼 일본은 물론 전 세계의 화제가 된 일이 있었다. 도대체 이처럼 이해할 수 없고 기막힌 어처구니없는 일이 어떻게 일어난 것인가.

그의 이름은 오노다 히로오(小野田寬郎), 1944년 22세의 새파란 젊은이로 필리핀 일본 주둔군에 파견돼서 1974년에야 구출됐으니 꼬박 29

년을 정글 속에 혼자 숨어 있다가 50대 초반의 중늙은이로 구출된 것이다. 그렇다고 오노다가 어리석고 아둔한 인물은 아니었다.

1922년생인 오노다는 중학교(6년제)를 졸업하고 무역회사에 취직해서 중국어를 독학할 정도로 총명했다. 1942년 병역판정검사를 받고 육군 보병 이등병으로 입대했다. 그러나 충직하고 명석한 두뇌로 간부 종합학교에 합격하고, 이어서 육군 예비사관학교에서 수습 사관을 거쳐 육군 나가노 학교에서 육군 소위로 임관했다.

그는 1944년, 필리핀 마닐라의 일본군 제8사단에 파견됐다. 중국어, 영어 실력이 뛰어났던 그는 첩보와 게릴라전이 주특기로, 이해 12월 필리핀 중서부의 비교적 큰 섬인 민도로(Mindoro)섬 북쪽의 루방(Lubang)섬에 정보 수집과 유격전을 위해 배치됐다. 루방섬에는 육군, 육군항공대, 해군 등 각기 다른 부대 200여 명의 일본군이 주둔했다. 이들에게는 상부로부터 다음과 같은 명령이 내려졌다.

"옥쇄는 허락하지 않는다. 3년이든 5년이든 버텨라. 반드시 지원하겠다. 그동안 병사가 한 명이라도 살아 있으면 야자수 열매를 따 먹으면서라도 버텨라. 다시 말하지만, 옥쇄는 허락하지 않는다."

옥쇄는 자결을 말한다. 아무리 위기가 닥쳐도 항복은 절대 있을 수 없는 일이며 자결하는 그것도 안 된다는 것이다. 무조건 끝까지 버티라는 명령이었다. 육군인 오노다 소대의 주 임무는 미국이 부두 시설과 비행장 건설을 못하게 막는 것이었다. 그러나 마침내 미군이 이 섬에 상륙했다. 일본군은 결사 항전했지만 오래 버티지 못하고 많은 전사자를 내고, 오노다를 비롯해 겨우 30여 명이 살아서 패퇴했다. 섬 안에서 그들 패잔병이 갈 곳은 없었다. 그들은 뿔뿔이 흩어져 정글 속으로 숨어들었다.

오노다 소대도 살아남은 불과 몇 명의 소대원들이 정글 속으로 숨어들며 일주일 뒤, 약속한 장소에서 만나기로 했다. 하지만 일주일 뒤 1명, 또 일주일 뒤 1명, 이렇게 오노다를 포함해 3명만이 살아남아 미군과 싸우며 깊은 정글에서 버티고 있었다. 그들에게는 식량이 문제였다. 그들은 섬 주민들을 습격해서 식량을 약탈하고 수많은 필리핀인을 잔혹하게 살해했다.

그러는 사이, 1945년 8월 일본 제국은 더 이상 견디지 못하고 패전을 시인하며 항복했다. 미군과 필리핀군은 루방섬에도 전단을 뿌리며 이 사실을 알렸다. 정글에 숨어 있는 일본 패잔병들이 무기를 버리고 투항할 것을 설득했다. 뿔뿔이 흩어져 숨어 있던 대부분의 일본군이 무기를 버리고 투항했다.

그러나 오노다는 부하 2명과 함께 버텼다. 전단을 뿌리고 일본이 항복했다고 설득하는 것은 숨어 있는 일본군들을 끌어내기 위한 미군의 계략이며 기만책이라고 생각했다. 그럼에도 필리핀군의 수색 작전에 부하 한 명은 투항했으며 이제 오노다와 부하 한 명만 남게 되었다.

오노다는 일본 제국의 항복을 믿을 수 없었다. 더욱이 상부에서는 어떤 명령이나 지시도 내려오지 않았다. 그런데 투항한다는 것은 천황에게 불충(不忠)이라고 생각했다. 그에게는 단파수신기가 있었다. 군용전파를 통해 상황을 파악해보니까 전투가 계속되고 있었다. 그런데 이 전쟁 실황은 1950년에 발발한 6.25 한국전쟁의 실황이었다. 오노다와 부하는 밤중에 주민들을 습격해 필리핀인을 죽이고 식량을 확보했다.

1956년, 일본 후생성이 루방섬을 철저하게 수색했지만 오노다를 찾지 못했다. 오노다의 가족과 일가친척, 친구들까지 동원해서 루방섬을 샅샅이 뒤졌지만 찾지 못하자 그해 11월 오노다의 사망통지서를 가족에게 내줬다. 그것으로 루방섬의 상황이 마무리되는 듯했으며 한동안 잠잠했다. 하지만 오노다와 부하는 식량 부족으로 굶주림을 견디지 못하고 또다시 정글에서 몰래 빠져나와 마을을 습격했다. 마을 주민들도 항상 경계하고 있었기 때문에 치열하게 싸울 수밖에 없었다. 필사적인 오노다와 부하에게 수많은 마을 주민이 살해되고 부상을 당하면서 루방섬 정글에는 아직 일본군 패잔병들이 남아 있다는 사실이 알려졌다.

결국 필리핀군이 수색대를 조직했다. 그들은 루방섬을 빈틈없이 수색하다가 오노다와 그의 부하를 발견했다. 이미 1945년에 일본이 항복했다는 사실을 알리며 투항하라고 설득했지만, 오노다와 부하는 그들의 말을 믿지 않고 저항했다. 결국 교전이 벌어졌고 오노다의 부하가 사망했다. 1972년이었다. 일본이 항복한 지 이미 27년이 흐른 것이다.

혼자 남은 오노다는 더욱 정글 깊숙이 숨어들었다. 그는 일본이 항복했다는 전단도 봤으며 가족, 친지들까지 루방섬에 와서 자신을 찾는 것도 알고 있었다. 하지만 그는 이러한 것들이 모두 미군의 계략으로 생각하며 절대로 믿지 않았다. 필리핀군 토벌대와 맞서 싸우다가 한 사람 남아 있던 부하가 전사하자 더욱더 전쟁이 끝나지 않았다고 확신했다. 그는 이를 악물고 남아 있는 무기들을 갈고 닦았다. 아직 총과 실탄 그리고 여러 발의 수류탄까지 남아 있었다.

그 당시 일본에서도 필리핀 루방섬에 오노다 소위가 아직 살아서 저항하고 있다는 사실을 알고 있었다. 언론에서도 이 사실을 크게 보도했다. 전쟁이 끝난 지 30년이 다 됐지만 여전히 투항하지 않고 버티고 있다는 사실에 '일본의 사무라이 정신'이라며 그를 추켜세웠고 일본 국민도 큰 관심을 기울였다.

1974년이었다. 오노다가 루방섬에 파견된 지 무려 30년이 되는 해였다. 일본의 어느 탐험가가 이러한 사실에 큰 관심을 가지고 오노다를 만나 직접 설득하기 위해 루방섬을 찾아갔다. 그는 수많은 탐험 경험으로 마침내 깊은 정글에서 오노다를 찾아냈다. 오노다도 그가 일본인이었기에 경계하지 않았던 것 같다. 그는 오노다의 은신처에 들어가 자초지종을 차분하게 설명했다. 오노다도 그제야 일본이 패망했다는 사실을 받아들였다. 그럼에도 오노다는 자신의 직속상관이 직접 항복 명령을 내리기 전에는 절대로 이곳을 이탈할 수 없다고 버텼다.

탐험가는 즉시 본국에 이러한 사실을 알렸고, 일본 당국은 오노다의 직속 상관을 찾아냈다. 그는 예비역 소령으로 노년에 작은 서점을 운영하고 있었다. 그는 오노다를 살리기 위해 1944년 당시 육군 대장의 이름으로 된 투항명령서를 갖고 루방섬으로 갔다.

투항명령서에는 일본군의 모든 임무가 해제됐다는 사실을 알리고, 모든 부대와 장병들은 즉시 전투와 공작을 중지하고 가장 가까운 곳에 있는 장교의 휘하에게 들어가라는 것과, 가까운 곳에 장교가 없다면 미군 또는 필리핀군과 연락하고 그들의 지시에 따르라고 적혀 있었다.

이러한 투항명령서를 받은 오노다는 어쩔 수 없이 탐험가에게 투항 의사를 밝혔다. 그의 정글 속 아지트에는 언제든지 사격이 가능한 소총과 500여 발의 실탄, 5~6개의 수류탄과 칼날이 예리한 군도 등이 갖춰져 있었다. 오노다는 그 긴 세월 동안에도 군인답게 총기 관리를 철저히

했다. 문제는 오노다가 현지 마을 주민들을 약탈하고 너무 많이 죽인 것이었다. 당시 필리핀 마르코스 대통령도 정치적 판단을 내려 오노다의 살인, 약탈, 방화를 사면했다. 정글에 숨어서 살아온 지 꼬박 29년 만에 오노다는 일본으로 귀환할 수 있었다.

일본은 난리가 났다. 22세 청년으로 입대해서 52세의 중년 늙은이로 살아서 돌아온 그를 대대적으로 환영했다. 특히 일본의 극우단체들은 오노다를 영웅으로 추켜세웠다. 전 세계에서 그의 귀환은 큰 화제가 됐다. 일본인들을 그를 '살아 있는 일본 정신'이라며 크게 열광했다.

오노다는 정식으로 퇴역하고 일반인이 돼 방송 출연과 잇따른 환영 행사에 바쁜 나날을 보냈지만 현대적 변화에 적응하지 못하고 그다음 해에 브라질로 가서 목장을 운영하고 1984년 62세의 나이에 결혼도 했다. 1985년에는 다시 일본으로 돌아와 환경운동을 하면서 루방섬을 방문하고 1만 달러를 기부했다고 한다. 90세가 넘게 장수한 그는 2014년 1월 도쿄의 한 병원에서 사망했다.

군인의 덕목은 나라에 충성하고 명령에 복종하는 것이다. 그런 의미에서 오노다는 당시 일본 제국의 참다운 군인이었는지 모른다. 하지만 그가 융통성이 없고 우직해서 29년을 정글에서 숨어 살았던 것이 아니라, 속된 말로 너무 잔머리를 굴리면서 일본의 패망을 믿지 못했기 때문에 엄청난 고난의 세월을 보낸 것이다.

일본에는 오노다 이외에도 태평양전쟁 당시 일본이 패망한 것을 믿지 않고 정글에 숨어 살았던 병사가 2명이나 더 있다고 한다. 나카무라 테투오(中村輝夫)라는 병사도 인도네시아 정글에서 일본이 항복했다는 사실을 알았지만, 그것을 믿지 않고 29년을 숨어 살다가 우연히 발견돼 오노다와 같은 해인 1974년에 일본으로 귀환했다고 한다.

평생 아무것도 먹지 않은 수도승

이 세상에는 별별 인간들이 다 있다. 일반 사람들과는 행동 양식이 크게 다른 기인들도 적지 않다. 자신이 초능력을 지녔다고 과시하는 인간도 있다. 하지만 과학자들은 인간에게 초능력이 있을 수 없다고 한다. 마법이나 마술은 눈속임일 뿐 초능력이 아니다. 그런데 기인이라고 할까, 초능력을 지녔다고 할까? 그러한 사람이 있다.

인도의 피라라드 제니라는 올해 92세의 수도승이 그런 사람이다. 그는 13세 때부터 빵 한 조각, 물 한 모금 마시지 않고 지금까지 80년을 살았다. 아무것도 먹지 않으니 소변과 대변을 볼 일이 없어 화장실에 단 한 번도 가본 적이 없다고 한다. 사실이라면 초자연적 초능력을 지닌 인간이라고 말할 수밖에 없다. 어떻게 그런 일이 가능할까?

인도는 힌두교를 비롯해서 매우 다양한 종교를 갖고 있는 나라다. 그들에게는 3만 개가 넘는 신(神)이 있다고 하니까 각종 종교가 넘치는 나라로, 이러한 종교들의 수행자, 수도자들도 대단히 많다. 웬만한 곳에는 백발에 수염투성이의 수도자들이 곧은 자세로 앉아서 하염없이 수행하고 있다. 외부인들의 눈에는 모두 기인처럼 보인다.

피라라드는 일찍이 불교에 귀의하여 오늘날까지 한평생을 수도승으로 살아왔다. 어린 나이에 다른 수도승들 곁에서 수도하는 요령과 인내를 배운 그는 13세 때부터 아무것도 먹지 않기 시작했다. 모든 생물은 먹어야 생명을 유지한다. 그런데 음식은 물론, 마시는 물까지 전혀 입에 대지 않고 살아갈 수 있을까? 사람은 3일 동안 아무것도 먹지 않으면 정신이 혼미해지고, 7일 동안 물조차 마시지 않고 굶으면 탈수 현상으로 자칫 생명까지 위험해진다고 한다. 단식하는 사람들이 그 이상 버틸 수 있는 것은 음식은 먹지 않지만 물이라도 마시기 때문이다.

많은 수도승이 피라라드가 과연 얼마 동안이나 굶으며 수도할 것인지 지켜봤지만 그가 수십 년을 변함없자 매우 놀라지 않을 수 없었다. 그뿐만 아니라 그의 건강은 정상적이었으며 오히려 얼굴과 피부에서 광채가 났다. 정말 불가사의한 일이었다.

더욱이 피라라드의 금식 생활이 불교 신자들에게 차츰 널리 알려지고, 신자들이 많이 늘어나는가 하면 그에게 많은 후원금이 밀려들며 점점 명성이 높아지게 됐다. 인도의 언론들도 앞다투어 그를 크게 소개하며 어떻게 그처럼 초인적으로 수행을 하며 살아갈 수 있는지 묻자 그는 이렇게 말했다.

"나는 신을 선택한 수도자다. 신의 지지와 가호를 받아서 신이 주신 에너지로 정상적인 생명을 유지할 수 있다."

그를 따르는 수도자들과 불교 신자들이 폭발적으로 늘어났고 기부금도 크게 늘어 그의 가족들은 넘쳐나는 돈으로 부유한 생활을 할 수 있었다. 그러자 인도의 지방정부에서도 피라라드에게 관심을 끌게 됐지만 그의 하늘을 찌를 듯한 인기와 명성에 어떤 조치도 취할 수 없었다. 하지만 그의 초인적인 금식 생활에 의심을 하는 사람들도 늘어났다. 평생 아무것도 먹지 않고 물도 마시지 않고 소변과 대변도 안 보면서 과연 사람이 살 수 있는 것인가? 피라라드의 실제 생활을 철저하게 살펴봐야 한다는 주장도 만만치 않았다.

결국 인도 군부(軍部)에서도 의심하고 피라라드의 수도 생활을 직접 실험하기로 했다. 피라라드는 군부의 요구를 순순히 받아들였다. 군부에서는 먼저 병원에서 그를 종합검진하도록 했다. 검진 결과는 모두 정상이었다.

군부에서는 그를 특수한 유리방으로 들여보냈다. 넓은 유리방에는 오직 침대 하나만 놓여 있을 뿐이었다. 또한 360도 회전하는 CC-TV를 설치해서 그의 모든 행동을 빈틈없이 녹화했다. 피라라드는 그 유리방에서 10일 동안 폐쇄된 생활을 해야만 했다. 피라라드는 거의 온종일 침대에 앉아서 명상하거나 피곤하면 잠시 눕는 것이 하루 전부였다. 그러면서 매일 양치질을 했는데 군부에서는 최소한의 양치용 물만 제공했다. 그렇게 10일을 폐쇄된 공간에서 보낸 그는 체중만 약간 줄었을 뿐, 모든 것이 정상적인 상태로 실험을 끝냈다. 녹화된 CC-TV를 꼼꼼하게 살펴봤지만 이상한 행동은 전혀 없었다.

이러한 사실이 인도 언론들의 집중 보도를 통해 널리 알려지자, 그의 명성과 인기는 하늘을 찌를 듯이 높아졌으며 인도에서 그를 모르는 사람이 아무도 없었다. 수도자들은 자기 자신만을 위해 수행하는 것은 아니라고 한다. 빈부의 격차가 심하고 가난한 국민이 너무 많은 인도에서 수도자가 수행을 많이 할수록 가난한 사람들이 행복해진다고 믿는다. 수도자 스스로 바위처럼 곧은 자세로 꼼짝도 하지 않고 앉아 있어 에너지 소비를 최소화한다.

피라라드의 명성은 외국에까지 알려졌고, 그를 추앙하는 많은 추종자는 그가 부처가 됐으며 신의 경지에 올랐다고 생각하며 한층 더 떠받들게 되자 그를 믿지 못하는 세력들이 또다시 의심하기 시작했다. 피라라드는 올해(2024) 92세다. 상식적으로 무려 80년을 물 한 모금 안 마시고 정상적으로 살아간다는 것은 과학적으로 있을 수 없는 일이라며 재조사를 요구했다.

여전히 피라라드를 의심하는 인도 군부가 온갖 압력을 받으면서 공식적으로 재조사를 시행했다. 실험 방법은 1차 실험 때와 같았다. 피라라드는 이 두 번째 실험에도 순순히 응했다. 그는 깨끗한 옷, 소매가 넓은 수련 복장이었다. 1차 실험 때처럼 특수 유리방에 들어가 침대에 앉아 있거나 누워 있었다. 그렇게 8일이 지나도 아무런 이상이 발견되지 않았다. 그런데 실험 담당자들이 단 한 가지 이상한 점을 발견했다. 피라라드가 가끔 코를 만지거나 고개를 돌려 기침하며 수련복의 넓은 소매를 입에 갖다대는 것이었다.

그것을 주의하여 관찰하고 CC-TV 녹화를 세밀하게 분석한 결과 넓은 소매를 입에 갖다댈 때 음식물을 슬쩍 입에 넣는 것이었다. 그에 따라 실험 담당자들은 피라라드가 평생 아무것도 먹지 않았다는 것은 거짓으로 판정했다. 인도의 여론과 언론이 들끓고 피라라드의 평생 금식이 사실인지 거짓인지를 놓고 엄청난 논란이 벌어졌다.

그러나 피라라드가 옷소매에 음식을 감췄던 것이 사실이라도 과연 얼마나 감췄겠는가? 그 분량이 얼마나 되겠는가? 또한 물을 한 모금도 안 마시고 대소변도 한 번도 보지 않았다. 조금씩이라도 몰래 음식물을 섭취했다면 무려 80년 동안을 그럴 수 있을까? 누가 뭐라고 해도 92세의 피라라드 노인은 초능력의 소유자는 아닐지라도 초인적인 인간임은 틀림없는 것 같다.

세계에서 가장 털이 많은 사람

이미 널리 알려졌듯이 우리 인류는 약 600만 년 전, 침팬지에서 분화했다. 그리고 두 발로 직립보행을 하게 된 것이 약 300만 년 전이지만 여전히 침팬지나 다름없는 온몸이 털로 뒤덮인 털투성이였다. 그러다가 약 200만 년 전, 호모에렉투스에 이르러 인류의 몸에서 차츰 털이 사라지기 시작했다. 그래서 어떤 인류학자는 인류를 가리켜 '벌거벗은 원숭이'라고 표현했으며 <총·균·쇠>로 잘 알려진 재러드 다이아몬드는 <제3의 침팬지>라는 책을 썼다.

많은 동물 가운데서 오직 인류의 몸에서 털이 사라지게 된 까닭은 무엇일까?

여기에 대해서는 다양한 견해가 있지만 인류의 특성과 관련이 있다. 나무 위에서 살다가 초원으로 내려온 인류는 작은 포유류는 아니었지만, 결코 몸집이 큰 동물도 아니었다. 수렵 채집으로 생존하던 호모에렉투스의 남자들은 인류보다 대부분 훨씬 빠른 동물을 사냥해야 했다. 그러자면 힘들게 찾아낸 동물을 끝까지 뒤를 쫓아야 했다. 그리하여 인류의 지구력은 동물 세계에서 가장 뛰어났으며 인류 진화의 원동력이 됐다. 하지만 먹이가 될 동물을 끝없이 뒤쫓다보면 온몸에 땀이 흐르기 마련이다. 그에 따라 땀을 피부 밖으로 배출하기 위해 인류만의 땀샘이 발달했다. 그러나 땀을 원활하게 배출하는 데 있어 온몸을 감싸고 있는 털이 방해됐다. 적자생존(適者生存)은 진화의 기본이다. 땀샘을 위해 차츰 인류의 몸에서 털이 사라지기 시작했다는 견해가 가장 설득력을 얻고 있다.

그러나 한 가지 의문점은 사냥은 남자들이 했는데 인류의 털은 여자가 먼저 사라졌다는 것이다. 분명히 여자가 남자보다 온몸의 털이 훨씬 적다. 남녀 모두 햇볕 차단을 위해 머리털이 있고, 서로 닿는 부분이 많고 땀이 많이 나는 부위인 겨드랑이에 털이 있으며, 성행위를 할 때 남녀의 피부 마찰을 완화하기 위해 생식기 주변 부위에 털이 있다. 모두 신체 보호기능을 하는 최소한의 털만 남아 있는 것이다.

물론 남자는 코밑에, 턱 아래 수염이 있으며 얼굴을 감싼 정도로 뺨에 털이 있는 사람들도 많다. 잔등이나 가슴에도 털이 있고 팔뚝과 종아리에도 털이 있다. 여자보다 남자의 진화가 늦었다고 할까? 하기는 팔뚝과 종아리에 털이 있는 여자들도 있긴 하다. 그래도 남자보다는 훨씬 털이 적다.

그런데 태국의 '수파트라 사수판'이라는 이름의 젊은 여성이 기네스북에 세계에서 가장 털이 많은 사람으로 등재돼 있다. 그녀는 도대체 얼마나 털이 많기에 남자들까지 제치고 세계에서 가장 털이 많은 사람이 됐을까? 한 마디로 그녀의 사진을 보면 침팬지, 원숭이, 오랑우탄이나 다름없다. '벌거벗은 원숭이'로 진화가 안 된 것일까? 도대체 무슨 이유 때문일까?

수파트라 사수판은 애칭으로 '나티(Natty)'라고 부른다. 1999년생이니까 올해 25세의 젊은 여성이다. 나티는 태어날 때부터 털투성이였다. 부모는 깜짝 놀랐고, 의사도 이런 경우는 처음 본다며 놀라움을 금치 못했다. 당장에 큰 화제가 됐다. 태국의 모든 매스컴이 크게 보도하면서 태국 국민의 관심이 집중됐고 세계적인 화제가 됐다. 의학 전문가들도 큰 관심을 두고 그 원인을 찾아 나섰다. 그 결과 갓난아이 나티가 털투성이가 된 것은 '암브라스 증후군'으로 결론지었다.

'암브라스 증후군(Ambras Syndrome)'은 혈관 계통의 장애로 체모가 지속해서 과도하게 성장하는 유전성 희소 질환이라고 한다. 유전자가 돌연변이를 일으켜 발생하는 질환으로 부모가 이러한 돌연변이 유전자를 가지고 있으면 자녀에게 유전된다는 것이다. 세계적으로도 몹시 희귀한 질환으로 17세기부터 지금까지 약 50건 정도에 불과하다고 한다. 이 유전성 질환에는 아직 예방이나 치료 방법이 없다고 한다. 하지만 나티는 건강하게 성장했다. 주위에서 '늑대 소녀'라고 놀려대자 크게 위축돼 대인 기피증이 생기고, 우울한 소녀가 될 수밖에 없었다. 그리하여 열 살 때 처음으로 면도했다. 그러나 헛수고였다. 오히려 온몸에 털이 더 늘어나 손바닥, 발바닥을 빼면 완전히 온몸이 털로 뒤덮였다.

그럼에도 부모의 진실한 사랑을 받은 그녀는 마음을 고쳐먹었다. 자신의 남다른 신체 조건을 인정하고 원만한 학교생활을 하면서 차츰 밝은 소녀가 됐다. 그녀는 자기 모습을 부끄러워하지 않았고 남자친구도 사귀면서 나중에 결혼할 꿈도 갖게 됐다. 또한 그녀는 자신은 지금 무척 행복하다면서 장차 자신과 같은 불치병을 고치는 의사가 될 꿈을 키워나가고 있다고 한다.

나티가 세계에서 가장 털이 많은 사람으로 기네스북에 등재되기 전, 역시 세계에서 가장 털이 많은 사람으로 등재됐던 인물은 남자로 중국의 위쩐환(于震環)이라는 청년이었다고 한다. 그는 2002년에 기네스북에 등재됐는데 온몸의 96% 이상이 털로 뒤덮여 누가 봐도 사람이라기보다 야수와 같았다고 한다. 손가락만 빼놓고 온몸에 털로 뒤덮여 학자들이 그를 연구실로 데려가 실험할 정도였다. 주변에서 꼭 동물 같다고 많은 사람이 놀리는 바람에 부모는 그를 데리고 한적한 지방으로 이사를 해야만 했다.

그러나 매우 밝고 긍정적인 성격을 가진 그는 스스로 자신을 '킹콩'이라며 적극적으로 활동을 펼쳐 가수가 돼서 당당하게 공연했다. 자신이 짐승처럼 털투성이가 된 것은 태어날 때부터 멍에와 같았지만, 그는 그것을 강점으로 활용했다. 그는 스스로 말하기를,

"나는 보통 사람들과 다르게 생겼기 때문에 많은 사람이 호기심을 갖는 것은 당연하다. 사람들이 나를 보고 웃는 것은 평생 나를 따라다닐 것이다. 하지만 중요한 것은 내가 나를 어떻게 생각하느냐 하는 것이다. 만일 사람들이 나를 쳐다보는 것을 창피하게 생각한다면 나는 평생 고개를 들지 못할 것이다."

그는 자신의 약점과 마음의 상처를 이겨내고 새로운 삶을 개척해나가

고 있다고 한다. 다른 사람의 시선에는 전혀 신경을 쓰지 않고, 적극적으로 가수 생활을 하면서 여자친구도 사귀게 됐다는 것이다.

그리고 보면 인간의 삶은 자신의 의지와 신념에 달려 있는 것 같다. 어떠한 악조건이나 시련도 그것을 견뎌낼 수 있는 의지와 절대 굽히지 않는 신념이 있다면 자신의 약점들이 오히려 강점이 될 수 있다는 것을 말해주는 것 같다.

세계에서 가장 많은 자녀를 낳은 남녀

매우 흥미롭고 신기한 기록이 있다. 보편적인 상식을 넘어섰으니 기이한 이야기, 기담이 아닐 수 없다. 더욱이 우리나라가 세계 제일의 저출산 국가여서 더욱 그렇다. 결혼한 부부도 대부분 아이를 두 명 이상 갖지 않는다. 오히려 한 명 외둥이를 두거나 아예 자녀를 갖지 않는 부부도 적지 않다. 따라서 상식을 초월한 세계에서 자녀를 많이 가진 사람에게 충분히 관심을 가질 만하다.

공식적인 기록으로 세계에서 가장 많이 아이를 낳은 여성은 18세기, 러시아의 표트르 바실리에프라는 농부의 아내 발렌티나 바실리에프다. 그녀는 27번 임신해서 무려 69명의 아이를 낳았다. 쌍둥이가 16쌍, 세쌍둥이가 7쌍, 네 쌍둥이가 4쌍으로 69명 모두 쌍둥이를 낳은 것이다.

설치류와 같은 작은 포유류라면 몰라도 대형 포유류조차 불가능한 숫자다. 그런데 동물도 아니고 사람이 어떻게 그처럼 많은 아이를 낳을 수 있을까? 도무지 불가사의한 일이다. 굳이 설명할 필요가 없지만 여성들이 아이를 낳으면 그 아이가 젖을 뗄 때까지 생리가 멈추기 때문에 곧바로 임신하기 어렵다. 물론 요즘은 산모들이 모유를 먹이지 않고 분유를 먹이는 것이 추세여서 사정이 다르기는 하다. 하지만 18세기, 러시아의 농촌에서 분유가 있을 리 없고, 바실리에프는 모두 직접 모유를 먹였을 것이다. 그런데 어떻게 27번이나 임신을 하고 모두 쌍둥이를 낳았을까? 더욱이 그 많은 아이가 건강하게 성장했다고 한다. 성인이 되기 전에 죽은 아이는 단 2명에 불과했다는 것이다.

농부 표트르 바실리에프에게는 두 번째 부인이 있었다. 그녀도 8번이나 출산을 했는데 쌍둥이가 12명, 세쌍둥이가 6명, 모두 18명을 낳았다고 한다. 그러고 보면, 그의 아내들보다 남편에게 어떤 유전적 특성이 있는 것이 아닌가 하는 생각이 든다. 어쩌면 발렌티나 비실리에프와 같은 '아이를 낳는 기계'는 다시는 이 세상에 없을 것 같다.

역시 공식적인 기록으로 세계에서 가장 많은 자녀를 둔 남성은 17세기 북아프리카 모로코의 황제 물레이 이스마일(Moulay Ismail)이다. 그는 4명의 부인과 약 500명의 후궁이 있었는데 그녀들에게서 공식적으로 32년 동안 무려 888명의 자녀를 낳았다. 비공식적으로는 1,171명의 자녀를 낳았다고 한다. 그 많은 자녀를 낳기 위해서는 32년 동안 매일 밤 1회 이상의 성관계를 해야 한다는 것이다.

이스마일 황제는 장기 집권하면서 무자비하고 잔혹하게 많은 사람을 죽인 것으로 악명이 높다. 더욱이 전쟁을 무척 좋아해서 재위 중에 끊임

물레이 이스마일 영묘

없이 전쟁을 벌였다고 한다. 수백 명의 적군 포로들의 목을 베어 모로코 전 지역에서 순회 전시할 정도로 악랄한 황제였다. 말하자면 많은 날을 전쟁터에서 보낸 전쟁광이 어떻게 32년 동안 매일 밤 여성들과 성관계를 가질 수 있었는지 의문이다. 하기는 그가 95세까지 장수했으며 빼어난 정력가였으니 혹시 가능했을지도 모른다.

아이를 낳으려면 남녀가 성관계해야 한다. 이왕에 성관계 얘기가 나왔으니 한 가지 호기심을 가질 만한 기록이 있다. 1960~70년대 대활약했던 월트 체임벌린(Wilt Chamberlain)이라는 미국의 농구선수가 있었다. 그는 농구 경기에서 기록할 수 있는 거의 모든 신기록을 세웠으며 한 경기에 무려 혼자서 100득점을 해서 60여 년이 지난 지금까지도 깨지지 않는 농구의 전설적인 인물이다. 그의 인기는 유명한 톱스타들을 능가했으며 수많은 여성이 그의 팬이었다.

그가 은퇴한 뒤, 1991년 55세에 자서전을 출간했는데 이 책에서 자신은 15세부터 지금까지 무려 2만여 명의 여성들과 성관계했다고 털어놓아 큰 충격을 주었다. 그는 이 자서전에서,

"나는 행운아다. 당시의 급속한 성 개방 풍조에 휩쓸려 많은 여성과 관계를 맺어왔지만, 에이즈에는 감염되지 않았다. 최근엔 에이즈에 대한 공포로 문란한 성생활을 극도로 자제하고 있다."

라고 털어놓기도 했다.

아니, 어떻게 한 남자가 2만여 명의 여자들과 성관계할 수 있단 말인가? 그 엄청난 숫자의 여성들과 성관계하려면 40년 동안 하루 2명 이상 하루도 빠짐없이 관계해야 한다. 더구나 그는 미국 NBA의 프로농구선수였다. 프로농구 경기는 홈경기와 원정경기로 이루어진다. 적어도 시즌 동안에는 팀원들과 이동하며 함께 생활해야 한다.

체임벌린이 워낙 인기 높은 대스타여서 그에게 혼자만의 자유가 최대한 주어지고 여성들이 그를 만나기 위해 줄을 지어 서 있다고 해도 40년 동안을 매일 밤 2명 이상의 여자와 성관계를 갖기는 상식적으로 도저히 불가능하다. 더구나 아무리 정력이 왕성한 남자라도 체력에는 한계가 있다. 나이가 들수록 정력은 감퇴하기 마련이다. 상투적인 성관계에 싫증이 날 수도 있다. 그럴 뿐만 아니라 그는 체력과 컨디션을 가장 중요시하는 운동선수였다.

많은 사람이 "40년 동안 매일 여성 파트너를 바꿔도 14,600명이기 때문에 체임벌린이 자서전에서 실토한 것은 세상의 관심을 끌려고 일부러 과장한 것이다."라고 평가하고 있다. 그렇더라도 체임벌린이 수많은 여성과 놀랄 만큼 엄청난 성관계를 가졌다는 것은 부인하기 어렵다.

히틀러의 그림값은 얼마?

국제적인 예술품, 골동품, 명품 등의 시장은 매우 넓다. 돈이 많은 수집가들이 많아서 명성이 높은 경매시장은 항상 호황을 이룬다. 미국은 그들의 역사가 짧아서 얼핏 대수롭지 않은 현대의 물품도 비싸게 팔린다. 불과 200여 년 전에 활동한 세계적인 화가의 명화는 수백억 원이 넘는다. 20세기 화가지만 피카소의 명화들도 수백억 원 이상이다.

미국의 전설적인 야구선수 베이브 루스가 500호 홈런을 친 배트가 200만 달러, 우리 돈으로 26억 원이 넘는다. 그가 양키스팀 선수 시절 입었던 유니폼은 무려 564만 달러, 우리 돈으로 70억 원 가까이 된다. 역시 전설적인 농구선수 마이클 조던이 경기할 때 신었던 운동화도 220만 달러라고 한다.

미국은 희소성과 함께 제작자나 사용자의 네임 벨류와 그 물품에 깃

들어 있는 히스토리가 엄청난 가격을 형성하는 것이다. 따라서 유명인의 서명도 매우 고가에 팔린다.

그렇다면 악명 높은 독일 히틀러의 그림값은 얼마나 할까? 그는 소년 시절부터 화가가 되는 것이 꿈이어서 그림을 많이 그렸다고 한다. 대략 2,000여 점이라고 알려졌다. 미국의 방식대로라면 히틀러의 그림은 어마어마한 가격에 팔려야 한다.

히틀러의 온갖 악행과 역사적 잘못은 너무 잘 알려져서 굳이 새삼스럽게 설명할 필요는 없다. 다만 히틀러와 미술과 관련된 얘기만을 잠깐 살펴보려는 것이다. 그는 부친이 세무서장이어서 비교적 부유한 가정에서 성장하며 초등학교 과정을 좋은 성적으로 마쳤다. 그리고 실업계 중등학교로 진학했는데 이때부터 가정에 문제가 있었다. 그의 부친은 무척 완고하고 가정 폭력이 심했다. 그로 말미암아 가정불화가 많아지자, 히틀러도 흔들려 학업성적이 크게 떨어지고 낙제해서 유급하는 상황까지 생겼다.

그 당시 중등학교는 요즘 고등학교 과정까지 이어지는 6년제가 대부분이었다. 성적이 나빠서 유급하게 된 히틀러는 학교를 자퇴하고 말았다. 아버지의 심한 폭력과 질책 속에서 2년 동안 방황하던 그는 화가가 되기로 자신의 목표를 세웠다. 처음엔 아버지의 반대가 심했지만, 부모가 모두 일찍 세상을 떠나는 바람에 아무에게도 간섭받지 않은 그는 화가의 길을 걷기 위해 빈 미술 아카데미에 지원했다. 하지만 히틀러는 두 차례나 낙방했다. 그는 몹시 화가 나서 미술 아카데미의 교장을 직접 찾아가서 자신이 왜 낙방했는지 항의했다.

교장은 히틀러가 제출한 그림에 독창성이나 개성이 없고 너무 평범했기 때문에 탈락시켰다며 화가가 되지 말고 차라리 건축가가 되라고 조언했다.

"자네의 그림은 예술보다도 건축에 가깝네. 건축 학교로 가는 게 어떤가?"

히틀러의 그림이 건물들을 사실적으로 마치 사진처럼 그렸기에 건축가가 되는 것이 낫겠다는 조언이었다.

그런가 하면 히틀러가 제출한 그림에 인물들이 너무 적어서 낙방했다는 견해도 있다. 그는 건축물과 같은 사실적인 그림은 잘 그렸지만 인물의 감정을 표현하거나 인물과 배경을 조화시키는 것에는 미숙해서 탈락시킬 수밖에 없었다는 것이다. 더구나 그 당시 미술의 경향은 인상파, 야수파, 초현실주의였기 때문에 그림은 비교적 잘 그렸어도 아무런 상

아돌프 히틀러가 그린 빈 국립오페라 극장

상력이나 창의성이 없었다는 것이 결정적인 단점으로 지적됐다.

　그래도 히틀러는 화가의 꿈을 버리지 않았다. 16세에 당시 오스트리아·헝가리 제국의 수도였던 빈(Wien, Vienna)으로 거처를 옮긴 그는 거리의 화가로서 그림엽서를 그려 관광객들을 상대로 판매했는데 수입이 괜찮았다고 한다. 그는 부모에게서 상속한 연금도 적지 않았고, 그림엽서 판매 수입도 괜찮아 넉넉한 살림을 할 수 있었다고 한다.

　히틀러가 그린 그림엽서가 잘 팔렸던 것은 역시 사진처럼 사실적으로 잘 그렸다는 것을 말해준다. 다시 말하면 그의 그림은 극장의 간판 등을 그리는 상업미술에는 맞는지 몰라도 창의성이 부족한 평범한 그림이어서 그가 유능한 화가가 되기는 어려웠을 것이라는 견해가 지배적이다. 그는 나치의 총수가 된 뒤에도 추상화나 그 당시 미술계의 주류였던 인

아돌프 히틀러가 그린 겨울의 카를 성당

상파 화가들의 명화를 싫어할 정도로 사진 같은 사실적인 그림만 인정했다. 그가 그린 그림엽서 따위와 어쩌다가 그린 수채화 등 2천여 점이나 남아 있었지만 대부분 사라져 버리고 불과 몇 점만이 미국, 영국, 독일 등의 수집가들이 소장하는 실정이라고 한다.

유럽에서 있었던 일이다. 어느 노인이 중고품을 파는 벼룩시장에서 수채화 한 점을 75센트에 샀다. 우리 돈으로 약 1천 원쯤 될까? 그런데 그의 딸이 아버지가 산 수채화를 살펴보다가 A. Hitler라고 쓰인 작가의 사인(서명)을 발견하고 놀랐다. 그녀는 그 그림이 히틀러의 작품이라고 판단하고 경매시장에 내놓았다. 하지만 경매사에서 경매를 거부했다. 인류의 악마였던 히틀러의 그림을 팔 수 없다는 것이었다. 횡재의 기대감이 깨진 그녀는 네덜란드의 '국립전쟁증거자료연구소'에 수채화를 기증했다. 연구소에서 이 그림을 전문가에게 의뢰해 감정했더니 히틀러가 그린 진품이라는 사실이 밝혀졌다. 가치로 따지기 어려울 횡재를 한 것이다.

한때 국제 경매시장에서 히틀러의 그림이 경매에 부쳐지기도 했다. 2014년 독일의 뉘른베르크의 경매에서 그의 수채화가 우리 돈으로 약 1억 8천만 원에 낙찰됐다. 히틀러의 네임 벨류나 희소성으로 볼 때 결코 높은 가격이 아니다. 뉘른베르크는 제2차 세계대전 후 나치의 전범들을 단죄하는 국제군사재판이 열렸던 곳이다.

하지만 대부분의 경매사에서는 히틀러의 그림을 경매하지 않는다고 한다. 워낙 악명높은 인물이어서 대다수 수집가도 그의 그림을 외면한다는 것이다.

앞서 말한 네덜란드의 전쟁증거자료연구소에서도 히틀러의 그림들이 경매되는 것을 막기 위해 적극적으로 노력하고 있으며 히틀러의 대량 학살에 관련된 자료로만 기증만 받는다고 한다. 경매의 상식이나 예술품 매매의 가치판단에서 히틀러의 그림은 인기가 높고 거액에 거래될 것 같지만 그가 인류에게 큰 재앙을 가져온 인물이어서 거래조차 외면당하고 있는 실정이다.

Part 6.

| 우연 그리고 믿기 어려운 현상 |

미래를 알려준다는 예지몽(豫知夢)

성모발현(聖母發現)과 눈물 흘리는 성모상

검은 성모상

흉가-유령의 집

염소의 저주

우연의 일치가 있을까

사라진 '호박 방'

단 한 표의 차이로 역사가 바뀐다

크리스마스는 정말 성탄절일까

미래를 알려준다는 예지몽(豫知夢)

인간은 모두 잠을 자면서 꿈을 꾼다. 꿈을 자주 또 많이 꾸는 사람, 아주 드물게 꿈을 꾸는 사람의 차이는 있지만 모든 사람이 꿈을 꾼다. 어린아이도 꿈을 꾼다. 동물 가운데도 꿈을 꾸는 동물이 있다고 하지만 꿈은 인간의 심리적 현상인 것 같다. 따라서 동서양, 과거와 현재를 가리지 않고 꿈과 관련된 이야기들은 헤아릴 수 없이 많다. 지난날의 사서(史書)들에서도 꿈과 관련된 설화, 일화들이 넘쳐나고 꿈에 관한 다양한 연구도 가득 쌓여 있다.

꿈은 사전적으로 '잠자는 동안 일어나는 심리적 현상의 연속'으로 풀이하고 있다. 의자에 앉아 잠시 졸더라도 꿈을 꿀 수 있다. 아무튼 꿈은 잠을 자는 수면 상태에서 뇌의 상태변화에 따라 일어나는 심리 현상이라고 할 수 있다.

하기는 뇌는 수면 상태에 있지만 신체가 무의식적으로 행동함으로써 예상치 못한 일을 저지르는 몽유병(夢遊病)이라는 정신 질환도 있다. 또한 젊은 남성이 꿈결에 사정(射精)하는 몽정(夢精)도 있다. 청소년이나 미혼 남성들에게 몽정은 비교적 흔한 일이다.

꿈은 형태나 내용이 워낙 다양하고 비현실적, 비합리적인 것들도 많다 보니 꿈을 꾼 사람도 꿈자리가 뒤숭숭하고 도대체 왜 그런 꿈을 꾸었는지, 꿈이 의미하는 것이 무엇인지 더없이 궁금할 때가 많다. 그 때문에 '꿈보다 해몽'이라는 말이 있듯이 꿈풀이가 궁금해서 주변 사람들에게 해몽(解夢)을 부탁하거나 꿈을 가지고 점을 치는 몽점(夢占)을 점술가에게 의뢰하기도 한다. 이러한 일은 어제, 오늘의 일이 아니다. 먼 옛날부터 크게 성행했기 때문에 우리가 꿈을 꾸는 만큼 해몽도 많고 다양하다.

하지만 해몽에 어떤 정답이 있는 것이 아니어서 해몽을 해주는 인물에 따라 제각기 다른 경우가 허다하다. 물론 어쩌다가 맞는 일도 있겠지만 논리적, 합리적으로 따지자면 해몽은 결코 믿을 것이 못 된다. 예컨대 거울이 떨어져 깨지는 꿈을 꾸었을 때, 상식적으로 파경(破鏡)이니 그 꿈은 악몽이다. 그러나 거울이 떨어져 깨지면 소리가 난다. 그래서 꿈을 꾼 사람의 상황이나 해몽하는 사람에 따라 거울이 떨어져 깨지면서 큰 소리가 났으니, 명성을 얻게 될 것이라며 길몽으로 정반대의 해석하기도 한다.

그런가 하면 확률적으로 좋은 꿈도 있다. 이를테면 용꿈을 꾸고 아들을 낳았다든가, 돼지꿈을 꾸고 뜻하지 않은 재물을 얻거나 복권에 당첨

돼 횡재를 하는 일도 있다. 또 꿈의 내용이 복잡하고 어수선하거나 꿈을 꾸었지만, 곧 잊어버리는 꿈을 개꿈이라고 한다. 실현성이 없는 공상을 백일몽(白日夢)이라고도 한다.

동서양의 심리학자들이 활발하고 다양하게 꿈에 관한 연구를 계속해 왔기에 그것들을 설명하자면 매우 복잡하다. 그러나 대체로 공통된 꿈의 특성이랄까, 특징을 몇 가지를 먼저 살펴볼 필요가 있다.

첫째, 꿈이란 수면 상태에서 꿈속의 어떤 체험이 잠을 깨운 뒤에도 회상하게 되는 것이다. 전문가들은 꿈은 대개 수면이 깊지 않을 때 꾸게 된다고 한다. 꿈속에 나타난 어떤 체험을 '꿈의 내용'이라고 하고, 그 꿈속에 나타나는 어떤 표상을 '꿈의 의식'이라고 한다. 꿈의 내용과 꿈의 의식이 반드시 일치하는 것은 아니다.

둘째, 꿈에 나타나는 표상, 즉 꿈의 의식은 자신의 체험과 관련 있는 것이 대부분이다. 따라서 가족이나 친구, 직장 동료들이 주로 꿈에 나타나고 때로는 이미 세상을 떠난 부모가 나타나기도 한다. 또한 두 가지 이상의 체험이 섞이기도 하고 다른 것들과 결부되기도 한다.

셋째, 그처럼 자신의 체험과 현실적인 상황과 관련 있지만 현실적인 사고로는 이해할 수 없는 비현실적, 비논리적, 비합리적 표상들이 많다. 따라서 자신의 현실과는 단절된 별개의 세계인 경우가 많다.

넷째, 프로이트(S. Preud) 같은 정신분석학자나 심리학자들은 꿈의 특성은 심리적 보상작용이며 욕망 충족이라고 말한다. 철학자 융(C. G. Jung)도 꿈은 현실적 체험과 관계없는 무의식의 원형들이 꿈으로 나타나는 것이라며 무의식적 콤플렉스라고 했다. 이것은 평소에 자신의 머릿속에 깊게 자리 잡는 어떤 성취나 욕망 등에 대한 중압감, 기대감 등이 꿈으로 나타난다는 것이다. 전해지는 일화에 따르면 17세기 프랑스의 철학자이자 수학자인 데카르트(R. Descartes)는 평소에 고심하던 수학적 문제를 꿈으로 해결했다고 한다. 즉 그는 꿈을 통해 수학의 '좌표(座標)' 개념을 정리할 수 있었다는 것이다. 항상 머릿속을 억누르고 있던 중압감을 꿈으로 해결한 것이다.

다섯째, 가령 부부라든지 친한 친구가 동시에 똑같은 꿈을 꾸기도 한다는 것이다. 그것 역시 서로 같은 특정한 의식을 가지고 있었기 때문에 가능한 것이다.

여섯째, 자신이 꿈을 꾸고 있다는 것을 의식하며 꿈을 꾸는 일도 있다. 이런 꿈을 '자각몽(自覺夢, Lucid dream)'이라고 한다. 또는 '최면적 꿈'이라고도 하는데, 최면 상태와 비슷하기 때문이다. 대개 높은 인지 능력이 있는 사람들이 자각몽을 잘 꾸며 꿈의 내용을 어느 정도 통제할 수도 있다고 한다.

그 밖에 '예지몽(豫知夢. foresight dream)'이라는 특별한 꿈, 기이한 꿈이 있다. 앞으로 일어날 일을 꿈으로 보여줌으로써 예견, 예언하는 꿈이 예지몽이다. 무의식적으로 외부 세계의 신호를 포착해서 꿈의 형태로 나타난다는 것이다. 특히 어떤 신적인 존재가 꿈에 나타나 미래를 예언하는 것이 대부분인데 하느님, 부처님, 어떤 신령 등 인간이 아닌 존재가 꿈에 나타나는 것이다. 그러한 존재로 때로는 자기 조상이 나타나기도 하고 샤먼(무당)이 나타나는 일도 있는데, 샤먼의 꿈은 워낙 종류가 많아서 별개로 한다.

모든 사람이 예지몽을 꿀 수 있다고 하지만 실제로 예지몽을 꾸는 사람은 매우 드물다. 그야말로 기이하고 특이한 꿈을 꾸는 사람이다. 자신의 주위에서 누가 예지몽을 꾸었다고 하면 정신이 이상한 사람으로 비웃음을 살 것이다.

하지만 종교가 지배하던 중세 유럽과 같은 곳에서는 예지몽을 '신의 계시' 또는 '신의 예언'이라고 했다. 그리하여 예지몽을 꾼 사람은 마치 성인과 같은 특별한 인물로 대우를 받고, 성직자들은 그 신의 계시나 예언을 이용해서 신자들을 현혹했다. 여기에는 당연히 자신이 예지몽을 꾸었다는 사기꾼이나 사이비 성직자들도 있었다.

하지만 예지몽을 긍정적으로 평가하는 예도 적지 않다. 브라질의 저명한 신경과학자 싯다르타 히베이루는 그가 쓴 <꿈의 인문학>에서 꿈은 우리 인류의 진화에 크게 이바지했다면서 인간은 꿈을 통해 인지능력을 향상시켰다고 했다. 어린아이도 꿈을 통해 지적으로 발달한다는 것이다. 특히 예지몽은 직관력이며 강력한 경험이 시냅스(synapse)와 연결해서 인류 생존의 정보를 찾는 뇌의 시뮬레이션이라고 했다. '시냅스'란 우리 뇌의 신경세포들을 연결해 기억력을 갖게 함으로써 인간을 인간답게 만드는 뇌의 기능이다.

인간은 누구나 예지몽을 꿀 수 있다. 하지만 예지몽을 꾸는 사람은 드물어서 좀 특이한 인간이긴 하다. 정말 그들이 인류의 발전과 미래에 이바지했으면 좋겠다.

성모발현(聖母發現)과 눈물 흘리는 성모상

세상에는 불가사의한 일, 기이한 일, 초자연현상 등이 수없이 벌어진다. 이론이나 언어로는 도저히 설명할 수 없는 이런 현상들을 종교에서는 흔히 자신들이 숭배하는 신과 결부시켜 '기적'이라고 한다. 그러한 기적 가운데 가톨릭에는 성모발현 그리고 눈물 흘리는 성모상이 있다. 대체로 외국의 경우지만 우리나라에도 없는 것은 아니다. 먼저 눈물 흘리는 성모상을 살펴보자.

최근 멕시코 중서부의 콜리마(Colima)주에서는 한 성당에 세워져 있는 성모상이 눈물을 흘려 큰 화제가 되고 있다. 콜리마주는 멕시코에서도 가장 악명 높은 범죄 지역이다. 최근 통계에 따르면 해마다 인구 10만 명당 180~190명의 살인 사건이 일어나는 세계에서도 가장 살인 사건이 많이 발생하는 지역이다.

이런 최악의 범죄 지역에서 성당의 성모상이 눈이 충혈되고 눈물을 뚝뚝 흘린 것이다. 당연히 큰 화제가 되고 많은 사람이 몰려들어 "성모 마리아가 폭력으로 가득 찬 이 지역사회에 평화를 알리려고 노력하는 모습이다."라고 입을 모으고 있다고 한다. 성모상은 그야말로 석고나 세라믹으로 만든 조각일 뿐인데 어떻게 그런 현상이 일어날 수 있을까? 국민 대다수가 가톨릭을 믿는 멕시코에서 기적이 일어났다며 큰 화제가 되는 것은 당연하다. 그러나 눈물 흘리는 성모상이 멕시코에만 있는 것은 아니다. 세계 곳곳에서 그런 현상이 일어났다. 우리나라에도 눈물 흘리는 성모상이 있다.

충청북도 음성군 감곡면에 매괴성당이 있다. 이 일대에 성모마리아와 관련된 시설들이 많아 가톨릭 성지로 널리 알려진 곳이다. 특히 매괴성당(감곡성당)은 충청북도에서 최초로 세워진 성당이어서 충청북도 유형문화재로 지정돼 있다. 2006년 가톨릭 청주교구가 성모 순례지 성당으로 지정했다. 이 성당은 일제 강점기 프랑스인 임 가밀로 신부가 지었는데 일제는 그 근처에 신사(神社)를 지으려고 공사를 시작했다. 그런데 작업을 하려고 하면 야생동물들이 몰려들거나 폭우가 쏟아지고 인부들이 큰 상처를 입는 등, 갖가지 사고가 잇따라 일어나 결국 일제는 신사 건축을 포기했다고 한다.

또한 6.25 한국전쟁 때 이곳까지 쳐들어온 북한 인민군이 성당을 숙소로 사용했다. 그런데 이 성당 안에서 인민군들은 여러 가지 이상한 일들을 경험했다고 한다. 도깨비불 같은 이상한 불빛이 날아다니거나 기이한 현상들이 잇따라 일어나자, 인민군은 성당 안의 성모상이 원인이라고 생각하고 성모상을 향해 마구 총을 쏘았다. 하지만 석고로 된 성모상은 아무리 총알을 맞아도 끄떡도 하지 않았다고 한다. 다만 성모상의 여러 곳에 총알 자국만 남았다. 그러자 인민군은 아예 성모상을 부숴버리려고 망치를 들고 사다리로 올라갔는데 갑자기 성모상이 눈물을 흘리고 빛을 발산해 사다리에서 떨어졌다고 한다.

결국 인민군들은 겁에 질려 "성당 안에 우는 여자가 있어서 못 견디겠다."라며 숙소를 성당 밖으로 옮겼다고 한다. 그 뒤에도 온갖 수난을 겪은 매괴성당 성모상을 가리켜 일곱 번이나 수난을 겪었다고 해서 '7고(苦) 성모상'이라고 부른다고 한다.

성모상뿐 아니라 예수그리스도 동상이 눈물을 흘리는 사례도 있었다. 20세기 중엽, 세상을 떠들썩하게 했던 남미 볼리비아 코차밤바(Cochabamba)의 경우가 대표적인 사례다. 동상의 그리스도 눈에서 피눈물이 흘러내렸다. 세계적으로 관심이 집중된 가운데 피눈물을 분석

감곡 매괴성당의 성모상

했더니 인간의 피와 똑같은 성분이었다고 한다. 더욱이 피눈물 속에는 작은 가시들이 섞여 있었는데 예수그리스도가 썼던 가시관을 만들 때 사용했던 똑같은 가시였다는 것이다. 많은 전문가가 동상이 흘린 피눈물을 철저하게 분석했지만 전혀 인위적으로 조작된 흔적이 발견되지 않아 기이한 초자연적 미스터리로 남아 있다.

물론 성모상이나 예수상이 눈물을 흘리는 것을 과학적으로 설명하기는 어렵다. 하지만 학자들은 성모상은 대부분 석고 또는 세라믹으로 만들어졌기 때문에 속이 비어 있으며 재료에 따라서 구조가 약하거나 균열이 생길 가능성이 있어서 그 틈으로 흡수된 물이 흐를 수 있다고 한다. 그뿐만 아니라 돈을 벌려는 속셈으로 눈물 흘리는 가짜 성모상을 만들어 인파가 모이게 사기 행각을 벌이는 일도 있다는 것이다.

'성모발현(聖母發現)'은 성모마리아가 사람들 앞에 나타나는 것을 말한다. 2천여 년 전에 살았던 성모가 불현듯이 나타나는 것이 아니라, 지역에 따라 그 지역 현주민의 모습으로 나타나 목격자가 신비한 체험을 하게 되는 것이다. 이러한 성모발현 현상은 이미 중세 때부터 세계 곳곳에서 여러 차례 꾸준히 있었다. 그 때문에 교황청에서는 성모발현을 철저하고 세밀하게 조사해서 사실일 경우, 신의 계시로 판단하고 정식으로 인증한다. 말하자면 가짜도 많지만 진짜 성모발현도 있는 것으로 판단하기에 종교적 기적이며 기이한 현상이 아닐 수 없다. 지금까지 세계 3대 성모발현은 멕시코의 과달루페, 포르투갈의 파티마 성모, 프랑스의 루르드 성모를 3대 성모 성지라고 한다.

멕시코 과달루페(Guadalupe) 성모발현은 1531년에 일어났다. 그 해

12월 9일, 가톨릭으로 개종한 지 얼마 안 되는 57세의 아메리카 원주민 후안 디에고(Juan Diego)가 미사에 참석하려고 산등성이를 넘고 있는데 빛나는 구름 속에서 갑자기 푸른색 망토를 입은 원주민 여인이 나타나더니 이렇게 말했다.

"나는 하늘과 땅 만드신 하느님의 어머니 성모마리아다. 나는 너를 사랑하고 믿으며, 내 도움을 요청하는 모든 백성의 자비로운 어머니다. 나는 그들의 비탄에 가득한 소리를 듣고 있으며 그들의 모든 고통과 슬픔을 위로하고 있다. 나는 너희가 나의 사랑과 연민, 구원 그리고 보호를 증거로 제시하는 표시로 내가 발현한 이곳에 성당을 세우길 바라고 있다. 그러니 너는 멕시코 주교관에 가서 이곳에 나를 위한 성당을 세우는 것이 내 소망임을 전하도록 하여라."

그러한 계시를 받은 후안 디에고는 성당에 가서 주교에게 자초지종을 얘기했지만, 그는 의아해하며 후안 디에고의 말이 진실인 것을 증명할 기적의 증표를 요구했다. 후안 디에고는 어쩔 수 없이 다시 성모마리아를 만났던 곳으로 가서 다시 그녀를 만나 주교가 자기 말을 믿지 않는다고 하소연하자 그 여인이 말했다.

"이 산 정상에 장미가 만발해 있으니 그 장미꽃들을 나에게 가져오라."

그때가 한겨울이었는데 산꼭대기에 장미가 만발해 있다니 후안 디에고는 믿을 수 없었지만 산 위로 올라갔다. 그랬더니 웬걸? 정말 장미꽃들이 가득히 피어 있었다. 그는 장미꽃을 따서 자기 망토에 싸서 원주민 여인(성모마리아) 앞으로 가져왔다.

"후안, 이 장미꽃들은 네가 주교에게 가져갈 증표들이다. 이 꽃들을 가져가서 내 소망을 깨닫게 하고, 내가 요청한 일을 수행해야 한다는 것을 내 이름을 들어 말하여라. 너는 나의 심부름꾼으로서 신념을 갖고 행동하도록 해라. 그리고 네 망토에 싸여 있는 꽃송이들을 주교 앞에 나아갈 때까지 풀지 말 것을 명령한다."

마침내 후안 디에고가 주교 앞에서 "성모님께서 보내신 꽃입니다." 하며 망토를 펼치자 장미꽃들이 바닥에 쏟아지며 성모마리아의 형상이 망토에 새겨지는 기적이 일어났다고 한다. 더욱이 그 장미는 멕시코산 장미가 아니라 주교의 고향인 스페인의 장미였다. 주교는 깜짝 놀라며 망토에 새겨진 성모의 형상 앞에 무릎을 꿇고 눈물을 흘리며 기적을 의심한 자기 잘못을 참회하는 기도를 올렸다고 한다.

성모발현 이후, 성모마리아가 후안 디에고에게 부탁한 대로 테페약(Tepeyac) 언덕에 성당이 세워지고 성모마리아의 형상이 새겨졌던 디에고의 망토는 성물로서 그 성당에 모셔졌다. 그 뒤 과달루페의 성모는 멕시코의 수호자로 선포됐다고 한다. 이곳에는 해마다 1천만 명이 넘는 순례자들이 찾는다고 하며, 교황 요한 바오로 2세는 2002년까지 네 차례나 이곳을 찾았다고 한다.

또한 성모발현의 목격자였던 후안 디에고는 성인의 반열에 올라 성 후안 디에고가 됐다. 교황 요한 바오로 2세는 1999년, '아메리카 대륙의 수호자, 라틴아메리카의 여제, 복중 태아의 수호성인'임을 선언했다. 이처럼 교황청의 철저한 검증에도 불구하고 기적이 인정되는 성모발현이 중세부터 꾸준히 늘어나면서 수많은 가짜도 등장했다. 이를테면 사이비종교의 사기꾼 교주들이 자신이 성모발현을 체험했으며 신의 계시를 받았다고 거짓 선전하며 신도를 모으는 사례가 많이 늘어났다. 그들 사이비 교주 가운데는 자신에게 주어진 신의 계시라며 종말론, 말세론까지 내세우고 사기 행각을 벌이는 자들도 많았다고 한다.

거듭해서 말하지만 세상에는 기이한 초자연현상, 설명할 수 없는 현상들이 자주 일어나기 때문에 '성모발현'의 진실 여부는 판단하기 어렵다. 하지만 교황청에서 진실을 가려 확실한 경우에만 인정하는 것을 보면 그저 터무니없는 기담으로 치부하기는 어려울 것 같다.

무속의 신내림 현상이나 어떤 혼령이 몸에 깃들었다는 빙의 등도 과학적으로 판단하기 어렵다. 가톨릭에 정식으로 퇴마사 신부들도 있다. 아무튼 종교와 과학은 비교 대상이 다르다. 종교가 정신세계라면 과학은 물질세계다.

검은 성모상

 우리가 흔히 볼 수 있는 예수그리스도와 아기 예수를 안고 있는 성모마리아상은 거의 모두 우아하고 세련된 백인 모습이다. 기독교가 크게 활성화됐던 유럽은 더욱 그러하다. 포르투갈, 스페인 등 유럽 강대국들의 식민지였던 아메리카도 마찬가지다.

 예수는 이스라엘의 나사렛이 고향이다. 그의 부모인 요셉과 만삭인 마리아가 로마의 요구에 따라 호적 등록을 하러 예루살렘으로 갔다가 그곳에서 예수를 낳았다. 성모마리아의 부모 요아킴과 안나도 이스라엘에서 태어났다. 그녀가 다윗의 후손이니 예수 또한 다윗의 후손이며 성모마리아와 함께 유대인이다.

 중동 지역에 거주한 유대인은 셈족으로 유럽의 백인들과는 생김새가 다르고 완전한 백인도 아니다. 오히려 얼굴에 털이 많고 약간 유색인종에 가깝다. 물론 흑인종이나 황색인종도 아니다. 현재 우리가 이슬람교도들에게서 흔히 볼 수 있는 얼굴 모습이 원형이라고 할 수 있다. 그런데 '검은 성모상'이 있다. 성모마리아의 얼굴도 검고, 그녀가 품에 안고 있는 아기 예수의 얼굴도 검다. 그렇다고 아프리카 흑인들이 만든 것도 아니다. 도대체 어찌 된 일일까? 어찌해서 검은 성모상이 있을까?

주로 유럽이나 라틴아메리카에서 볼 수 있는 검은 성모상은 한두 개만 있는 것이 아니다. 프랑스만 하더라도 대략 300개 정도가 있다고 한다. 스페인에도 유명한 검은 성모상이 있다. 대체로 유럽의 중심부라고 할 수 있는 프랑스, 벨기에, 네덜란드 남부, 서부 독일, 이탈리아 북부 등이 포함된 갈리아(Galia) 지역에 많다고 한다. 이러한 검은 성모상의 탄생에는 여러 가지 견해들이 있다. 먼저 과학적인 원인 분석부터 살펴보면. 성모상이 있는 제단에는 항상 촛불이 있는데 오랫동안 촛불 연기 때문에 변색했다는 견해가 있으며, 역시 오랜 세월 동안에 노화되거나 산화됐을 가능성을 지적하기도 한다. 중세 때 성모상은 은(銀)으로 된 것, 구리로 된 것들이 많아서 산화됐을 가능성이 있다는 것이다.

그런가 하면, 어느 역사가가 12세기에 제작된 것으로 추정되는 검은 성모상을 연구하는 과정에서 성모상을 닦아냈더니 검은색이 사라지면서 자연스러운 색조가 드러났다고 한다. 아기 예수는 장밋빛 뺨이 드러났고, 성모마리아는 베이지 핑크였다는 것이다. 따라서 역시 세월이 흐르면서 변질됐다고 결론을 내렸다.

물론 원래 검은 성모상이 아니었던 것들도 많고, 변형되거나 변질된 것, 기독교 반대자들이 고의로 검게 칠한 것들도 많다는 점은 사실인 듯

하지만, 그것만으로는 설득력이 크게 부족하다. 윤기가 흐르는 검은 성모상도 많기 때문이다. 그와 함께 믿을 만한 역사적 원인이 수없이 제기되고 있다는 사실을 결코 외면할 수 없다.

첫째, 켈트족 기원설이다. 유럽을 대표하는 두 개의 민족은 켈트족과 게르만족이다. 나머지 대부분의 민족인 프랑크족, 앵글족, 색슨족, 고트족, 반달족 등은 거의 모두 게르만족이 분화한 것이다. 대체로 켈트족은 유럽의 서쪽, 게르만족은 동쪽이 본거지다.

켈트족은 전형적인 백인종 종족이다. 키가 크고 체격이 크며 높은 코에 움푹 들어간 파란 눈, 금발 머리 등 백인의 특성을 모두 갖춘 민족으로, 앞서 설명한 유럽의 갈리아 지역에 대부분 거주했다. 그들은 대단히 호전적이어서 끊임없이 전쟁을 벌였는데 한때 로마까지 점령해서 무자비하게 약탈하고 여성들을 겁탈했다. 하지만 기원전 1세기경 로마제국의 카이사르가 갈리아 지역을 정복하면서 차츰 로마화됐다.

검은 성모상이 갈리아 지역, 즉 로마화된 지역에 많은 것은 사실이다. 로마제국이 기독교를 심하게 박해하다가 기원후 313년, 콘스탄티누스 황제가 기독교를 공인했다. 따라서 켈트족이나 갈리아를 정복한 로마제국 시대에 기독교는 당연히 그곳에 없었다. 기독교가 탄생도 하지 않았는데 성모상이 있을 리 없다. 따라서 검은 성모상의 켈트족 기원설은 수용하기 힘들다는 견해가 많다. 더욱이 검은 성모상은 10세기 이후에 발견되거나 나타나기 시작했다.

다음 이집트 기원설이다. 아프리카 북부에 있는 이집트는 아무래도 흑인과 밀접할 뿐 아니라 '이집트'는 고대어로 '검은 땅'이라는 주장도 있으며, 그들의 젖줄인 나일강이 범람하면 상류에 기름진 토양이 형성되는데 토양이 검은색이다.

그들은 일찍이 많은 유대인을 거느리고 살았지만, 성서의 '출애굽기'에서 알 수 있듯이 모세가 수많은 유대인을 이끌고 탈출한 엑소더스로 유명하다. 당연히 유대인들에게 감정이 좋지 않았으며 기독교가 탄생하고 많은 교인이 있었지만, 한때 이집트를 지배했던 로마제국에 의해 완전히 소멸했다. 더욱이 이슬람교가 등장하면서 국가에서 이슬람교를 국교로 정하면서 이집트 국민은 90% 이상이 이슬람교를 믿는 국가가 됐다. 알다시피 이슬람교와 기독교는 뿌리가 같으면서도 적대적 관계가 돼 수세기 동안 자주 충돌했다. 이러한 이집트의 검은색과의 인연, 그리고 기독교에 대한 적대감 등으로 검은 성모상을 만들었다는 견해가 등장한 것이다. 검은색은 밤, 지옥, 악마와 관련이 있다고 한다.

검은 성모상 스페인 몬세라토 수도원에 있는 성모상이다. 나무로 만들어진 작은 성모상은 특이하게도 검은 피부를 가지고 있는데, 치유의 능력이 있다고 전해지는 카탈루냐의 수호성인이다. 성 루카에 의해 만들어지고 50년 성 베드로에 의해 이곳 몬세라트로 옮겨왔다고 한다.

또한 성모마리아를 검게 만든 것은 유대인들을 이슬람교도로 만들려는 전략이었다는 견해도 있다. 기독교와 이슬람교의 전쟁에서 무기로는 기독교를 복종시킬 수 없자 예수와 성모마리아를 폄하시키기 위해 검은 성모상을 만들었다는 주장이다. 그런가 하면 아기 예수와 성모마리아상이 이집트 신화를 모방했다는 주장도 있다. 이집트 신화에서 최고의 여신은 이시스(Isis) 신으로 그의 아들 호루스(Horus) 역시 태양신과 맞먹는 이집트의 대표적인 신이다.

그런데 이시스가 호루스에게 젖을 먹이는 조각상이 있다. 이 조각상은 몇 가지 형태가 있는데, 이시스가 호루스를 안고 서 있는 조각상도 있고 앉아서 젖을 먹이는 조각상도 있다. 이 조각상은 거의 검은색에 가까운 짙은 회색의 청동상이다. 성모마리아가 아기 예수를 안고 있는 모습이 그와 닮은 것은 사실이다.

그다음, 검은 성모상은 예수와 성모마리아가 동방 출신이라는 사실을 나타내기 위해 어두운 색조로 만들었다는 어느 역사가의 가설도 있다. 성모상이 검다는 것은 동양에서 온 것이며 매우 오래되고 먼 곳에서 왔다는 것을 의미한다는 것이다.

그들의 고향인 이스라엘은 중동 지역으로 서아시아 또는 소아시아의 서쪽 끝자락이다. 예수가 태어났을 때 동방박사들이 찾아와 경배드렸다. 동방박사들은 당연히 동양에서 온 사람들이다. 그래서 예수가 외양간에서 태어나는 모습을 그린 성화들에는 동방박사들의 얼굴이 짙은 갈색이다. 아무튼 예루살렘에 있던 검은 성모상을 이슬람과의 전쟁을 위해 그곳에 갔던 십자군이 유럽으로 가져와 널리 알려지게 됐다는 견해도 있다.

그 밖에도 원래 예수나 성모마리아의 얼굴과 피부가 검었는데 인종차별에 의해 예수가 처형당했다는 것이다. 따라서 검은 성모상은 당연하다는 주장까지 있다. 과연 검은 성모상이 어떤 이유로 만들어졌는지는 정확히 알 수 없다.

지난 2021년 과학자, 미술사학자, 조각가 들로 이루어진 검은 성모상 연구팀이 프랑스 남서부의 로카마두르에 있는 유명한 검은 성모상을 탄소동위원소법을 이용해서 연대를 측정한 결과, 서기 1160~1170년 사이에 만들어진 것으로 분석했다. 말하자면 12세기에 만들어진 것이지만 여러 번 변형됐으며 16~17세기에 검은 색조를 적용해서 변형된 것이라고 한다. 아울러 그 정확한 기원이나 변형 등에 대해서는 아직 연구 중이라고 한다.

매스컴을 통해 가장 널리 알려진 검은 성모상은 스페인 바르셀로나 북서쪽에 있다. 그곳의 몬세라트는 톱니처럼 생긴 바위들로 가득한 해발 1,200m가 넘는 바위산이다. 이 산의 중턱 협곡에 있는 유서 깊은 베네데토 수도원 안에 검은 성모상이 있다. 이 성모상은 스페인에서 분리 독립하려는 카탈루냐의 수호신이자 스페인 최고의 성지로 많은 순례자와 관광객이 찾는 곳이다.

흉가 - 유령의 집

귀신 또는 유령은 일반적으로 죽은 자의 넋(魂)을 말한다. 육체, 즉 실체는 없고 반투명하거나 부유하는 형체가 있다고 믿는 것으로 인류의 역사와 함께해왔다. 따라서 동서양 어디서든 그 긴 역사를 볼 때 귀신의 실제적인 존재 여부를 떠나 우리 인간의 삶에서 결코 무시할 수 없는 존재라고 할 수 있다.

그 때문에 무속에서 무당은 귀신의 존재를 믿으며 신내림과 같은 특이한 경험을 몸에 귀신이 깃들었다고 표현한다. 귀신을 목격했다는 사람들이 수없이 많고 정통 종교인 가톨릭에 공식적으로 귀신을 쫓아내는 의식을 거행하는 퇴마 신부가 있을 정도다.

그런데 기이하게도 동서양 어디서든 귀신 또는 유령이 지속적으로 나타난다는 공포의 장소가 있으며 그곳에서 귀신을 직접 목격했다는 사람들이 끊임없이 나타나고 있다. 그들로서는 엄청난 공포이며 재앙이기 때문에 그 장소에서 도망치듯 빠져나가고 있다. 이처럼 귀신이 자주 나타나 사람들이 살지 않고 폐가가 된 빈집을 흉가(凶家)라고 한다.

물론 그러한 흉가는 전세계 어느 곳에나 있지만 특별히 유명한 흉가들이 있다. 그 가운데 우리나라 방송의 각종 프로그램에서도 여러 차례 소개해서 이미 우리에게 널리 알려진 소문난 세계적인 흉가들이 있어서 많은 관심을 끌게 한다.

 **캄보디아 보코르산 대저택**

동남아시아 캄보디아에 풍광이 뛰어난 보코르(Bokor)산이 있다. 아름다운 산기슭과 앞바다가 있어 기후가 알맞고 경치가 아주 좋은 곳이다. 캄보디아를 식민지화한 프랑스는 1921년, 이곳에 웬만한 호텔 규모의 3층짜리 대저택을 지었다. 프랑스군 장교들의 고급 휴양 시설이었다. 이 과정에 캄보디아인 약 900명이 강제 동원돼 혹사당했다. 그들 대부분이 강제 노동에 시달리다가 말라리아로 목숨을 잃었다.

프랑스가 떠나고 이 대저택은 한동안 방치돼 있었는데, 캄보디아에 공산정권이 들어서면서 '크메르루주'가 자기 나라 국민의 대학살을 자행, 3년 7개월 동안 전체 인구의 약 30%에 해당하는 200만 명이 고통 받다가 숨졌다. 이것이 이른바 '킬링필드(killing fields)'다.

그 당시 크메르루주는 보코르산 대저택에서 자기 나라 국민을 무자비하게 고문하고 처형했다. 총알을 아낀다며 아무 잘못 없는 국민을 결박해서 대저택 옥상에서 밑으로 밀어버리는가 하면 절벽 밑으로 떨어뜨려 수많은 국민이 참혹하게 학살당했다. 너무 많이 죽여 대저택의 벽면이 붉은 피로 물들 정도였다고 한다.

이 대저택에 밤만 되면 온갖 원혼들이 나타난다고 한다. 이곳에서 <알 포인트(R Point)>라는 영화를 촬영했는데 촬영 전에 스태프들이 진혼제까지 지냈는데도 이유 없이 몸이 아프고 환청이 들려 크게 고생했다고 한다. 그곳에서 억울하게 죽은 사람들이 많아 그들의 원혼이 나타나는 것이라며 아무도 이 대저택을 찾지 않았다. 그리하여 오래도록 방치돼 있다가 2008년 어느 호텔그룹이 사들여 고쳐서 5성급 호텔로 개조했다고 한다.

 **미국 텍사스 베이커 호텔**

미국 텍사스주 미네랄 웰스(Mineral Wells)라는 소도시에 있는 베이커(Baker) 호텔은 약 50년 동안 투숙 객이 단 한 명도 없었다고 한다. 그만큼 미국인들이 꺼리는 호텔이다. 14층 건물에 수영장, 나이트클럽 등 갖가지 편의 시설을 갖추고 있지만 결국 1972년 문을 닫았다.

이 호텔은 1929년에 개업했는데 1948년, 이 호텔의 엘리베이터 보이인 15세 소년 더글러스 무어가 밤늦게까지 당직 근무를 하고 있었는데 그가 탄 엘리베이터 문이 열리자, 그의 하반신이 절단된 채 쓰러져 있었다. 급히 병원으로 옮겼지만 소년은 죽고 말았다. 그 뒤 이 호텔의 지하실에 상반신밖에 없는 더글러스 무어의 영혼이 떠도는 모습이 목격되는가 하면, 1960년 이 호텔 매니저의 내연녀가 옥상에서 투신했다.

그 뒤로는 더글러스 무어의 유령뿐 아니라 여자 유령까지 나타나면서 베이커 호텔은 손님들의 발길이 완전히 끊어졌다. 그 뒤에는 유령 호텔로 방치되다가 2019년에야 리모델링을 통해 올해(2024) 다시 개업할 예정이라고 한다.

 **영국 클리프턴 홀 대저택**

클리프턴 홀(Clifton Hall)은 중세 초기에 세워진 웅장하고 화려한 대저택으로 특히 정원이 유명하다고 한다. 그런데 일찍이 이 저택에 유령들이 출몰하고 불가사의한 일들이 끊임없이 벌어져 폐가가 됐다. 하지만 2007년에 와서 안와르 라시드라는 재력가가 우리 돈으로 약 50여억 원에 이 저택을 매입했다. 그 지역의 주민들이 라시드에게 유령이 나타나는 건물이라며 주의를 줬지만 라시드는 믿지 않았다. 귀신이니 유령이니 하는 것은 단순한 미신이라며 그들의 충고를 무시했다.

그런데 라시드 가족이 이곳으로 이사를 온 첫날 밤부터 이상한 일이 계속해서 벌어졌다. 누군가 계속 문을 두드리며 "거기 누구 계십니까?" 하는 것이었다. 하지만 문을 열어보면 아무도 없었다. 더욱이 밤이 되면 라시드의 큰딸 모습의 유령이 나타났다. 깜짝 놀라서 큰딸의 침실에 가보면 편안하게 잠들어 있었다. 그런데 큰딸의 유령이 집 안 곳곳에서 출몰하는 것이었다.

그뿐만 아니라 날이 어두워지면 집 안 어디선가 어린아이의 고함 소리가 들려왔다. 라시드는 어쩔 수 없이 퇴마사를 불렀지만, 그는 집 안을 둘러보더니 "도저히 이길 수 없습니다." 하고 가버렸다. 계속해서 퇴마사들을 불러보았지만 모두 마찬가지였다. 더욱 놀라운 것은 저택 주변에 온통 핏자국이 나타나고 겨우 두 살 된 아들의 이불에도 핏자국이 낭자했다. 그리하여 절대로 귀신을 믿지 않았던 라시드는 더 이상 견디지 못하고, 7개월 만에 이사했다고 한다. 이후로도 이 클리프턴 대저택은 아무도 사려는 사람이 없어서 아직 은행의 소유로 남아 있다고 한다.

미국 아미티빌 저택

미국 코네티컷주의 아미티빌(Amityville)에 있는 이 저택은 1974년, 그 저택에 거주하던 일가족 6명이 한꺼번에 몰살당했다고 한다. 범인은 그 가족의 큰아들이었다. 그는 가족들을 죽이고 "일가족을 죽인 건 내가 아니라 악마였다."라고 말했다. 이 저택은 곧 흉가로 소문이 나서 아무도 오지 않았다.

그리하여 빈집으로 오랫동안 남아 있으면서 집값이 형편없이 내려갔다. 마침내 헐값으로 누가 이 저택을 매입하고 가족들이 입주했다. 그런데 입주 첫날부터 갑자기 집이 흔들리고 불이 꺼지는 등, 갖가지 기이한 현상들이 일어나고 어둠 속에서 남녀의 유령들이 나타나는 것이었다. 짐작컨대 몰살당한 가족들의 유령이었다. 역시 퇴마사를 불러 퇴마의식을 치렀지만 여전히 밤이면 유령들이 나타나 오싹하게 만들었다.

결국 겁에 질린 입주자는 다시 이사할 수밖에 없었다고 한다. 현재 이 저택은 아무도 살지 않는다고 한다. 흉가로 널리 알려져 폐가가 된 것이다. 다만 해마다 핼러윈데이가 되면 많은 관광객이 찾아온다고 한다.

귀신 또는 유령이 인류의 역사와 거의 함께하면서 자고이래로 동서양 어디서든 수없이 목격됐다고 하지만 실제로 그 존재를 입증하지는 못한다. 귀신의 존재가 분명한 사실로 밝혀진 경우도 전혀 없다. 마치 미확인비행물체(UFO)가 수없이 목격됐다지만 우리가 실제로 외계인 또는 비행접시라는 물체를 직접 본 적이 없는 것과 같다. 그럼에도 귀신 기담이 끊이지 않는 것은 우리 인간의 본능과 관련 있다고 말하는 학자들도 많다. 즉 인류는 다른 맹수들에 비해 나약한 존재다. 따라서 어두운 밤에 혼자 돌아다니다가는 맹수들에게 잡아먹히기 쉽다는 내재한 방어 본능이 있다는 것이다. 그 때문에 우리 인간은 어둠과 혼자 있는 것을 두려워하고, 주변에서 조금만 이상한 움직임이 있어도 공포감을 느끼며, 때로는 무엇인가 '헛것'을 보기 쉽다는 것이다.

또한 귀신이나 유령은 대부분 젊은 여성, 어린이, 노인과 같은 약자들로서 어떤 원한을 품고 있는 원혼일 것이다. 강력한 존재, 건장한 인물은 거의 없다. 그것은 짓눌려 살아온 원한과 사연이 많은 약한 자들이 강한 자들을 겁주는 반전적(反轉的) 요소에 근거한다는 주장도 있다.

최근에는 귀신들을 직접 체험하고 그 증거를 남기겠다며 귀신을 찾아다니는 동호회들도 있다. 그들은 각종 영상 장비, 녹음 장치, 고주파 기기 등을 갖추고 유령의 집을 찾아가 귀신이 나타나기를 기다린다. 그리고 귀신의 목소리를 들었다든가, 귀신의 형상을 촬영했다고 주장을 펴기도 하지만 신뢰할 만한 증거는 거의 없다.

염소의 저주

1945년 10월 6일, 미국 시카고의 리글리필드 구장에서 프로야구 월드시리즈 4차전이 열렸다. 그해의 최고 팀을 가리는 이 경기는 홈팀 시카고 컵스(Chicago Cubs)와 디트로이트 타이거즈(Detroit Tigers)의 대결이었다.

관중은 초만원이었다. 시카고 컵스의 열성 팬인 빌리 시아니스도 이 경기를 직접 관람하기 위해 입장권 2장을 샀다. 그는 애완 염소인 '머피'와 동반 입장하기 위해 입장권을 두 장이나 산 것이다. 그런데 관중석에 염소가 있는 것을 본 시카고 컵스의 구단주가 염소에게서 악취가 풍긴다는 구실로 빌리 시아니스에게 염소와 함께 퇴장해달라고 강력하게 요구했다. 어쩔 수 없이 쫓겨나게 된 시아니스는 화가 치밀어 저주의 악담을 퍼부었다.

"당신들은 이번 월드시리즈에서 패배할 것이다. 그뿐만 아니라 내 염소를 모욕했기 때문에 다시는 월드시리즈에서 우승하지 못할 거야."

이 저주에 가득 찬 독설은 현실이 됐다. 시카고 컵스는 1908년에 우승을 차지한 이래, 무려 108년 동안 단 한 번도 우승하지 못했다. 우승을 눈앞에 두고도 갑작스러운 변수가 생겨 뜻밖에 패전하는 등, 번번이 우승을 놓쳤다. 이것을 두고 사람들은 '염소의 저주'라고 했다. 미국에서 '염소의 저주'를 모르는 사람은 없다.

이처럼 '염소의 저주'가 멈추지 않자 1973년에는 시아니스의 조카와 시아니스의 애완 염소 머피의 7대손과 함께 등장해서 "모든 것이 용서됐다. 염소 머피가 시카고 컵스를 우승하게 하소서." 하며 호소했지만 그 역시 입장을 거부당했으며 시카고 컵스는 패배했다. 시카고 컵스는 2016년에야 월드시리즈에서 우승할 수 있었다. 무려 108년 만에 '염소의 저주'에서 벗어난 것이다. 빌리 시아니스가 죽은 뒤 46년이 지나서였다.

저주에 관해 얘기하자면 한도 끝도 없다. '저주(詛呪)'는 사전에서 '몹시 미워하는 상대에게 재앙이나 불행한 일이 일어나도록 빌고 바라는 것'이라고 풀이하고 있다.

수많은 사람이 어울리고 경쟁하며 사는 인간 세상에서는 서로 얽히고 설키면서 인간관계를 형성한다. 인간관계에는 좋은 인연과 좋지 못한 악연이 맺어지는 것은 어쩌면 불가피하다. 바람직하지 못한 악연으로 서로 마찰을 일으켜 대립하고 갈등하고 시기와 질투, 모함과 음모가 생겨나기 마련이다. 그에 따라 어떤 이유로든 자신과 대립하는 상대방을 증오하게 되는 경우가 적지 않다.

특정한 상대방에 대한 미움과 혐오를 넘어 증오하게 되면 분노하며 응징과 보복을 결심하게 된다. 실천 방법으로 물리적 복수가 있다. 의도적으로 상대방에게 큰 피해를 주거나 신체에 가해하는 것이다. 또 하나의 방법이 상대방을 저주하는 것이다. 그런데 '저주'는 그 방법을 쉽게 설명하기 어렵다. 앞서 저주에 대한 사전적 정의에서 보듯이 상대방에게 재앙이나 불행한 일이 일어나도록 빌고 바라는 것이다. 상대방과 직접 맞서지 않고 심적으로 상대방이 불행해지도록 간절히 기원하는 것이다.

그 방법도 여러 가지다. 못된 마음을 먹고 상대방이 불행해지도록 악담을 퍼붓고 간절히 기도를 계속하는 저주도 있지만, 어떤 행위가 합리적인 이유 없이 저주받는 불가항력적이고 초현실적인 저주도 있다. 또한 의도적인 목적을 가지고 갖가지 방법으로 상대방을 저주하는 예도 있다. 그리하여 상대방이 불행해지고, 그 결과로 자신에게 어떤 이익이 돌아오도록 기원하는 것이다.

미국 프로야구 월드시리즈에서 시카고 컵스가 저주받은 것이라는 말은 매우 불합리하고 현실성이 전혀 없다. 야구장에 염소를 데리고 들어와 좌석을 차지한다는 것은 다른 관중들에게 불쾌감을 주는 행위로 다른 경기장이었어도 입장을 거부당했을 것이다. 그 때문에 쫓겨났다고 악담과 독설을 퍼부은 것은 이해가 되지만, 그것이 100년이 넘는 저주로 이어졌다는 것은 도저히 이해할 수 없다. 하지만 우승하지 못한 것은 사실이고, '염소의 저주'라는 속설도 그럴싸하다.

기원전 14세기, 고대 이집트에 투탕카멘이라는 나이가 어린 파라오(왕)가 있었다. 그는 겨우 18세에 요절했지만, 오늘날에도 그가 유명한 것은 그의 무덤에서 황금가면을 비롯해 황금마차 등, 당시의 온갖 보물들과 생활용품, 무기들이 쏟아져 나왔기 때문이다.

수많은 고대 이집트 파라오의 무덤은 국제적인 도굴꾼들에 의해 값진 보물과 유물들이 거의 모조리 약탈당했다. 하지만 투탕카멘의 무덤은 파라오의 무덤답지 않게 너무 평범하고 허름해서 도굴꾼들의 눈에 띄지 않았다. 그 덕분에 1922년에야 발굴됐다.

그런데 투탕카멘의 무덤에서 엄청난 보물과 유물들을 발굴하면서 황금가면을 썼던 그의 미라를 발굴하는 과정에서 미라에 손을 댔던 학자, 전문가, 일꾼들이 잇따라 목숨을 잃었다. 그들이 사망한 원인을 알 수 없었다. 그 때문에 '투탕카멘의 저주'라는 이름이 붙었다. 무려 21명의 발굴 단원들이 비명횡사했다. 뒤늦게 학자들이 꾸준한 조사와 분석 끝에 밝혀낸 사망 원인은 무덤과 미라에 생성돼 있던 바이러스에 의한 감염이었다. 이 사실이 밝혀지기 전까지는 어찌 되었든 '투탕카멘의 저주'라는 말을 들을 만했다.

근래에 와서 투탕카멘의 무덤 발굴 작업에는 약 1,500명이 동원됐는데 그 가운데 21명이 죽었다는 것은 대단한 것이 아니라고 주장하는 학자들도 있다. 그것은 보물을 훔치려고 파라오들의 무덤을 파헤치는 도굴꾼들에 대한 경고라고 주장하기도 했다.

'저주'에 대한 설명을 하면서 워낙 유명한 '저주받은 다이아몬드'를 결코 빼놓을 수 없다. 이 다이아몬드들은 작은 다이아몬드가 아니다. 모두 밤알만큼 크고 가치가 수백억 원이나 되는 역사 깊은 다이아몬드들이다. 이런 엄청난 다이아몬드들은 왕족, 귀족, 세계적인 재력가들의 손을 거치기 때문에 더욱 유명하다.

저주받은 다이아몬드는 영국 여왕의 왕관에 박혀 있는 '코이누르(Kohinoor) 다이아몬드'부터 시작해야 할 것 같다. 원래 인도에서 가장 오래된 다이아몬드로 처음 세공했을 때는 무려 187캐럿이었다고 한다. 인도의 무굴제국 소유였으나 1846년 영국 왕실로 넘어갔다. 그런데 이 다이아몬드를 소유하는 왕족 남자마다 갑작스럽게 사망하는 것이었다. 그러자 당시 빅토리아 여왕에게 선물로 바쳤다. 그리고 다시 세공돼 108.93캐럿이 됐다고 한다. 빅토리아 여왕은 그 다이아몬드로 왕관을 장식했고 여왕, 즉 여자가 소유하게 되자 불행한 사태도 일어나지 않았으며 오늘날까지 별 탈 없이 이어지고 있다.

다이아몬드는 생명이 없는 물질일 뿐이다. 땅속의 광석에서 채굴되는 광물일 뿐이다. 그런데 아무런 이유도 없이 특정한 다이아몬드를 소유한 사람들에게 재앙과 불행이 끊이지 않는 까닭을 두고 '저주'라는 말밖에는 달리 표현할 방법이 없다. 참으로 기이한 기담이 아닐 수 없다.

'피의 다이아몬드'라고 부르기도 하는 저주받은 4대 다이아몬드의 으뜸은 블루(Blue) 다이아몬드 또는 호프(Hope) 다이아몬드라고 부르는 2,500년이 넘는 긴 역사를 가진 다이아몬드다. 무려 기원전 5세기, 인도의 한 농부가 놀라운 다이아몬드를 발견했는데 그는 인도에 침입한 페르시아군에게 살해됐다. 그것이 저주받은 다이아몬드의 시초라고 할 수 있다.

세월이 흐르고, 이 다이아몬드는 페르시아 총독이 황제한테 선물했는데, 총독은 도둑의 손에 살해됐고 황제는 반란군에게 살해됐다. 그리고 약 500년이 흐른 뒤 이 다이아몬드는 어느 힌두교 사원의 석상의 눈으로 장식돼 있었는데 이것을 훔쳤던 도둑은 고문받다가 사망했다.

17세기에 이르러 프랑스 보석상이 입수해서 당시 프랑스 국왕 루이 14세에게 헌납했는데 그 보석상은 병으로 죽었다. 그 후 이 다이아몬드는 루이 16세의 왕비였던 마리 앙투아네트의 손에 들어갔는데 그녀는 프랑스 시민혁명으로 단두대에서 처형됐다.

세월이 흐른 뒤, 이 블루 다이아몬드는 경매를 통해 아일랜드의 은행가 토마스 호프가 매입해서 자신의 이름을 붙여 '호프 다이아몬드'가 됐다. 그런데 호프는 말에서 떨어져 즉사했다. 그리하여 다시 경매를 통해 오스만제국 황제의 손에 들어갔는데 그는 칼로 살해당했다. 그 뒤에는 미국을 비롯한 여러 보석상의 손을 거치게 됐는데 이 호프 다이아몬드는 소유한 보석상마다 익사하거나 교통사고로 사망하고 자살했다. 마침내 이 다이아몬드는 뉴욕의 유명한 보석상이 윈스턴이라는 사람에게

호프 다이아몬드 호프 다이아몬드(블루 다이아몬드)는 세계 4대 다이아몬드 중 하나로 지금은 미국 스미스소니언박물관에 전시되어있다.

넘어갔는데 워낙 유명한 다이아몬드여서 뉴욕의 한 전시장에서 공개했다. 그러면서 이 다이아몬드의 기나긴 저주의 역사를 알게 된 그는 더 이상 불행과 재앙을 막아야겠다는 생각으로 스미스소니언박물관에 기증했다. 그 때문인지 다행히 그는 수명을 다할 때까지 순탄한 삶을 살았다고 한다.

'피렌체(Florentine) 다이아몬드'는 역시 인도에서 발견된 137캐럿의 다이아몬드다. 우여곡절을 거쳐 오스트리아 여제 마리아테레지아의 손에 들어갔는데 그의 딸 마리앙투아네트가 프랑스의 왕세자와 결혼할 때 선물로 주었다. 그 왕세자가 왕위에 올라 루이 16세가 됐으며 마리앙투아네트는 왕후가 됐는데 프랑스 시민혁명이 일어나고, 루이 16세와 마리앙투아네트는 모두 단두대에서 처형됐다.

그 뒤 나폴레옹에게 넘어가 그의 아내에게 줬는데 결혼 4년 만에 나폴레옹은 유배됐고 파경을 맞았다. 이어서 오스트리아 왕자의 손에 들어가 그가 결혼하면서 신부에게 선물했는데 아들이 자살하는 비극을 맞았다. 그다음 오스트리아 금고에 보관됐는데 오스트리아의 황태자 부부가 사라예보를 방문하던 중 피살됨으로써 제1차 세계대전이 일어나 엄청난 참상을 가져왔다. 또한 이 피렌체 다이아몬드를 갖게 됐던 오스트리아(합스부르크) 황후도 피살됐는데 그 뒤 이 다이아몬드의 행방이 묘연해져 아직도 찾지 못하고 있다.

'상시(Sancy) 다이아몬드'는 오스만제국에서 영국 제임스 2세에게 넘어갔지만, 혁명이 일어나 프랑스로 망명하면서 마리앙투아네트를 거쳐 재력가에게 넘어갔는데 그의 사촌은 타이태닉호에 탑승했다가 이 선박이 침몰하면서 참사를 당했다.

'리젠트(Regent) 다이아몬드'는 140캐럿이 넘는 큰 다이아몬드다. 인도에서 발견돼 역시 여러 과정을 거쳐 마리앙투아네트의 손을 거쳐 나폴레옹에게 넘어가 그의 칼끝에 장식됐다고 한다. 그 뒤 나폴레옹은 실각했으며 그의 후임이었던 프랑스 수상은 나폴레옹 때문에 엄청난 스트레스를 받다가 화병으로 죽었다고 한다.

흥미로운 것은 '저주의 다이아몬드'들이 모두 루이 16세의 왕비 마리앙투아네트와 관련돼 있다는 것이다. 그녀도 왕비가 단두대에서 목이 잘려 참혹하게 죽었으니 과연 저주받은 여성일까? 어찌 되었든 이러한 현상들은 모두 비현실적이며 비과학적, 비합리적이다. 하지만 공교롭게도 그러한 기이한 현상들이 일어난 것도 사실이다. 아무런 근거도 없는 초자연적인 현상이랄까, 지나친 우연이랄까? 아무튼 '저주'라는 표현을 반박하기도 어렵다.

우리나라에도 저주와 관련된 많은 사례가 있다. 그 가운데서도 조선조 19대 임금 숙종의 희빈이었던 장희빈의 사례가 대표적으로 널리 알려져 있다. 수많은 드라마와 영화 등으로 우리에게 익숙한 장희빈의 본명은 장옥정. 그는 역관의 딸이었으나 미모가 뛰어나 궁중 나인으로 입궐했다. 그녀의 출중한 미모가 젊은 임금 숙종의 눈에 띄어 임신하게 됐다. 그런데 그녀는 미모뿐 아니라 다른 매력도 뛰어났던지 숙종을 사로잡았다. 숙종에게는 정비 인현(仁顯)왕후가 있었다. 그런데도 숙종은 장옥정에게 완전히 빠져 헤어나오지 못했다. 당시는 당파 싸움이 치열하던 시기였는데 장옥정을 앞세운 남인(南人)과 장씨 일가가 권력을 장악하게 됐다.

장옥정은 승승장구하며 품계가 점점 높아졌다. 일개 궁중 나인이었던 그녀는 정식 왕비인 인현왕후를 완전히 무시하며 그냥 '민씨'라고 부르며 기고만장했다. 인현왕후는 숙종이 외면하는 바람에 합방하지 못해 회임할 기회조차 없었다.

그러는 사이, 장옥정이 아들을 낳았다. 숙종은 너무 기뻐 그를 왕세자로 책봉했다. 그가 나중에 조선조 20대 임금 경종이 된다. 장옥정에게도 정1품이 희빈이라는 품계를 내렸으며 인현왕후는 폐비가 돼 궁에서 쫓겨났다. 이제 장희빈은 정식 국모나 다름 없었다. 권력은 남인과 장씨 일가가 차지하고 정국의 주도권을 쥐었다.

그러나 세월은 흐른다. 아무리 맛있는 음식도 너무 자주 먹으면 물리고 싫증이 나고, 아무리 아름다운 꽃도 활짝 피고 나면 반드시 시들기 마련이다. 숙종은 장희빈이 지겨워졌다. 10대에 입궁한 장희빈이 어느덧 30세가 되었다. 10대에 결혼하는 시대였으니 30대면 피부에 탄력이 떨어진데다 아이까지 낳고 몸매도 무너졌다. 변덕쟁이 숙종은 장희빈을 멀리하기 시작했다.

한 번 싫어지면 점점 더 싫어진다. 장희빈에게 정이 떨어진 숙종은 폐출시킨 인현왕후가 그리웠다. 그녀의 단아하고 품위 있는 모습, 내명부를 잘 다스리던 모습이 그리워져 어느 날 그녀가 살고 있는 민가로 잠행했다. 그런데 폐비 인현왕후의 시녀인 최씨가 눈에 띄었다. 숙종은 그녀를 궁궐로 불러들여 동침했는데 그녀가 아들을 낳고 정식 후궁이 됐다. 최씨가 낳은 아들이 훗날 조선조 21대 임금 영조가 된다. 영조로서는 왕조의 적손이 아니라 무수리의 자식이라는 사실이 평생의 트라우마가 됐다.

아무튼 최씨가 아들을 낳고 숙종의 총애를 받자 장희빈은 질투심에 불타 그녀를 매질까지 했다는 사실이 알려지자 숙종은 격노해서 인현왕후를 복위시키고, 남인의 중신들과 장씨 일가의 대신들을 귀양보냈다. 또한 장씨 일가의 조상 3대의 벼슬을 모두 회수했다.

그러자 장희빈은 왕세자의 생모라는 지위를 이용해서 인현왕후를 저주하기 시작했다. 그냥 마음으로 저주하는 것이 아니라 구체적인 행위와 음모와 권모술수로 인현왕후를 궁지에 몰아넣으려 했다. 온몸에 바늘을 꽂은 저주의 인형을 묻고, 자기가 낳은 왕세자의 이름과 나이를 적은 팻말을 장씨 선영에 묻고, 남인의 몰락으로 다시 권력을 잡은 서인인 병조판서의 호패를 훔쳐 그곳에 떨어뜨려 놓았다. 서인의 음모로 몰아붙이려는 흉계였다.

그뿐만 아니라 인현왕후가 죽으면 자신이 그 자리에 오르게 될 것을 기대하며 몰래 무당을 불러 저주의 굿판을 벌이기도 했으며, 저주 신당(神堂)을 꾸미고 인현왕후의 처소에는 죽은 쥐와 저주 용품 등을 묻었다. 인현왕후는 복위되면서 몸이 안 좋아 2년 동안이나 병석에 누워 있었지만 장희빈은 단 한 번도 위문을 가지 않았다. 마침내 인현왕후가 숨을 거두자 남인들과 장씨 일가는 드디어 바라던 기회가 왔다는 듯이 장희빈을 앞세워 복귀 공작을 펼치기 시작했다.

그러나 후궁 최씨가 장희빈의 끈질긴 저주 의식을 알고 있다가 숙종에게 그 사실을 밝혔다. 숙종은 즉각적으로 조사를 시킨 결과 장희빈의 갖가지 저주 의식이 사실로 밝혀지자 크게 분노해서 귀양 가 있던 장씨 일가를 모조리 처형하고 장희빈에게는 사약을 내렸다. 장희빈의 비극적인 최후였다. 그와 함께 숙종은 후궁이 정식 왕비에 오르지 못하게 하는 법령까지 만들었다.

앞의 다른 저주들과는 달리 장희빈의 경우는 저주하는 자와 저주받는 자가 분명한 실체가 있는 악랄한 저주 행위다. 그런데 결과적으로 인현왕후에 대한 장희빈의 저주는 목적을 달성하기는커녕 오히려 그 자신의 죽음으로 귀결되고 말았다.

우연의 일치가 있을까

우리 인간의 삶에는 전혀 예상하지 못했던 우연한 일들이 종종 일어난다. 우연도 자주 일어나면 반드시 그렇게 되게 돼 있는 일이어서 필연(必然)이라고 하지만, 전혀 뜻하지 않게 일어나는 우연도 적지 않다. 그러한 우연의 일치로 미국의 링컨 대통령과 케네디 대통령의 우연한 일치를 빼놓을 수 없다. 그들은 미국의 가장 위대한 대통령으로 손꼽히는 인물들이어서 더욱 의미가 있다.

에이브러햄 링컨(Abraham Lincoln)은 1846년, 국회의원에 당선됐다. 존 케네디(John F. Kennedy)는 1946년 국회의원에 선출됐다. 꼭 100년 뒤였다. 링컨은 1860년에 대통령이 됐고 케네디는 1960년에 대통령이 됐다. 역시 꼭 100년 뒤였다. Lincoln은 알파벳이 7자다. Kennedy도 7

자다.

두 사람 모두 인권에 관심이 큰 대통령이었으며 백악관 시절에 자녀를 잃은 것도 일치한다. 그것도 모두 금요일에 자녀를 저세상으로 보냈다. 링컨 대통령의 비서는 케네디라는 성을 가지고 있었고 케네디 대통령의 비서는 링컨이라는 성을 가지고 있었다.

두 사람 모두 미국 남부 지방 사람에게 저격당해 피살됐으며 후임 대통령들은 모두 남부 지방 인물이었다. 더욱이 후임 대통령의 이름이 똑같이 존슨이었다. 링컨 대통령의 후임은 앤드루 존슨(Andrew Johnson)으로 1808년생이었다. 케네디 대통령의 후임은 린든 존슨(Lydon Jonson)으로 1908년생이었다. 그들도 똑같이 100년 차이였다.

링컨 대통령을 저격해서 피살된 부스는 1839년생이었고, 케네디 대통령을 저격해서 피살된 오즈월드는 1939년생이었다. 역시 이들도 꼭 100년 차이였다. 살인범 두 사람 모두 이름이 3개의 단어로 돼 있다. 부스는 John Wikes Booth로 3개 단어였고, 오즈월드는 Lee Harvey Oswald로 역시 3개의 단어였다. 또한 이들의 이름은 똑같이 알파벳 15자다.

링컨 대통령을 저격해서 피살된 부스는 극장에서 뛰쳐나와 창고에서 붙잡혔으며, 케네디 대통령을 저격한 오즈월드는 창고에서 뛰쳐나와 극장에서 붙잡혔다. 그리고 살인범 두 명 모두 재판 전에 역시 똑같이 저격당해 피살됐다.

링컨 대통령은 피살되기 일주일 전 메릴린 먼로라는 지역에 있었고, 케네디 대통령은 피살되기 일주일 전 유명한 영화배우 메릴린 먼로와 함께 있었다고 한다.

링컨과 케네디는 무려 100년 차이가 있는 인물이다. 그런데 우연치고 이처럼 수많은 우연의 일치가 또 있을까? 좀 과장해서 말하면 '신의 장난'이라고 할까? 우연도 이쯤 되면 필연이라고 말할 수 있지만 그들 사이에 필연이 될 만한 논거는 전혀 없다. 두 사람은 서로 다른 시대를 살았던 인물이다.

　'원수는 외나무다리에서 만난다'라는 속담은 전혀 뜻하지 않고 예상하지 못했던 우연한 일이 벌어질 수 있다는 뜻이다. 사실이 그렇다. 높은 빌딩 옥상에서 돌이 떨어져 하필 내가 맞는다든가, 내가 건너갈 때 갑자기 다리가 무너진다든가, 벼락을 맞는다든가…. 따지고 보면 우연은 적지 않다.

　나에게 불행을 가져오는 우연도 있고, 복권 당첨과 같은 우연한 행운도 있다. 종교를 갖고 신앙생활을 하는 사람들은 모든 우연도 신의 뜻이라고 말한다. 어쩌면 그렇게 생각하는 것이 마음 편할지도 모른다.

　같은 민족으로서 같은 나라에서 태어나고 같은 해, 같은 달에 태어나는 것은 우연이라고 말하기 어렵다. 하지만 같은 해, 같은 달, 같은 날짜에 태어나는 것부터는 확률이 크게 떨어진다. 더욱이 같은 성별로 같은 날, 같은 시간에 태어나는 것은 한층 더 확률이 떨어진다. 그럴 수 있는 확률이 크게 떨어지는 상황이 우연이다. 그렇더라도 우연이 일치하는 사람이 있기 마련이다.

　그러나 쌍둥이로 같은 날, 같은 시간에 태어나도 약간의 시차가 있으며 똑같이 생겼더라도 성격에 약간의 차이가 있다. 도플갱어라는 말이 있다. 자기와 똑같이 생긴 사람이나 동물의 복제를 일컫는 말이다. 하지만 도플갱어라도 자기 자신과 완벽하게 똑같을 수는 없다. 동물의 복제는 예외의 경우다. 인간은 복제할 수 없다.

세계 인구가 80억이 넘는다고 한다. 신기하고 경이로운 것은 80억이나 되는 인구 가운데 생김새만 하더라도 자신과 판박이로 정말 똑같은 사람은 단 한 사람도 없다는 것이다. 얼룩말이 얼핏 보기에 모두 똑같이 생긴 것 같지만 모두 줄무늬가 다르듯이, 인간 모두가 서로 다른 것은 자연의 신비이며 섭리다.

사라진 '호박 방'

식용 호박을 얘기하는 것이 아니다. 보석 호박과 관련된 얘기다. 알다시피 호박(琥珀, amber)은 침엽수의 송진이 100만 년 이상의 오랜 세월이 흐르면서 화석처럼 굳어진 것이다. 다이아몬드나 금과 같은 광물은 아니지만 진주, 산호와 더불어 보석으로 분류되고 있다. 영롱한 노란색의 투명한 돌로서 호박 가운데는 그 속에 고대의 곤충 같은 생물들이 있어서 신비한 느낌을 주기도 하는 보석이다.

매우 오래된 진기한 보석이어서 먼 옛날 고대에도 상류층에서 호박을 선호해서 이집트 파라오의 무덤이나 고대 그리스 신전 등에서 장식품으로 사용했던 유물들이 많이 남아 있다. 그런데 이 호박이 역사적으로 큰 관심을 끌게 된 것은 중세에 러시아제국의 여성 황제였던 예카테리나 2세가 자기 궁전의 큰 방 하나를 온통 호박으로 환상적이고 매혹적으로 꾸며 '호박 방(Amber room)'이라고 부르면서 세계적으로 유명해진 뒤부터였다.

이 '호박 방'은 제2차 세계대전 당시 러시아를 침략한 독일군이 약탈해서 독일로 옮겨 박물관에 전시까지 했는데 그 뒤 독일이 연합군에게 점령됐지만 호박 방의 호박들은 행방이 묘연했다. 어떤 이유인지 몰라도 요즘으로 따지면 약 4,000억 원이 넘는 가치를 지닌 호박 방의 호박들이 감쪽같이 사라져, 온갖 소문만 무성할 뿐 아직 찾아내지 못해 세계 8대 미스터리의 하나가 되었다.

화려한 궁전의 그저 고급스럽고 잘 꾸며진 방이 아니라 신비한 예술 작품으로 손꼽히는 호박 방은 원래 18세기 초 프로이센(지금의 독일 영토)왕국의 프리드리히 1세의 두 번째 왕비였던 조피 샤를로테의 제안으로 베를린의 궁전에 설치하려고 만들었다고 한다. 독일과 덴마크의 호박과 관련된 최고의 장인들이 주도적으로 만들게 된 호박 방은 무려 6톤의 호박과 황금 그리고 약 10만 점의 조각품 등으로 꾸며져 바로크양식 최고의 예술 걸작을 만들어냈다. 온통 노란색의 호박 방 안에 들어서면 그야말로 눈이 부시고 휘황찬란함에 놀라지 않는 사람이 없었다. 화려함의 극치였다.

그런데 1716년, 프로이센왕국의 프리드리히 1세는 이 호박 방을 러시아의 표트르대제에게 선물했다. 그 당시 유럽의 왕국들은 서로 정략결혼으로 우호 관계를 형성했는데 러시아를 강국으로 이끈 표트르대제는 유럽을 몹시 흠모해서 러시아를 유럽 국가처럼 만들려고 했으며, 특히 독일을 좋아했다. 따라서 두 나라 사이에는 지속적인 정략결혼이 많았고 두 나라는 우호 관계가 더없이 돈독했다. 그렇더라도 프리드리히 1세는 표트르대제에게 엄청난 선물을 한 것이다.

크게 감동한 표트르대제는 러시아로 호박 방을 옮겨 당시 수도였던 상트페테르부르크 인근의 예카테리나 궁전으로 옮겼다. 그 뒤 예카테리나 1세, 알렉산드르 1세를 거치면서 상트페테르부르크 겨울궁전으로, 푸시킨에 있는 예카테리나 궁전으로 옮겼다. 알다시피 푸시킨(A. Pushkin)은 러시아의 가장 위대한 대문호로 손꼽히는 인물이어서 그의 이름을 딴 도시가 상트페테르부르크 근처에 있다. 이 지역에는 여러 궁전이 모여 있다.

이러한 호박 방을 마지막으로 차지하게 된 인물이 러시아제국의 여황제 예카테리나 2세다. 그녀 역시 프로이센 출신으로 독일계 여성이다. 그녀와 결혼한 표트르 3세도 같은 고장 출신이어서 그들은 고향 독일을 흠모하는 독일인 부부나 다름없었다. 따라서 그들은 처음에는 사이가 좋았고, 예카테리나는 러시아의 언어와 역사, 문화를 익히려고 큰 노력을 했다.

그러한 표트르 3세는 러시아어도 제대로 못할 정도로 오로지 독일 편이어서 부부인 두 사람 사이는 차츰 멀어졌고 정치적 혼란을 거듭한 끝에 표트르 3세를 물리치고 예카테리나 2세가 러시아 황제가 되었다. 그녀는 막강한 권력을 행사한 전제군주이자 남자관계가 무척 난잡한 음란한 여성이었다. 또 그것 못지않게 사치와 화려한 것을 좋아해 자기 이름이 붙은 궁전의 호박 방을 무척 자랑스럽게 여겼다.

하지만 독일의 히틀러와 나치가 제2차 세계대전을 일으켰고, 러시아에서 유럽에 가장 가까이 있는 상트페테르부르크를 점령했다. 그에 앞서 독일의 침공이 임박하자 호박 방을 감추기 위해 낡은 천으로 감싸는 등 최선을 다해 위장했으나 독일 점령군이 쉽게 찾아냈다. 예술품에 관심이 많아서 점령하는 곳마다 세계적인 문화재, 골동품, 그림 등을 닥치는 대로 약탈했던 히틀러의 지시에 따라 나치 독일군들이 호박 방을 약탈해서 동(東)프로이센 공국의 수도였던 독일 쾨니히스베르크로 옮겨 그곳 박물관에서 전시까지 했다.

그러나 제2차 세계대전은 연합군에 의해 나치 독일의 패망으로 끝나고 소련(옛 러시아)군이 베를린까지 밀려들었다. 호박 방이 있던 쾨니히스베르크도 소련의 손에 들어가 칼리닌그라드로 지명이 소련식으로 바뀌었다. 그런데 이곳에 있어야 할 호박 방이 감쪽같이 자취를 감추고 만 것이다.

큼직한 다이아몬드와 같은 한 개의 보석도 아니고, 무려 6톤이나 되는 호박과 황금으로 된 호박 방이 사라지다니 말이 되는 얘기인가? 당연히 세계적인 관심이 집중되자 온갖 소문과 소문, 음모설까지 나돌았으며 많은 관계자가 호박 방 찾기에 나섰지만 아무런 소득도 없는 헛수고였다. 특히 유럽에는 빠른 정보력과 첨단 장비와 기술까지 갖춘 실력 있는 보물 사냥꾼이나 도굴꾼들이 대단히 많다. 고대 이집트 파라오들의 거의 모든 무덤을 파헤쳐 숱한 보물들을 탈취한 그들이다. 이들 역시 실종된 호박 방 찾기에 혈안이 됐지만 아무것도 찾아내지 못했다.

그들 가운데 한 보물 사냥꾼이 소금 광산에서 호박방을 발견했다고 주장하면서 큰 화제가 됐다. 그는 제2차 세계대전이 독일의 패전으로 기울 무렵, 독일군들이 호박 방을 기차로 운반해서 소금 광산에 숨겼는데 그것을 발견했다고 해서 큰 관심을 끈 것이다. 하지만 조사 결과 그가 발견한 것은 진품 호박 방이 아니라 독일군이 만든 복제품으로 밝혀져 많은 사람이 허탈해했다.

또 다른 주장으로는 호박 방이 전시돼 있던 쾨니히스베르크(현재 칼리닌그라드) 근처의 비밀 지하 벙커에 호박 방이 숨겨져 있다는 주장이다. 한 탐험가 팀이 도시 지하에 호박 방을 보존할 만큼 숨겨진 큰 방을 발견했다고 주장하면서 많은 사람의 관심을 끌었다. 그러나 러시아 정부가 더 이상의 탐사를 허가하지 않아 검증할 수 없었지만, 여전히 의문이 남아 있는 것은 사실이다.

아무튼 아무도 아직 사라진 호박 방을 전혀 찾아내지 못하자, 제2차 세계대전 당시 독일이나 러시아의 비밀 벙커 또는 금고에 보관돼 있을 것이라는 주장이 나오고, 전쟁의 혼란한 틈을 타서 호박 방을 약탈한 자들이 숨기고 있거나 이미 비밀리에 팔아치웠을 가능성까지 제기하고 있다.

그 눈부신 호박 방이 감쪽같이 사라진 지 어느덧 80년이 지났다. 하지만 오늘날까지도 그 행방을 찾지 못해 세계 8대 미스터리가 되는 것이다. 어찌 됐든 호박방이 저절로 사라졌을 리는 없다. 누군가에 의해 어떤 방식으로든 처리됐을 것이다. 다시 말하면 파괴되거나 분해됐을지는 몰라도 독일이든 러시아든, 어딘가에 분명히 숨겨져 있을 것이다. 과연 영원히 감춰질 것인지 궁금하기 그지없다.

> **단 한 표 차이로 역사가 바뀐다**

지난 4월 10일(2024), 제22대 총선거가 있었다. 국민이 국회의원을 선출하는 선거다. 흔히 '선거는 민주주의의 꽃'이라고 말한다. 온 국민이 참여해서 자신들의 자유로운 의사에 따라 공명정대한 투표를 통해 국민 대표를 선출하기 때문이다. 그럼으로써 국민도 정치에 참여할 수 있는 참정권을 행사하는 것이다.

물론 투표에 기권하거나 피치 못할 사정으로 참여하지 못하는 일도 있다. 하지만 모든 국민이 참여하도록 투표에 강제성을 부여하는 나라들도 있다. 이를테면 호주는 투표를 안 하면 벌금을 내게 하고, 멕시코는 1년 동안 은행거래를 못하도록 한다고 한다. 또한 브라질은 투표일에는 음주를 못하게 하고, 싱가포르는 선거에 빠지면 다음 해부터 참정권을 박탈하고, 이탈리아는 보육원에 자녀의 입학 신청을 허가하지 않는다고 한다.

선거에는 직접선거가 있고 간접선거가 있다. 간접선거는 대의원 등, 국민의 대표자를 뽑아 그들이 투표하는 것이다. 또 독재국가나 사회주의국가에서는 '만장일치'가 있다. 국민이 선거에 참여는 하되, 강요된 후보자를 만장일치로 선출하는 것이다. 북한이 그렇다. 하지만 만장일치로 세습 독재자 대표를 선출하는 선거에 국제사회의 비난이 끊이지 않자, 요즘은 형식적으로 한 표 또는 두 표의 반대표를 넣는다. 그야말로 하나마나 한 선거다.

민주적인 자유로운 선거는 출마한 후보자들이 얻는 득표수에 따라 당락이 결정된다. 대다수의 지지를 받아 많은 득표 차이로 당선되는 후보자가 있는가 하면, 불과 몇백 표 차이로 당락이 결정되는 경우도 많다. 더욱이 단 한 표 차이로 당락이 결정됐다면 한 표 때문에 낙선한 입후보자는 얼마나 억울할까? 개표를 다시 해도 역시 한 표 차이라면 가슴을 칠 일이지만 어쩔 수 없이 받아들여야 한다. 그 까닭인지, 지난 2024년 대한민국 총선에서 어느 당 선거대책위원장은 "단 한 표가 부족하다."라며 자신의 당 후보들에게 투표할 것을 호소하기도 했다.

단 한 표 차이! 그 한 표 차이가 역사를 바꾸기도 한다. 역사적으로 유명한 단 한 표 차이의 사례들이 몇 있다. 자신은 물론 국가와 사회의 운명을 바꾼 단 한 표 차이의 역사적 사례들을 살펴보겠다.

1649년, 영국 의회의 표결에서 단 한 표 차이로 당시 영국 국왕 찰스 1세의 처형이 가결됐다. 왕국에서 국왕을 처형한다니, 충격적인 사건이었다. 당시 영국은 정치적으로 무척 혼란스러웠다. 왕정파와 의회파가 첨예하게 맞섰고, 종교적으로는 성공회와 청교도가 한 치의 양보도 없이 대립했다.

찰스 1세는 신앙심이 두터운 성공회 신자였고 당연히 왕정파였다. 공화정을 기치로 내세운 의회파는 올리버 크롬웰(Oliver Cromwell)이라는 하원의원이 세력의 중심인물이었으며 청교도들의 절대적인 지지를 받았다.

두 세력의 치열한 갈등은 마침내 내전으로 확산했다. 1차, 2차 두 차례의 큰 내전을 통해 의회파가 승리했다. 그에 따라 크롬웰이 대통령이나 수상 격인 '호국경(護國卿)'이 돼 정치를 좌우하면서 공화정으로 가기 위해 반대 세력인 왕정파를 완전히 분쇄해야 했다. 그리하여 하원의원 대부분을 왕정파 의원들은 배제하고 자신을 추종하는 의원들로 구성한 뒤, 국왕 찰스 1세 처형안을 올렸다.

그럼에도 투표 결과 59 : 58, 단 한 표 차이로 찰스 1세 처형안이 가결됐다. 마침내 찰스 1세는 공개된 처형장의 사형대에 올랐다. 그 당시는 아직 단두대가 등장하지 않았으므로 찰스 1세는 사형대에 엎드린 채 참수됐다. 참수하는 방법은 가혹하고 잔인했다. 도끼로 목을 내리치는 것으로 처형자가 도끼질이 서툴면 머리나 어깨에 마구 찍혀 목이 잘려나가기까지 참혹하기 그지없었다고 한다. 그나마 다행히 찰스 1세는 도끼질 한 번에 목이 잘린 것 같다.

스스로 종신 호국경이 된 크롬웰이 공화정을 열었으나 불과 59세로 사망하면서 자기 아들에게 권력을 세습시켰지만 오래가지 못하고 영국은 다시 왕정으로 복귀됐다.

1776년, 미국은 독일어와 영어 가운데 어느 언어를 국어로 채택할 것인가를 놓고 투표를 시행한 결과, 단 한 표 차이로 영어가 채택됐다고 한다. 미국은 1775년부터 영국을 상대로 독립운동을 시작했다. 미국 독립운동의 본고장은 미국 최북동부의 펜실베이니아주였으며 그곳의 가장 큰 도시 필라델피아가 미국 모든 행정과 군사의 중심지였다. 그런데 이 대도시에 가장 많이 사는 민족이 독일인이었다. 그들이 쓰는 독일어를 '펜실베이니아 더치'라고 부를 정도였다. 하지만 결국 1표 차이로 영어가 국어가 됐다.

미국은 다민족국가여서 사용되는 언어가 원주민들의 고유 언어를 비롯해서 모두 336개나 된다고 한다. 그 때문인지 미국은 공용어를 정하지 않고 있는데 스페인어, 불어 등을 쓰는 국민도 많다고 한다. 그러나 80% 이상이 영어를 쓰고 있으며 입법, 사법, 행정의 공식 언어도 영어로 하고 있다.

1800년, 미국의 토머스 제퍼슨(Thomas Jefferson)은 하원의원 선거에서 단 한 표 차이로 미국 제3대 대통령으로 당선됐다. 그는 미국의 독립선언문을 기초한 인물로 조지 워싱턴과 함께 미국 독립의 대표적인 인물이다. 조지 워싱턴이 초대와 제2대 대통령을 연임하고, 제3대 대통령 선거에서 제퍼슨은 공교롭게도 상대 후보와 득표수가 같았다. 그러한 경우, 하원의원들이 결선투표를 통해 대통령을 선출하는데 제퍼슨이 단 한 표 차이로 당선된 것이다.

1839년, 미국 매사추세츠 주지사 선거에서 매커스 몰튼이 단 한 표 차이로 당선됐다고 한다. 이 주지사 선거는 매우 치열한 접전이 펼쳐져 아무도 당선을 예측할 수 없었는데, 상대 후보가 주민들에게 투표를 독려하러 다니느라고 정작 자신은 투표하지 못했다고 한다. 그는 얼마나 억울하고 안타까웠을까?

미국 중남부 멕시코와 국경을 맞대고 있는 텍사스주는 면적이 약 70만km^2로 우리 한반도 전체의 3배가 넘고 프랑스 국토 전체만큼 광활한 면적에 인구도 약 3천만 명에 이르는, 엄청나게 크고 경제적으로도 부유한 주다. 린든 존슨과 조지 부시 대통령이 텍사스 출신이다.

이 지역은 일찍이 프랑스, 스페인의 지배를 받았으며 멕시코 영토였다. 하지만 뒤늦게 미국인들이 진출하기 시작해서 마침내 멕시코인들보다 미국인들이 더 많아졌다. 그러자 텍사스의 미국인들은 멕시코로부터 텍사스를 분리하게 시켜달라고 요구했다. 그러나 멕시코가 그들의 요구를 들어주지 않자 전쟁까지 치르면서 1836년 스스로 독립해서 '텍사스 공화국'을 세웠다. 텍사스 공화국은 10년 가까이 유지됐으나 미합중국과 합병해야 한다는 요구가 높아져 결국 투표로 결정하기로 했는데 그 결과 단 한 표 차이로 합병안이 가결돼 미합중국의 28번째 주가 됐다고 한다.

1868년, 그 당시 미국 대통령은 앤드루 존슨(Andrew Johnson)이었다. 부통령이었던 그는 링컨 대통령이 피살되면서 대통령직을 승계했다. 미국 남부 테네시주의 연방 상원의원, 주지사 등을 역임한 그는 남부 출신이면서도 노예해방을 주장하는 등 링컨 대통령을 적극 지지했다. 그리하여 부통령에 선임됐다가 링컨의 피살되면서 대통령을 승계하게 된 것이다. 하지만 그는 미국 의회에서 급진파 공화당과 노골적으로 대립하다가 탄핵까지 당하게 됐다. 미국 대통령으로서 처음인 탄핵소추안이 상정됐고, 투표 결과 단 한 표 차이로 부결돼 대통령직을 이어갈 수 있었다.

1875년, 프랑스는 단 한 표 차이로 왕정에서 공화정으로 바뀌었다고 한다. 프랑스 시민대혁명 등 큰 혼란을 겪은 프랑스는 전통적인 왕정을 이어갈 것인가, 공화정을 채택할 것인가 하는 문제를 놓고 심한 갈등과 대립을 겪은 끝에 단 한 표 차이로 공화정을 선택하게 된 것이다.

1876년, 미국의 루더포드 헤이스(Rutherford Hayes)도 단 한 표 차이로 미국 19대 대통령으로 당선됐다. 오하이오주 주지사였던 그는 공화당의 대통령 후보로 민주당 후보와 바로 앞을 내다볼 수 없는 치열한 접전 끝에 한 표 차이로 대통령에 당선되었다.

1923년, 독일의 히틀러도 단 한 표 차이로 나치당의 총수로 선출됐다. 그 단 한 표가 유대인 600만 명을 학살하고 제2차 세계대전을 일으키는 등, 세계 역사를 크게 바꿔놓았다.

각종 선거에서 내가 행사한 한 표가 얼마나 소중하고 가치가 큰 것인지, 숙연하게 만드는 뜻깊은 일화들이다.

크리스마스는 정말 성탄절일까

세계적인 종교 기독교를 창시한 예수그리스도(Jesus Christ)의 탄생일인 12월 25일, 크리스마스는 종교라는 한계성을 벗어나 세계인들이 기리는 명절이자 축제라고 할 수 있다. 더욱이 연말 분위기까지 겹쳐 크리스마스는 사랑과 평화를 기원하며 가족, 친지들이 서로 선물을 교환하고 함께 즐기는 흥겹고 풍성한 명절이기도 하다.

그러면 2천여 년 전에 지금의 이스라엘 베들레헴에서 태어난 예수의 탄생일이 과연 12월 25일일까?

결론부터 얘기하자면 아니다. 어디에도 그가 12월 25일에 태어났다는 기록이 없다. 기독교의 경전 성경에도 명확한 기록이 없다. 그런데 어떻게 12월 25일이 크리스마스가 됐을까? 참고로 크리스마스는 Christ us Mess의 합성어다. '예수그리스도의 모임'이라는 뜻으로 예수의 탄생일을 말한다. 또한 크리스마스를 'X mas'라고도 표기하는데 그리스도(Christ)를 그리스어로 크리스 토스라고 한다. 그 첫 글자가 X인 데서 유래한 것이다.

예수의 부모 요셉과 마리아는 갈릴리의 나사렛에 살고 있었다. 마리아는 성령으로 잉태해서 이미 만삭이었다. 그 당시 고대 이스라엘은 로마제국의 지배를 받고 있었는데, 로마제국은 이스라엘의 인구를 정확히 파악하기 위해 반드시 호적 등록을 하도록 지시했다.

요셉과 마리아도 호적 등록을 위해 먼 길을 떠나야 했다. 요셉이 이스라엘의 왕 다윗의 후손이어서 그들은 예루살렘에 등록해야 하기 때문이다. 나사렛에서 예루살렘까지는 150km가 넘는 길이다. 요셉과 만삭의 마리아는 일주일 만에 간신히 예루살렘 근처의 베들레헴에 도착했다. 그런데 마리아에게 갑자기 산통이 왔다. 요셉은 급히 여관을 찾았지만 모두 만원이어서 어렵게 마구간을 얻었다. 마리아는 그곳에서 예수를 낳았다. 성경 신약성서에서는 당시의 상황을 기술하면서 그때 밖에서는 목동(양치기)들이 밤새워가며 양 떼를 지키고 있었다고 했다. (누가복음 2:5~8)

앞서 설명한 대로 예수가 태어난 해와 날짜 등, 생년월일에 대한 기록은 없다. 다만 목동들이 밤새워가며 양 떼를 지키고 있었다는 것을 보면 겨울이 아닌 것은 분명한 것 같다. 이스라엘의 겨울은 무척 추울 뿐 아니라 우기여서 10월이 넘어서면 가축을 풀어놓고 키우지 않는다고 한다. 추위를 피해 우리 안에 넣어놓는다는 것이다.

예수가 태어난 날이 겨울은 아니었지만 정확히 추측할 수도 없다. 어린 예수와 부모는 그들의 고향 나사렛으로 돌아왔으며 예수는 나사렛에서 성장했다. 특별한 아이였던 예수가 차츰 유명해지면서 그의 탄생일은 지역마다 서로 달랐다. 1월, 3월, 5월…. 제각각이었다. 예수의 탄생 연도도 BC 7년에서 2년까지 다양했다. 일반적인 견해는 예수의 탄생 연도는 BC 4년이다. 아무튼 그러다가 12월 25일이 성탄절이 된 것은 고대 로마에서 그 근거를 찾을 수 있다.

태양신 미트라(Mitra)를 숭배하는 로마제국은 겨울을 매우 중요한 계절로 여겼다. 특히 동지는 밤이 가장 길고 낮이 가장 짧은 날이다. 동지가 지나면 낮의 길이가 조금씩 길어진다. 따라서 로마인들은 동지를 부활하는 날로 생각했으며, 농업의 신을 기리는 축제, 태양신을 위한 축제 등 갖가지 축제를 열었다. 더욱이 12월 25일은 태양신 미트라의 탄생일로 정하고 가장 큰 축제를 거행했다.

이 축제 기간에는 모든 로마 시민의 계급 구별도 일시적으로 해제하고 노예들에게 자유를 주고 풍요로운 음식과 음료를 마음껏 즐길 수 있도록 했다고 한다. 그야말로 가장 풍성한 축제일 뿐 아니라 로마 최고의 명절이었다.

로마제국은 다신교의 나라였다. 그들은 이스라엘을 지배하면서 유일신 하느님을 내세우는 예수와 그의 제자들을 처음엔 방임했다. 그러다 이스라엘 백성들이 예수를 구세주(Messia)로 숭배하며 열렬한 호응을 보이자 로마제국은 당황했다. 로마 총독은 예수를 혹세무민의 죄목으로 십자가에 못을 박아 처형했다.

그럼에도 예수를 따르는 제자들은 갈수록 늘어나 마침내 하느님을 믿고 구세주 예수를 따르는 기독교가 탄생했다. 다신교의 로마제국에도 수많은 기독교도가 유일신 하느님을 숭배했다. 로마제국의 박해에 맞서 그들은 목숨을 걸고 신앙을 지켜나갔다. 그런 가운데 마침내 AD 313년 콘스탄티누스 1세가 기독교를 공인하고 로마제국의 공식 종교로 채택했다.

로마제국은 유일신의 기독교가 다신교를 대체하고 국가의 공식 종교가 된 것을 기념하는 대축제를 거행하고자 했다. 그런데 기독교의 주님인 예수의 탄생일이 분명치 않았다. 그 때문에 고심하다가 로마의 가장 큰 축제인 태양신의 탄생일인 12월 25일에 예수의 탄생과 함께 성대한 축제를 열기로 한 것이다.

그리하여 한동안은 태양신과 예수의 탄생을 함께 축하하다가 AD 354년부터는 12월 25일을 예수의 탄생일로 공식화했다. 그와 함께 유럽의 기독교 국가들이 차츰 로마제국을 따라 이날을 성탄절로 찬양하고 즐기면서 크리스마스로 굳어진 것이다.

크리스마스가 온 가족이 모여서 함께 즐기는 명절이 되면서 제일 기뻐한 것은 어린이들이었다. 이날에는 반드시 선물이 오고 갔으며 어린이들에게는 갖가지 선물을 줬다. 특히 산타클로스(Santa Claus)는 어린이들에게 환상을 주었다. 산타 할아버지가 선물 보따리를 메고 한밤중에 굴뚝으로 들어와 어린이들이 미리맡에 놓은 양말에 선물을 가득 넣어놓는다는 환상이 크리스마스를 더욱 뜻깊은 명절이 되게 했다.

그렇다면 정말 산타클로스가 있는 것일까?

그 기원은 AD 270년경, 그리스의 주교인 성 니콜라스가 가난한 어린이들에게 은밀하게 자선을 베풀면서 '산테 클래스'라고 부른 것이라고 한다. 오늘날의 산타클로스는 붉은 복장에 방울이 달린 붉은 고깔모자를 쓰고 순록이 이끄는 썰매를 타고 어린이들을 찾아다니며 선물을 주는 것이 고정된 이미지다. 그런데 이 산타 할아버지의 이미지는 1930년대 미국의 세계적인 청량음료 코카콜라의 광고에서 비롯됐다고 한다. 빨간 옷은 상표의 색깔이었고, 흰 수염은 코카콜라의 거품을 상징한 것이라고 한다.

물론 전설적인 산타클로스는 존재하지 않는다. 하지만 어린이들은 지금까지도 산타클로스에 대한 환상을 갖고 있다. 그에 따라 세계 거의 모든 나라들에서 크리스마스가 되면 어린이들을 위해 산타클로스가 등장한다. 환상에 젖어 있는 어린이들은 산타할아버지에게 편지도 쓴다.

그러자 눈이 많이 내리는 북유럽에서는 앞다투어 자기 나라의 어떤 마을이 산타의 고향이라고 주장했다. 그러다가 1980년대 결국 핀란드의 북극권에 있는 로바니에미(Rovaniemi)가 산타의 고향인 산타마을로 공식화됐다. 우리나라에는 산천어축제가 열리는 강원도 화천에 산타클로스 우체국 본점이 있다. 이곳에 해마다 산타할아버지에게 보내는 1만여 통의 어린이들 편지가 온다고 한다.

그리고 또 한 가지, 연말 크리스마스 시즌이 되면 크리스마스 캐럴이 흥겹고 들뜬 분위기를 더욱 북돋운다. 그런데 캐럴(Carol)이 처음부터 크리스마스를 위한 노래는 아니었다. 유럽 여러 나라에 전통적으로 캐럴이라는 음악이 있었다. 원래 캐럴은 많은 사람이 둥글게 둘러서서 춤을 추며 노래를 부르는 경쾌한 합창곡이었다고 한다. 프랑스에서는 Carole, 라틴어로는 Choranula라고 불렸던 비교적 부르기 쉬운 노래들이었다고 한다.

이러한 캐럴이 크리스마스에 등장한 것은 13세기 유럽이다. 이탈리아의 성 프란치스코가 성탄절 미사에서 성탄극을 하면서 캐럴 음악을 사용했는데 이것이 큰 인기를 얻으면서 차츰 크리스마스에 걸맞은 캐럴들이 등장하게 되었다. 알다시피 <기쁘다 구주 오셨네>와 같은 캐럴들이 크리스마스 캐럴이다.

현재 전세계 공용의 연대표기(달력)는 '서기(西紀)'다. 이 연대표기는 AD 525년, 동로마제국의 수도사였던 디오니시우스 엑시구스가 교황 요한 1세의 요청으로 처음 만들었다고 한다. 그 기준은 예수그리스도의 탄생이었다. 예수가 탄생하기 이전을 BC(Before Christ), 예수 탄생 이후를 AD(Anno Domini)로 나타낸 것이다. Anno Domini는 라틴어로 '주의 년(主의 年)'이라는 뜻이라고 한다.

사실 예수의 탄생일이 애매모호해서 이른바 '서력(西歷)' 또는 '서기'는 큰 관심을 끌지 못했다. 그 무렵, 세계의 거의 모든 나라들은 왕국이나 제국이었으며 사용 연도는 자신들의 건국 연도나 왕조, 황제나 왕의 연호를 사용했다. 굳이 새로운 서력을 사용할 필요가 없었다. 하지만 갈수록 국제 교류가 활발해지고 국제무역이 많이 늘어나면서 나라마다 다른 연도가 큰 혼란을 가져오자, 11세기경부터 공통으로 서력을 쓰는 국가들이 증가하기 시작했다. 그리하여 18세기경에 이르러서 연도 표기를 '서기'로 하는 것이 세계적인 추세가 됐다.

우리나라는 일제강점기에서 해방되고 대한민국 정부가 수립되면서 단군이 고조선을 세운 해를 기점으로 하는 '단기(檀紀)'를 공식적으로 사용하다가 1962년 국제관계에 맞춰 서기 사용을 공식화했다. 서기에 2333을 더하면 단기다. 올해 서기 2024년은 단기 4357년이다.

Part 7. | 세계의 황당한 사건들 |

- 소기름 파동으로 식민지 인도를 잃은 영국
- 메뚜기 떼의 대습격
- 카메룬 니오스 호수의 대재앙
- 죽음을 부르는 호주 칼카자카산
- 아마존의 길이 12km의 초대형 고대 암각화
- 새똥 때문에 잘사는 나라, 나우루
- 사람 잡아먹는 인도의 코끼리

소기름 파동으로 식민지 인도를 잃은 영국

19세기, 인도는 영국의 최대 식민지였다. 영국은 '해가 지지 않는 나라'로 불릴 만큼 오대양 육대주에 식민지가 없는 지역이 없었지만, 그 중에서도 인도는 거대한 영토와 풍부한 각종 자원을 지니고 있으며 지정학적으로도 가장 중요한 식민지였다.

영국은 '동인도회사'라는 국영기업을 앞세워 인도를 식민 통치했으며 약 27만 명의 병력을 주둔시켰다. 그 가운데 실제 영국군은 약 46.000명이었고, 나머지는 동인도회사가 채용한 용병들로 대부분은 인도인들이었다. 말하자면 영국군 병력의 약 80%가 인도 용병들이었던 셈이다.

'세포이(Sepoy)'라고 불리는 이들 인도 용병은 지역에 따라 벵골, 뭄바이, 마드라스의 3개 부대로 편성됐으며 지휘관은 영국군 장교들이었다.

이들은 초기에는 별다른 갈등 없이 효율적으로 운영됐다. 그러나 차츰 영국군과 진급 시스템, 퇴직연금, 면세 특권 등에서 지역마다 차이가 발생해서 크고 작은 마찰이 있었다.

그럴 즈음, 영국은 인도 주둔군의 개인 병기인 소총을 교체하기로 했다. 재래식 소총이 너무 무겁고 성능이 떨어져 '엔필드(Enfield)' 사의 근대적인 신식 무기인 머스킷(Musket) 소총으로 바꾸기로 한 것이다. 이 총은 가벼울 뿐 아니라 성능이 뛰어났다. 이 소총에 들어가는 탄환은 일정량의 화약과 납탄을 함께 싸서 끈으로 동여매거나 접착제를 발라 코팅된 종이로 싼 페이퍼 카트리지(Paper cartridge) 방식이었다. 그런데 이 탄포를 장착하는 과정에서 병사가 입으로 종이를 뜯어내고 카트리

세포이들

소기름 파동으로 식민지 인도를 잃은 영국 _ 343

지 종이를 총알 뒤에 밀어넣어 화약이 새어나오지 않도록 해야 하는 것이 단 하나의 단점이었다.

병사가 입으로 탄포를 뜯어내야 하는 것도 문제였고 카트리지를 입에 물고 있는 것도 문제였다. 더욱이 입에 물고 있던 카트리지가 총구로 잘 들어가지 않았다. 그 때문에 동인도회사에서는 고심하다가 한 직원의 제안으로 카트리지에 동물 기름을 발랐더니 문제가 쉽게 개선됐다. 하지만 문제는 병사들이 동물 기름을 바른 카트리지를 이로 뜯어낸 후 잠시 입 안에 넣고 있어야 하는 것이었다.

어찌 보면 이 단순한 문제가 엄청난 파장을 일으켜 영국은 결국 금쪽같은 식민지 인도를 잃고 말았다.

알다시피 인도는 힌두교 국가이며 영국으로부터 독립하기 전까지는

1900년 무렵의 세포이 영국 육군의 붉은 유니폼을 입고 있는 모습

이슬람교도들도 상당히 많았다. 그 때문에 후에 인도는 힌두교 그리고 이슬람교도들은 파키스탄으로 나누어지게 됐다. 아무튼 식민지 시절, 영국군의 인도 용병 '세포이'들은 힌두교도이거나 이슬람교도들이었다. 그런데 머스킷 소총 탄포 카트리지에 동물 기름을 바른다는 사실을 알게 된 세포이들은 그 기름이 어떤 동물 기름인지 궁금했다. 힌두교도들은 소(牛)를 무척 신성시해서 전혀 먹지 않았고, 이슬람교도들은 전통적으로 돼지고기를 먹지 않는다. 그들에게 소나 돼지고기를 먹는 것은 신성모독이었다.

이런 사실을 의식하지 못한 영국의 동인도회사 본사에서는 탄포에 소기름, 돼지기름을 사용했다. 인도에서 세포이들이 동물 기름의 종류를 궁금해하자, 현지에서는 종교적 특성을 알고 있었기에 양(羊)기름이라고 거짓말을 했다. 하지만 거짓말은 오래가지 못했다. 탄포의 기름이 소기름, 돼지기름이라는 사실을 알게 된 세포이들은 경악하며 크게 분노했다. 그 기름을 입에 넣음으로 자신들이 하늘처럼 우러러 떠받드는 신을 모욕한 죄책감에 그들은 격노했으며 곧 자신들을 지배하고 있는 영국인들에 대한 적대감으로 나타났다.

더욱이 지배자였던 영국인들은 군인이나 민간인 모두 인도인들을 무시하고 얕잡아봤다. 인도 여성들을 겁탈하고 아무 잘못 없는 인도인들을 살해하는 경우가 종종 있었다. 그리하여 내적으로 불만이 가득했던 세포이들은 소돼지 기름 파동으로 적대감이 더욱 고조되며 마침내 폭발하고 말았다.

세포이들은 그들의 지휘관인 영국군 장교들의 명령에 불복하고 그들에게 폭력을 행사하기도 했다. 그러자 영국군은 세포이들의 반발을 초기에 진압할 속셈으로 세포이를 사살하는 등 강력하게 대응했다. 하지만 오히려 이것이 역효과를 가져왔다. 세포이는 분노하며 집단 반란을 일으켰다.

그뿐 아니라 영국인 여성들을 닥치는 대로 겁탈하고 어린이들까지 함께 정육용 칼로 토막을 내 살해하고 우물에 던졌다고 한다. 그것은 만행이었다. 영국군도 경쟁하듯이 만행으로 맞섰다. 세포이들을 배신자라며 잔혹하게 고문하고, 심지어 손발을 묶여 머리를 대포의 포구에 넣고 발사하는 이른바 '포살(砲殺)' 같은 잔인하고 악랄한 방법으로 처형했다. 그러한 만행들이 세포이들을 더욱 자극해서 반란이 세포이 3개 부대 전체로 번져갔고 인도 국민까지 합세하면서 전국적인 항쟁으로 걷잡을 수 없이 확대됐다. 영국은 크게 당황했다. 급기야 본국에서 대규모 병력을 파견해서 힘겹게 진압했다.

하지만 이 세포이의항쟁이 불씨가 돼서 마하트마 간디(Mahatma Gandhi)의 불복종운동 등 끈질긴 운동을 전개한 끝에 인도는 1947년 영국으로부터 독립할 수 있었다. 이때 힌두교도들과 이슬람교도로 나뉘어 이슬람교도들이 분리돼 파키스탄을 세웠다.

머스킷 소총의 탄포에 윤활유를 바르는 것은 어찌 보면 사소한 일이다. 영국의 동인도회사나 엔필드 총기 제작사가 조금만 신경을 썼으면 될 것을 조심성 없이 소기름, 돼지기름을 발랐던 것이 엄청난 결과를 가져온 것이다. 영국은 뒤늦게 자신들의 실수를 시인하고 탄포에 동물성 기름을 배제하고 화학유를 발랐지만 때가 늦었다.

사소하고 하찮은 실수 하나가 국가의 운명을 바꾸고 역사를 바꾼 것이다. 참으로 기담이 아닐 수 없다. 누군가 무심코 던진 담배꽁초 하나가 거대한 산을 불바다로 만드는 대형 산불과 다름없다.

메뚜기 떼의 대습격

아프리카를 초토화하고, 가난한 아프리카인들을 더욱 굶주리게 하는 어마어마한 메뚜기 떼의 대 습격 또는 대공습이라고 할까? 도무지 믿어지지 않는 이러한 자연 재앙은 갑작스러운 일은 아니다. 주기적으로 발생한다. 불과 몇 년 전에도 아프리카를 휩쓸었다.

약 4,000억~5,000억 마리의 엄청난 메뚜기 떼가 하늘을 뒤덮어 밝은 대낮이 밤처럼 어두워질 지경이며 그 메뚜기 떼가 서로 부딪는 소리가 온 천지에 진동한다. '사막 메뚜기(desert locust)종으로 알려진 이 메뚜기 떼는 매일 자기 몸무게보다 더 많이 먹어 치우는 왕성한 식욕을 갖고 있어 하루에 약 3만 5천 명분의 식량을 먹어치운다고 한다. 잡식성이어서 모든 작물과 식물들을 먹어치우기 때문에 이들이 한 번 휩쓸고 지나가면 들판이 황폐해진다.

지난 2020년에 발생한 아프리카 메뚜기 떼 대습격은 동부의 케냐에서 계절풍을 타고 동쪽으로 하루 약 150km의 속도로 이동하며 아프리카 동부 지역을 휩쓸고, 중동 지역과 인도, 파키스탄 등 동남아 지역을 초토화하고 중국, 러시아까지 날아가 가공할 손해를 입혔다. 번식력도 대단해서 이들을 방치하면 그 엄청난 메뚜기 떼가 500배 이상 폭증한다고 한다.

아프리카의 소말리아는 메뚜기 떼의 습격으로 농작물이 거의 모두 사라져 식량 부족으로 비상사태를 선포했으며 에티오피아 등도 마찬가지 실정이다. 동남아의 파키스탄도 비상사태를 선포했다. 사람들의 식량 부족은 말할 것도 없고 가축들마저 사료가 없어서 굶주려야 한다. 이번 동아프리카 메뚜기 떼 습격으로 무려 23개국이 큰 손해를 입었다고 한다. 유엔식량농업기구(FAO)는 성명을 내고 '이번(2020.2) 메뚜기 떼 출현은 최근 25년 사이 최악의 상황'이라고 했다.

역사적으로 기네스북에 등재된 최대의 메뚜기 떼 습격은 아프리카가 아니라 캐나다에서 시작됐다. 1874년, 캐나다 중부 지역에 심각한 가뭄이 들더니 메뚜기 떼가 형성됐다. 그 숫자가 무려 12조 마리였다니 상상을 초월하는 엄청난 숫자다. 이 가공할 메뚜기 떼가 캐나다의 토론토에서부터 미국 루이지애나주까지 약 1,800km를 공습, 모든 지역을 초토화했다고 한다.

아프리카에서 발생한 메뚜기 떼 습격은 멀리 중국에도 오랜 역사를 두고 큰 피해를 줬다. 노벨문학상을 받은 미국의 작가 펄 벅(Pearl S. Buck)의 대표작 <대지>는 중국을 무대로 쓴 대하소설이다. 이 작품에도 "메뚜기 떼가 먹구름처럼 몰려와 하늘을 뒤덮었다…." 하는 메뚜기 떼의 습격을 묘사한 대목이 있다. 중국은 인구도 많지만, 역사적으로 가난에 시달린 이유 가운데 하나로 메뚜기 떼의 습격을 빼놓을 수 없다.

알려지기는 십수 년에 한 번씩 주기적으로 발생한다는 아프리카 메뚜기 떼의 습격이 얼마나 오랜 역사가 있는지 확실히 알 수는 없지만 기독교의 구약성서에도 나타난다. "메뚜기가 온통 애굽(이집트) 땅에 이르러 사방에 내리매 그 피해가 심하니 이런 메뚜기 떼는 전무후무하리라…."라는 구절이 있다.

그러면 이처럼 인류의 심각한 식량난을 가져오는 아프리카 메뚜기 떼 습격은 도대체 왜 일어나는 것일까?

학자와 전문가들에 따르면, 메뚜기는 2개월마다 알을 낳는데 기후가 건조해져 대지의 수분이 말라버리면 메뚜기알들이 땅속 깊이 이동해서 6개월이면 성충이 된다고 한다. 건조한 기후가 1년 이상 계속되면 엄청난 메뚜기 성충 무리가 형성된다. 그러면 워낙 메뚜기 성충들이 많아서 서로 부딪치며 스트레스를 받게 돼 세로토닌이라는 호르몬이 3배 이상 증가한다는 것이다. 그러한 호르몬의 영향으로 메뚜기들이 매우 난폭해진다고 한다. 또한 날개가 길어지고 다리가 짧아져 날아가기 좋게 변한다고 한다.

그러다가 폭우가 내리면 건조기에 딱딱했던 대지가 수분이 젖어 물렁물렁해지면 땅속의 메뚜기 성충들이 일제히 날아오른다는 것이다. 그와 함께 메뚜기들이 빠르게 성장하면서 계절풍을 따라 먹이를 찾아서 떼를 이루고 날아가며 왕성한 식욕으로 곡물이나 채소, 나뭇잎 등을 가리지 않고 먹어치우게 된다고 한다. 더욱이 번식력이 워낙 높아 3개월이면 20배로 늘어난다는 것이다.

　이들을 퇴치할 특별한 대책도 없다. 메뚜기 떼의 숫자가 어마어마하다 보니 드론으로 살충제를 뿌려도 별 효과가 없다는 것이다. 중국에서는 메뚜기의 천적인 오리 떼를 이용하기도 한다. 메뚜기 떼의 습격이 진행되는 동안 그것들이 거쳐가는 파키스탄과 중국의 국경 지대에 10만 마리의 오리 떼를 풀어놓았지만 큰 효과를 보지 못했다고 하니까 메뚜기들이 자연적으로 소멸할 때까지 기다릴 수밖에 없는 것 같다. 메뚜기의 수명은 대략 1년이라고 한다.

　우리나라도 역사를 살펴보면 메뚜기 떼의 피해가 없는 것은 아니지만 다행히 아프리카 메뚜기 떼의 경로에서 벗어나 식량난이 일어날 만한 큰 피해는 없었다고 한다. 요즘 기상이변이 심각하다. 아무쪼록 그런 끔찍한 사태가 없기를 바랄 뿐이다.

　그런가 하면, 최근 미국은 메뚜기가 아니라 매미 떼의 습격을 크게 걱정하고 있다. 매미도 13년~17년을 주기로 성충이 되는데 올해 여름이 221년 만에 가장 많은 매미 떼가 습격하는 해가 될 것이라는 예측이다. 그에 따라 미국의 매스컴들도 매미 습격에 관해 각종 기사를 내보내는데, 예상되는 매미 떼의 숫자가 무려 1조 마리라니 역시 천문학적 숫자다. 그 어마어마한 숫자의 매미들이 하늘을 뒤덮고 소리를 내면 수많은 헬리콥터가 한꺼번에 나는 소리 못지않을 것이다. 특히 이번 매미의 울음소리가 다른 때보다 훨씬 더 크다고 한다.

　이들 매미는 특정 주기마다 등장하는 주기 매미로서 여러 종이 있지만 이번에 2종의 미주 대륙 토종의 매미들이 출몰할 예정인데 2011년 알에서 깨어나 13년 동안이나 땅속에서의 생활을 마무리하고 대공습에 참여할 것이라고 한다. 이미 매미 떼의 습격이 미국에 얼마나 큰 피해를 주게 될지 우려스럽다.

어느 곤충학자는 "인간과 곤충의 투쟁은 문명이 싹트기 전부터 시작됐으며 앞으로도 지속될 것이다. 지구는 인간의 땅 이전에 곤충의 땅이었다. 대자연 속에서 인간의 나약함을 보여주는 것이 곤충 떼의 습격이다."라고 말했다. 메뚜기, 매미뿐 아니라 앞으로 또 어떤 곤충이 인간들을 공격할지 걱정이 앞선다.

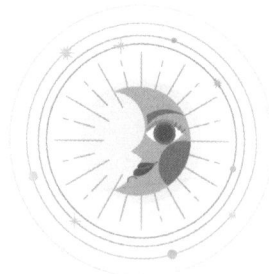

카메룬 니오스 호수의 대재앙

우리 지구는 생명체들이 살아가기에 더없이 좋은 자연환경을 갖추고 있지만 뜻하지 않았던 대재앙도 많다. 지금까지 지구의 생명체들은 네 차례의 대멸종을 거쳤다. 혜성 충돌, 화산 폭발 등의 자연재해였다. 지금도 우리는 화산 폭발, 지진, 쓰나미와 같은 엄청난 자연재해로 수많은 희생자와 재산 피해를 겪고 있다.

그뿐만 아니라 갈수록 기상이변이 심각해져 자연재해는 더욱 늘어날 것이 분명하다. 그러나 대부분의 자연재해는 과학적으로 어느 정도 예측과 발생 원인의 분석과 파악을 할 수 있다. 그런데 반드시 그런 것은 아니다. 놀랄 만큼 기이한 대재앙이 발생했지만, 그 원인을 제대로 파악하지 못하는 이상하고 기이한 사태들도 적지 않다. 그 가운데 하나가 이미 널리 알려진 카메룬 니오스 호수의 대재앙이다.

아프리카 중서부에 있는 카메룬(Cameroon)은 오랫동안 유럽 열강의 식민지였다가 독립했지만, 아직 200여 개의 부족들이 있어서 서로 말이 안 통하는 지역이 많은 나라다. 공용어도 프랑스어와 영어 두 가지다. 정치 또한 후진국 수준을 크게 벗어나지 못한 나라다.

그런데 이 나라에 전세계의 관심을 집중시킨 자연의 대재앙이 일어났다. 카메룬은 원래 화산대에 있는 나라이며, 북서쪽에 오쿠(Oku) 화산이 있다. 이 화산이 약 400년 전에 폭발하면서 분지를 남겼는데 이 분지에 물이 고여 니오스(Nyos) 호수를 만들었다. 우리나라의 백두산 천지나 한라산 백록담과 같다고 할까?

1986년 8월, 이 니오스 호수에서 대재앙이 발생해 주민 1,746명이 순식간에 몰사하고 조류, 곤충을 비롯한 모든 가축과 야생동물들 3,500여 마리가 떼죽음을 당하는 참사가 발생했다.

그해 8월 말경, 어느 날 밤 9시경이었다. 아직 전기가 없던 호수의 인근 마을 주민들은 대부분 잠자리에 들어간 시간이었다. 그 시간에 놀랍고 충격적인 일이 갑자기 일어났다. 고요하고 잔잔하던 호수에서 불현듯이 큰 굉음이 들리더니 호수의 물이 100m 이상 치솟고 높이 25m의 파도가 치솟았다. 그와 함께 엄청난 분량의 이산화탄소가 쏟아져 나와 인근의 마을들을 덮친 것이다.

잠을 자던 주민들이나 아직 밖에 있던 주민들이 갑자기 쓰러졌다. 온통 달걀 썩는 냄새가 진동하고 잠자다가 갑자기 피를 토하며 쓰러져 죽은 사람도 있고, 화상을 입고 죽은 사람들도 있었다. 의식불명의 아이를 안고 병원으로 달려가다가 죽은 사람도 있고, 한꺼번에 다섯 명의 자녀를 잃은 여인도 있었다. 눈 깜짝할 사이에 벌어진 유례없는 대참사였다.

이런 세계가 놀랄만한 충격적인 참사가 발생했는데도 카메룬 현지의 공공기관들에서는 모르고 있었다고 한다. 어느 공무원이 자신의 오토바이를 타고 우연히 니오스 호수 방향으로 가다가 길가에 쓰러진 영양을 발견했고, 조금 더 갔더니 수많은 시체가 즐비한 모습을 보고 깜짝 놀라 읍사무소에 신고하면서 알려지게 됐다. 하지만 별다른 대책이 없었다. 너무 어이가 없는 끔찍한 참사에 넋을 잃을 뿐이었다. 운이 좋게 살아남은 사람은 몇 명에 불과했다. 이 소식이 빠르게 외부에 알려지면서 전세계의 관심이 집중됐고 각종 구호품이 쏟아져 들어왔다.

호수에서 조금 떨어져 있어서 큰 손해를 입지 않은 마을에서는 니오스 호수에는 악령이 있다고 믿어왔다. 더욱이 가장 큰 손해를 입은 마을의 경우, 3년 전 그 마을의 족장이 죽으면서 유언을 남겼는데 아주 잘생

니오스 호수 카메룬에 있는 호수로, 화산의 분화구에 물이 고여 형성되었다. 1986년 화산가스 분출이 있었는데, 그 당시엔 무려 1,700여 명이 사망하였다. 분출 원인은 호수 밑에 있는 마그마방의 마그마에서 이산화탄소가 생성되어, 차가운 물에 녹아 수백년 동안이나 고여 있다가 호수 밖으로 새어 나온 것이다.

기고 크고 튼튼한 소 한 마리를 절벽에서 니오스 호수로 던져 죽은 자들의 살아 있는 혼령들에게 바치라고 했다는 것이다. 하지만 유족들이 그 약속을 지키지 않았기 때문에 족장의 혼령이 복수한 것이라고 했다. 또한 강과 호수의 여신이자 물의 어머니 신이 분노해서 재앙을 일으켰다느니, 카메룬의 반군이 자행했다느니, 정부군이 자행했다느니 온갖 소문들이 판을 쳤으나 모두 사실이 아니었다.

전세계의 관심이 집중되면서 대참사의 원인을 알아내기 위해 과학자와 의사들이 현지에 몰려들었다. 그들이 대체로 공통된 사인은 폐수종이었다. '폐수종(肺水腫)'은 유독가스가 폐에 들어가 폐에 물이 차오르면서 호흡곤란을 일으켜 사망에 이르기도 하는 질병이다.

니오스 호수 인근의 모든 생명을 앗아간 가스는 이산화탄소로 밝혀졌다. 갑자기 다량의 이산화탄소가 인체의 수분과 접촉하면서 폐수종으로 질식사하거나 화상으로 사망하게 됐다는 분석이 지배적이었다. 또한 이산화탄소뿐 아니라 아황산가스도 있고, 호수의 밑바닥에 축적된 무엇인가 치명적인 독가스가 방출됐을 것이라는 주장도 있었으며 화산 폭발에 의한 가스 재해라고 단정을 지은 생태학자도 있었다.

그러나 그때까지 니오스 호수에서 이산화탄소가 방출되어왔지만 아무런 재해도 없었으며 그 때문에 목숨을 잃은 사람이나 동물도 없었다. 하지만 호수의 밑바닥에서 이산화탄소의 밀도가 짙어지면 차가운 물에 융해돼 쌓여 있다가 더욱 밀도가 높아지게 되면서 압력을 견디지 못하고 폭발이 일어날 수 있다는 것이다.

모두 상당한 근거가 있으며 이해할 만한 추정이기는 하지만, 지금까지 수백 년 동안 평온했던 호수의 이산화탄소가 갑자기 밀도가 높아졌는지, 오쿠 화산분지에 있는 니오스 호수에서 시속 약 20~50km 속도로 흘러 내려와 그런 끔찍한 사태가 발생할 것을 짐작조차 못한 까닭이 무엇인지는 아직도 오리무중이다.

지구의 온난화를 비롯한 기상이변이 나날이 심각해지고 있다. 국제적으로도 이런 기상이변에 대해 갖가지 대책들을 마련하고 있지만, 또다시 니오스 호수 참사와 같은 비극이 어디선가 발생할지 모를 일이다.

죽음을 부르는 호주 칼카자카산

호주 동북부에 있는 퀸즐랜드주 쿡타운(Cooktown)에 칼카자카(Kalkajaka)라는 산이 있다. 그다지 험준한 산은 아니다. 하지만 산이 온통 검은 바위들로 뒤덮여 있어 검은 산(Black Mt.)이라고도 부르는데 이 산이 '죽음의 산'으로 전 세계에 널리 알려져 있다. 우리나라의 각종 TV 프로그램에서도 소개한 적이 있다.

도대체 이 산이 어쩌다가 '죽음의 산'이 됐을까? 그럴만한 이유가 있다. 오래전부터 이곳에 살아온 원주민부터 최근에 이르기까지 이 산에 들어갔다가 실종돼 영영 돌아오지 않는 사람들이 많기 때문이다. 감쪽같이 실종된 그들이 죽었는지 어찌 됐는지 지금까지도 행방을 전혀 모르니까 죽음의 산이라고 부르는 것이다.

이를테면 1977년에는 산기슭에서 목장을 운영하는 축산업자가 소 떼를 몰고 가다가 소 한 마리가 이탈해서 산 쪽으로 달아나자 되쫓아갔는데, 산속으로 들어간 축산업자는 물론 달아난 소까지 모두 실종됐다. 산 근처에서 목장을 하던 축산업자는 산의 지리를 잘 아는 사람이었는데 영문도 모르게 영영 실종됐다고 한다.

1980년에는 범죄 용의자로 수배를 받던 자가 차를 타고 도주하며 경찰차와 추격전을 벌이다 산기슭에 이르러 용의자가 차를 버리고 산 쪽으로 도망쳤다. 경찰관도 차에서 내려 그를 뒤쫓았는데 산속으로 들어간 그들 모두 감쪽같이 실종됐다. 그 뒤 두 명의 청년이 그들을 찾으려고 산속으로 들어갔지만, 그 두 명초자 실종돼 끝내 돌아오지 않았다고 한다.

또한 불과 몇 년 전에는 근처에서 주유소와 가축 사육을 하는 사람이 방심한 사이 도망친 소를 뒤쫓아 말을 타고 잡으로 가다 역시 산속에서 모두 실종됐다. 경찰에서는 급히 수색대를 조직해서 산속으로 들어갔지만, 산속에 있는 동굴에서 갑자기 무전 교신이 끊기고 수색대까지 실종돼서 돌아오지 않는다고 한다.

이처럼 원인 모를 실종 사건들이 잇따르자 원주민들은 물론 그 누구도 칼카자카산에 가는 것을 꺼리게 되고, 칼카자카산에 대한 온갖 소문들이 나돌게 됐다. 이 산 근처에서 오랫동안 살아온 원주민들은 이 지역이 개발될 당시, 많은 원주민이 백인들에게 학살당했는데 산속의 큰 동굴에 억울하게 학살당한 원주민들의 유령들이 모여 있어서 그곳에 갔던 사람들에게 해코지한다는 것이다.

또한 칼카자카산에는 '데일데일'이라는 붉은 눈을 가진 괴물이 있어서 사람과 동물을 잡아먹는다고 한다. 그 밖에도 정체를 알 수 없는 이상한 괴물들이 살고 있어서 그에게 죽임을 당한다는 소문도 있고, 심지어 산속의 동굴에 외계인들이 숨어 있다는 소문까지 나돌았다.

비행기들도 이 산 상공으로는 비행하지 않고, 어쩌다가 이 산 상공을 비행하게 되면 갑자기 이상한 난기류가 발생하고 항법 장치가 고장 나는 등 불길하고 위험한 상황에 놓이게 된다고 한다.

칼카자카산을 잘 아는 사람들은 이 산에 들어서면 온통 검은 바위여서 왠지 음산하고 온몸에 오싹해지는 느낌이 든다고 한다. 또한 출구를 찾기 어려운 미로들이 많아서 많은 사람이 다녀 다듬어진 길이 아니면 잘못 들어섰다가 길을 잃기가 쉽다고 한다. 그리고 산에는 깊은 동굴이 있는데 벽면에는 알 수 없는 기괴한 벽화들이 그려져 있어서 한층 더 긴장시킨다고 한다.

그런데 이 산에 들어갔다가 실종되지 않고 살아온 사람이 있다. 금광 발굴 탐험가인 그 사람은 이 산에 들어서면 동물의 울부짖음과 아기 울음소리 같은 이상한 소리가 계속 들려 정신이 아찔해진다고 하는데, 자신은 아무 소리도 듣지 못했다며 별다른 이상을 느끼지 못하고 동굴까지 갈 수 있었다고 말했다. 그리고 산속의 동굴에도 들어갔었는데 점점 폭이 좁아지는 내리막길이었으며 이상할 정도로 꺾어진 곳들이 많아서 길을 잃을 것 같아 크게 긴장했다고 했다. 이어서 한참을 들어가는데 갑자기 손전등, 안전모의 전등이 꺼져버려 길을 찾아 헤매게 됐다는 것이다. 그러더니 동굴에서 온갖 악취가 나고 이상한 인기척이 들려 자칫 무엇엔가 홀릴 것 같은 느낌이 들어 급히 반대 방향으로 빠져나왔다고 했다.

 아무튼 칼카자카산이 다른 산들과 기운이 다른 것은 틀림없는 것 같다. 우리에게 알려진 사실 이외에도 이 산에 들어갔다가 실종된 사람들이 많이 있을 것이다. 그렇다면 실종자들의 흔적은 왜 없을까? 그들의 시신은 오랜 세월이 흘러도 왜 발견되지 않을까? 이 산에 많은 미스터리가 있는 것은 사실이다.

 가장 잘 알려진 불가사의한 미스터리로 카리브해 버뮤다 삼각지가 있다. 이 해역에서 수많은 선박이 실종됐고 하늘에서는 비행기들이 실종됐다. 선박들 가운데는 가장 뛰어난 최고의 장비들을 갖춘 군함도 있다. 그동안의 연구 결과 그 해역 특유의 이상 난기류, 급격한 해류 변화 등 여러 가지의 과학적 이유가 밝혀졌지만, 아직도 의문이 남아 있다. 바다의 미스터리가 버뮤다 삼각지라면 산은 칼카자카산이다.
 뜻밖에 칼카자카산이 유명해지자, 호주에서는 이 산 일대를 국립공원으로 지정해서 지금은 많은 관광객이 찾고 있다고 한다. 물론 철저한 주의와 가이드 탓인지 실종 사건은 더 이상 발생하지 않고 있다고 한다. 이 산의 실종 사건들은 영국에서 영화로도 만들어졌다.

아마존의 길이 12km 초대형 고대 암각화

잘 알려진 남아메리카의 아마존(Amazon)을 새삼스럽게 설명할 것은 없지만 아마존은 강 그리고 그 유역과 '지구의 허파'라고 불리는 열대우림 지역으로 나눠서 볼 필요가 있다. 알다시피 남아메리카 북부의 아마존강은 브라질, 페루, 콜롬비아, 에콰도르, 베네수엘라, 볼리비아 등 여러 나라들에 걸쳐 있다.

페루의 안데스산맥에서 발원한 이 강은 길이가 약 7,000km로 이집트의 나일강과 1~2위를 다투는 세계에서 가장 길고 큰 강이다. 강 유역의 면적은 세계 최대이며 유량 또한 세계 최대다. 하구 폭이 무려 240km에 달하고 지류만 하더라도 1,000개가 넘는다. 아마존의 광활한 정글은 우리 지구 산소량의 약 30%를 공급한다고 한다. 그야말로 '지구의 허파'라고 할 수 있다.

하지만 근래에 이르러 기상이변과 고온 현상 등으로 폭염과 가뭄, 대형산불이 자주 일어나고 있다. 또한 브라질의 산업화와 함께 국제 여론의 맹렬한 반대에도 불구하고 고속도로 건설, 광산 개발, 무계획적인 임업 등으로 마구 난개발과 엄청난 벌목이 지속되면서 아마존의 수많은 원시 부족과 동물들이 자신들의 터전을 잃어가고 있다. 그에 따라 아마존의 부족들과 개발업자들이 서로 죽고 죽이는 치열한 투쟁을 벌이고 있다.

그럼에도 세계 최대의 오지인 이곳 아마존 열대우림에서 몇 년 전, 길이가 무려 12km가 넘는 초대형 암각화가 발견돼 전세계를 놀라게 했다. 물론 길이가 12km나 되는 어마어마한 바위가 있는 것이 아니라, 숲, 늪, 개울 등을 지나며 바위마다 이어진 암각화의 길이가 12km가 넘는다는 것이다. 이 초대형 암각화가 발견된 열대우림은 아마존 입구에서 2시간을 교통이 가능한 곳까지 가서도 4시간을 정글 속으로 걸어가야 하는 오지 가운데서도 가장 깊은 오지라고 한다. 따라서 지금까지도 외지인들의 발길이 전혀 닿지 않았기에 그 엄청나고 기이한 비밀이 숨겨져 있었던 것 같다.

이 초대형 암각화는 영국과 콜롬비아 합동 고고학 연구팀에 의해 발견됐는데, 분석 결과 약 1만 2천 년 전에 새겨진 것이라고 한다. 1만 2천 년 전이라면 아메리카 대륙에 인류의 발길이 처음으로 닿았던 시기와 비슷하다.

약 6만 년 전, 아프리카를 떠난 현생인류는 여러 집단으로 나뉘어 이동하면서 약 2만 년 전쯤 시베리아까지 도달했다. 그리고 약 1만 3천~1

만 5천 년 전에는 아시아의 동쪽 끝 시베리아의 고아시아계 종족의 몇몇 집단이 얼어붙은 베링해를 걸어서 지금의 북아메리카 알래스카까지 진출했는데, 당시는 빙하기였다. 얼음으로 뒤덮인 아메리카 대륙 북서쪽 끝에서 먹거리를 찾아 차츰 이동한 현생인류는 약 1만 2천~1만 2천5백 년경에 지금의 아마존 지역에 이르렀다.

그 당시 아마존 지역은 지금처럼 열대우림으로 뒤덮여 있는 것이 아니라 사막에 가까운 사바나 초원지대였다고 한다. 이 지역에 이르러 처음으로 삶의 터전을 마련한 부족은 야노마미(Yanomami)족과 카야포(Kayapo)족이었다. 그들이 이곳에 가장 먼저 자리 잡은 선주민이자 원주민인 셈이다.

야노마미족은 아직도 아마존의 가장 큰 부족 가운데 하나다. 약 3만 5천 명이 50~400명씩 마을을 이루고 수렵 채집을 하며 살아가고 있다. 역시 아마존의 선주민이 카야포족은 근래에 번성하지 못하고 8천여 명이 흩어져 살고 있다.

야노마미족은 항상 전투 상태에 있으며 폭력성이 대단히 강한 부족으로 알려져 있다. 일부다처제로 아내들도 마구 때린다. 폭행 도구에 정해진 것이 없다. 방망이나 튼튼한 나뭇가지는 물론 마체테라는 정글용 칼로도 때린다. 여인들은 남자들한테 폭력을 당하는 것을 부끄러워하지 않는다. 사랑할수록 많이 때린다고 한다. 따라서 여자들은 몸에 매를 맞은 상처가 자랑거리가 된다.

호전적인 그들은 주변의 여러 부족과 전투를 벌여 상대 부족을 무참히 죽였다. 아마존이 개발되면서 개발업자, 광산업자 등과도 치열하게 싸워 양쪽에서 수많은 사상자가 발생했다. 카야포족도 자신들의 터전에 발전소를 세우려는 브라질 정부 측과 맞서 싸웠지만 지금은 소수 부족에 불과하다.

더욱이 야노마미족은 아마존 정글의 아주 깊은 곳에 살고 있어서 외부에서는 그들의 존재조차 모르다가 18세기에 이르러서야 탐사대에 의해 발견됐다. 그러고도 20세기에도 외지인들이 이곳을 찾아온 경우가 거의 없어서 대부분의 야노마미 부족들은 외부 세계와 접촉이 없으며 아메리카 토착 원주민 가운데 언어나 풍습, 관습 등이 가장 잘 보존되고 있다고 한다.

어쨌거나 야노마미족과 카야포족이 아마존의 깊은 열대우림에 최초로 자리 잡은 선주민이자 원주민이라면 거대한 암각화도 결국 그들의 먼 조상들이 만들었을 것이다. 이 암각화에는 그동안 남미 대륙에서 볼 수 없었던 코끼리의 조상 마스토돈, 낙타, 거대한 나무늘보 등 빙하기에 멸종한 동물들의 그림들이 있다고 한다. 그뿐만 아니라 사람들의 손바닥 자국도 남아 있다.

암각화들은 그림이 아주 정교하고 사실적이어서 짐승들의 털까지도 섬세하게 그렸으며 조형미도 뛰어나 고대 인류의 선천적인 예술성을 보여주고 있다. 몹시 높은 곳의 큰 절벽에도 그림이 있는데 통나무 등으로 탑을 만들어 그곳까지 올라가서 바위에 그림을 새겼을 것으로 보고 있다. 아마존 열대우림에서 아직도 거의 원시생활을 하는 부족들에게는 유물이 거의 남아 있지 않다. 그런 의미에서 정글 속의 거대한 암각화는 인류에게 큰 가치가 있다. 고고학자들은 12km가 넘는 암각화는 앞으로 더 발견될 것으로 예상하며 이 암각화들을 분석하고 체계적으로 정리해서 기록을 만들기까지는 적어도 수십 년이 걸릴 것이라고 한다. 또한 암각화에 그려진 멸종된 동물들에 관한 연구도 뒤따를 것이다.

궁금한 것은 아마존의 선주민이자 토착 원주민이 야노마미족이나 카야포족은 왜 그처럼 거대한 암각화를 그렸을까 하는 것이다. 그 거대한 암각화를 한두 사람이 그릴 수는 없다. 그들 부족의 의견 통일이 있었고 부족 구성원이 모두 참가했을지 모른다.

암각화의 연구팀은 확실하지는 않지만, 그들이 종교적 목적으로 일치단결해서 그렸을 가능성이 있다고 한다. 암각화에는 멸종된 대형동물들을 사람들이 에워싸고 두 손을 들어 올리고 있는 그림들이 있다고 한다. 그것은 어쩌면 토테미즘이나 애니미즘과 같은 원시 신앙이 그들에게 있었을 것으로 추측하게 한다.

이처럼 원시 신앙과 관련 있다는 것은 충분히 이해된다. 신앙의 힘이 아니었으면 부족이 한 마음, 한뜻으로 그러한 엄청난 작업을 할 수 없었을 것이다. 하지만 1만 2천~1만 3천 년 전의 환경을 생각해볼 필요가 있다. 야노마미족이라는 부족 명칭도 훨씬 뒷날에 붙여진 명칭일 것이다. 그들이 처음으로 아마존 지역으로 이동해왔을 때는 불과 몇십 명의 소수들이 잇따라 이 지역에 왔겠지만 그렇다 하더라도 그 광활한 사바나 열대초원에서 아주 작은 부족이었을 것이다.

세월이 흐르면서 차츰 부족 구성원들이 늘어나 적어도 1~2천 명쯤 됐을 때, 공동체 같은 것이 형성되고 족장(추장)이라는 부족을 대표하는 지도자가 등장했을 것이다. 어쩌면 그들은 자신들이 이 영역의 주인이라는 의식을 가지고, 부족의 역사와 같은 어떤 흔적을 남기고 싶었을 것이다. 그리하여 부족 전체가 힘을 합쳐 이 거대한 암각화를 만들게 됐을지도 모른다.

암각화를 새길 때까지만 해도 그들은 평화롭게 살았을 것이다. 그러나 세월이 흐르면서 아마존 유역에 서로 다른 혈통의 여러 부족이 흘러들고, 아마존도 차츰 열대우림이 되면서 자신들의 영역을 놓고 부족들 사이에 치열한 대립이 발생했을 것이다.

야노마미족이나 카야포족은 자신들이 이 영역에 선주민으로서 기득권이 갖고 있다는 의식을 가지고 다른 부족들과 필사적으로 싸우면서 폭력성이 점점 강해져 지금과 같은 모습을 띤 부족이 됐을 것이다.

새똥 때문에 잘사는 나라, 나우루

나우루(Republic of Nauru)는 드넓은 남태평양 망망대해에 떠 있는 듯한 아주 작은 섬나라로 세계에서 두 번째로 작은 나라다. 면적이 약 21km², 인구가 고작 13,000명 정도로 우리나라 울릉도와 비슷하다고 할까? 본 섬 이외에는 다른 국토도 없다. 하지만 당당히 UN의 회원국이다.

약 3천 년 전, 미크로네시아인들이 처음으로 이 섬에 상륙했고, 뒤이어 폴리네시아인들도 들어와 몇몇 서로 다른 부족들이 어업과 농업을 생업으로 평화롭게 살았다. 그러나 1798년 독일이 처음 들어온 이래 독일, 영국, 호주, 뉴질랜드가 이 섬을 통치했고 제2차 세계대전 때는 일본군에게 점령당하기도 했다. 세계대전이 끝난 뒤에는 호주에 귀속됐다가 1968년 독립했다. 평화롭던 이 섬에 서양인들이 들어오면서 무기와 술도 들어와 얼마 되지도 않은 원주민들 씨족 간에 싸움이 치열하게 벌어져 남자들이 꽤 많이 죽게 되었다. 그 때문에 나우루의 인구 성별 비율은 여자가 30%나 더 많았다고 한다.

  그럼에도 나우루는 이미 1980년대에 1인당 국민소득이 3만 달러가 넘어서는 등, 지금의 중동 석유 생산국들처럼 아주 부유한 나라였다. 이 나라 정부에서는 공평 분배 원칙에 따라 국민에게 매년 우리 돈으로 약 1억 원씩을 나눠줬다. 의료 서비스, 주택, 학비, 해외 유학 비용 등을 모두 국가에서 지원했다. 세금도 없었다. 국민은 누구나 할 것 없이 모두 다 잘살았다.

  자가용 비행기를 구매해서 전용기로 해외여행을 다녔다. 그 작은 섬나라에 비행기가 9대나 됐다. 고속도로도 없고 겨우 간선도로가 하나뿐인 나라에 롤스로이스, 람보르기니, 포르쉐 등의 최고급 승용차가 넘쳐나 간선도로가 큰 혼잡을 이룰 정도였다. 집집이 2대 이상의 승용차를 소유하고 있었다. 주유소도 29개나 됐다고 한다. 국민은 아주 가까운 거리도 승용차로 다녔으며 항상 쇼핑할 때도 마트까지 승용차를 타고 갔다. 마트 앞에 차를 세우고 전화로 구매할 품목을 알려주면 종업원이 구매품을 승용차까지 가져다주었다.

  몇몇 기업들은 모두 외국인 관리자와 근로자들이 운영했다. 각 가정에도 외국인 가정부가 있어 음식, 청소, 빨래, 육아 등은 모두 그들의 몫이었다. 국민은 아무것도 하는 일 없이 그냥 먹고 놀았다. 육체노동은 꿈조차 꿀 필요가 없어 그들의 생업이었던 농업이나 어업은 자취를 감췄다. 천국이 따로 없었다. 나우루가 천국이었다. 작은 섬나라 나우르는 어떻게 이처럼 잘살게 됐을까?

그것은 새똥 덕분이었다. 도무지 믿기 어려운 기이한 일이다.

남태평양 망망대해의 그야말로 절해고도인 나우루섬은 태평양을 날아다니는 앨버트로스를 비롯한 온갖 새들에게는 그냥 지나칠 수 없는 휴식처이며 기착지였다.

적어도 수만 년 동안 나우루를 거쳐 간 수많은 새가 배설한 새똥이 나우루섬을 완전히 뒤덮었다. 이 새똥이 산호초와 섞이면서 인광석이 됐다. 퇴적암인 '인광석(燐鑛石)'은 금속광물은 아니지만 비료 원료, 의약품, 반도체, 세라믹, 섬유, 방충제, 폭약, 설탕 정제 등 용도가 매우 다양한 아주 소중한 천연자원으로 비싸게 거래된다. 우리 속담에 '개똥도 약'이라더니 새똥이 나우루에 엄청난 부를 가져다줄 줄이야 누가 알았겠는가?

주요 생산국은 중국, 미국, 모로코 등이라고 한다. 이들 나라가 인광석 생산의 약 3분의 2를 차지하고 있지만 섬 전체가 인광석인 나우루는 아주 작은 나라여서 국제무역의 일부분만 차지해도 겨우 1만여 명인 국민을 먹여 살리고도 남을 만한 수익을 올릴 수 있었다. 새똥이 나우루를 부자나라로 만든 것이다.

하지만 1990년대에 들어와 나우루에 문제가 생겼다. 흥청망청 살아가던 국민이 위기를 맞게 된 것이다. 인광석이 바닥을 드러내기 시작한 것이다. 섬 전체가 인광석이라고 할지라도 그 작은 섬의 인광석은 한계가 있지 않겠는가?

인광석 생산량이 급격히 줄어들었을 뿐 아니라 관리들의 부정부패가 심각했다. 금액이 거액이 아니면 정부에서도 그들의 부정을 눈감아줬다. 정부나 기업은 넘치는 돈을 스위스 은행에 숨겼다. 거액의 부정이 드러나도 재판할 판사가 없어서 외국에서 판사를 초빙했다니까 제대로 재판이 이루어질 까닭이 없었다.

거기다가 2001년 9월 11일, 미국 뉴욕에서 오사마 빈 라덴(Osama bin Laden)이 이끄는 이슬람 극단 근본주의자 알카에다가 세계무역센터를 붕괴시킨 엄청난 테러를 자행했다. 스위스 은행에 거액의 검은돈을 숨겨놓은 나라들은 테러 지원국으로 지목돼 모든 경제활동이 금지됐다. 나우루에 단 하나뿐인 '나우루 은행'은 모든 해외은행과 거래가 중지됐다. 국민은 거액을 은행에 맡겨놨으나 찾을 수가 없어 오직 통장 안의 부자일 뿐이었다. 그 때문에 아무리 돈이 많아도 쓸 돈이 없었다. 전기도 하루에 4시간밖에 들어오지 않았다. 기름이 없어서 그 많은 고급 차가 움직일 수 없었고 식수조차 부족했다.

설상가상으로 아프가니스탄 등 중동 지역 난민들을 호주가 받아들이면서 그들을 나우루의 난민캠프에 수용했다. 호주가 그 대가를 지원해서 나우루는 약간의 숨통이 틔었지만, 난민들이 국민 숫자보다 더 많이 늘어나면서 갖가지 분쟁이 발생해 난민 수용을 금지할 수밖에 없었다. 중동 산유국들과 맞먹던 1인당 국민소득은 후진국 수준인 2,500달러까지 떨어졌다.

나우루 국민은 일을 하려고 해도 할 줄 아는 일이 아무것도 없었다. 농사짓는 법, 고기 잡는 법도 다 잊어버렸고 여자들은 요리하고 빨래하는 방법과 일의 개념조차 잊어버렸다. 마냥 놀고먹다가 무능하고 무기력한 폐인으로 전락하고 말았다. 뒤늦게 정신을 차린 정부가 온갖 대책을 세워 국민소득을 1만 달러 이상으로 끌어올렸고, 다행히 아직 인광석을 20~30년은 더 채굴할 수 있으며 빨라도 2030년까지는 생산할 수 있다는 결론을 내렸다.

그러나 무분별한 인광석 채취로 나우루섬의 약 80%가 바위와 자갈 따위만 남은 황무지가 됐으며 수위가 차츰 높아져 섬이 바닷속으로 가라앉을 위기까지 걱정해야 하는 실정이라고 한다. 새똥으로 부자가 된 것은 행운이지만 그 때문에 국민이 무력하고 나태해져 나우루의 앞날은 어찌 될지 걱정이 앞선다. 더구나 섬의 표고마저 낮아지고 있다는데.

사람 잡아먹는 인도의 코끼리

우리나라에 코끼리는 서식하지 않지만, 코끼리를 모르는 사람은 없다. 코끼리는 가장 몸집이 큰 동물로 아프리카나 인도, 태국 등 열대, 아열대 지역에서 서식한다. 또한 코끼리는 불법 사냥꾼들이 비싸게 거래되는 상아를 노리고 몰래 남획하는 바람에 개체수가 줄어들어 코끼리가 서식하는 어느 나라에서나 특별한 보호를 받고 있다.

코끼리는 온순한 초식동물이나. 풀, 풀잎, 나무 열매 따위가 주요 먹잇감이다. 하지만 일단 화가 나면 무척 사나워지고 예민해지는 동물이기도 하다. 워낙 덩치가 크고 힘이 세서 머리로 들이박으면 뿌리 깊은 나무도 부러지고, 집도 쓰러지고 자동차도 넘어진다.

화가 나지 않았더라도 무리를 지어 이동하는 코끼리 떼가 밭을 밟고 지나가면 애써 가꾼 농작물이 남아나지 않는다. 그 때문에 농민들이 화가 나서 코끼리를 죽이기도 한다. 그러면 코끼리도 화가 나 인간과의 싸움이 벌어진다.

특히 화난 코끼리들이 민가에 출현하면 사람을 공격해서 짓밟거나 머리로 들이박으면 죽음을 피하기 어렵다. 코끼리가 많은 인도에서는 그 때문에 해마다 약 300명이 희생된다고 한다. 그런데 인도에서 코끼리가 사람을 잡아먹기도 한다는 보도가 있어서 큰 충격을 주고 있다. 초식동물이 사람을 잡아먹다니 그게 있을 수 있는 일인가?

인도 동부의 서벵골은 북쪽으로는 네팔, 동쪽으로는 방글라데시와 국경을 맞대고 있는 지역이며 40여 소수민족들이 거주하는 곳으로도 유명하다. 그만큼 산이 많고 숲이 우거진 곳이어서 코끼리가 많이 서식하고 있다. 십여 년 전, 이 지역에서 코끼리 떼의 습격으로 가옥들이 파괴되고 주민 200여 명이 목숨을 잃는 사태가 발생했다. 주민들의 공격으로 새끼를 잃은 어미 코끼리가 앞장서 마을을 습격했다는 것이다. 결국 이 어미 코끼리는 주민들이 쏜 총을 맞고 사살됐는데 부검 결과 충격적인 사실이 밝혀졌다.

그 암컷 코끼리의 배 속에서 서로 다른 DNA 17개가 발견된 것이다. 그것은 이 암컷 코끼리가 사람 17명을 잡아먹었다는 증거였다. 해외 언론들에서도 이 충격적인 사실을 크게 보도했다. 그와 함께 초식동물 코끼리가 어떻게, 왜 사람을 잡아먹었는지 전문가들에 의해 각종 조사가 실시됐다.

그 결과 가장 큰 원인은 코끼리의 서식지가 개발되면서 코끼리 먹잇감이 크게 줄어든 것이었다. 그에 따라 코끼리들이 굶주림을 견디지 못하고 무엇이든 가리지 않고 배를 채우기 위해 사람까지 잡아먹게 됐다는 것이다.

  사실 인간들의 무분별한 개발은 인도만의 문제가 아니다. 아마존도 그렇고 세계의 많은 동물 서식지가 마구 파헤쳐지고 있다. 동물들의 서식지에 고속도로를 건설하고 공장을 짓고, 무차별 벌목으로 숲이 사라지고 있다. 그 때문에 동물들이 도로를 건너다가 차에 교통사고를 비롯한 굶주림에 신음하면서 걷잡을 수 없이 죽어가고 있다.

  인간과 동물의 서식지 경계가 사라지면서 수많은 동물이 절멸하는 것을 외면할 수 없다. 사람이든 동물이든 모두 자연계를 이루는 소중한 생명체라는 사실을 잊지 말아야 할 것이다.

알아두면 잘난 척하기 딱 좋은 **설화와 기담**

알아두면
잘난 척하기 딱 좋은 시리즈!

HUMBLEBRAG HUMANITIES
A Perfect Book For Humblebrag Series

본래 뜻을 찾아가는 우리말 나들이
알아두면 잘난 척하기 딱 좋은 **우리말 잡학사전**

'시치미를 뗀다'고 하는데 도대체 시치미는 무슨 뜻? 우리가 흔히 쓰는 천둥벌거숭이, 조바심, 젬병, 쪽도 못 쓴다 등의 말은 어떻게 나온 말일까? 강강술래가 이순신 장군이 고안한 놀이에서 나온 말이고, 행주치마는 권율장군의 행주대첩에서 나온 말이라는데 그것이 사실일까?
이 책은 이처럼 우리말이면서도 우리가 몰랐던 우리말의 참뜻을 명쾌하게 밝힌 정보 사전이다. 일상생활에서 자주 쓰는 데 그 뜻을 잘 모르는 말, 어렴풋이 알고 있어 엉뚱한 데 갖다 붙이는 말, 알고 보면 굉장히 험한 뜻인데 아무렇지도 않게 여기는 말, 그 속뜻을 알고 나면 '아하!'하고 무릎을 치게 되는 말 등 1,045개의 표제어를 가나다순으로 정리하여 본뜻과 바뀐 뜻을 밝히고 보기글을 실어 누구나 쉽게 읽고 활용할 수 있도록 하였다.

이재운 외 엮음 | 인문·교양 | 552쪽 | 33,000원

역사와 문화 상식의 지평을 넓혀주는 우리말 교양서
알아두면 잘난 척하기 딱 좋은 **우리말 어원사전**

이 책은 우리가 무심코 써왔던 말의 '기원'을 따져 그 의미를 헤아려본 '우리말 족보'와 같은 책이다. 한글과 한자어 그리고 토착화된 외래어를 우리말로 받아들여, 그 생성과 소멸의 과정을 추적해 밝힘으로써 올바른 언어관과 역사관을 갖추는 데 도움을 줄 뿐 아니라, 각각의 말이 타고난 생로병사의 길을 짚어봄으로써 당대 사회의 문화, 정치, 생활풍속 등을 폭넓게 이해할 수 있는 문화 교양서 구실을 톡톡히 하는 책이다.
우리가 흔히 쓰는 말들이 어떠한 배경에서 탄생하여 어떤 변천과정을 거쳤는지 살펴보는 작업은 그 자체로도 의미 있는 일이지만, 과거 선조들이 살았던 시대의 관습과 사회상, 선조들이 겪었던 아픔을 보여준다는 점에서도 의미가 크다.

이재운 외 엮음 | 인문·교양 | 552쪽 | 33,000원

베스트셀러 작가가 알려주는 창작노트
알아두면 잘난 척하기 딱 좋은 **에피소드 잡학사전**

이 책은 215여 권의 시집을 출간하고 에세이를 출간하여 수백만 독자들을 매료시킨 베스트셀러작가인 용혜원 시인의 창작 노하우가 담긴 에피소드 잡학사전이다. 창작자에게 영감과 비전을 샘솟게 하는 정보와 자료의 무한한 저장고로서 역할을 하며, 다양한 주제와 스토리로 구성된 창작 노하우를 담고 있다.
<창작자들을 위한 에피소드 백과사전>은 재미난 주제의 스토리와 그와 관련된 영화 대사나 명언 그리고 시 한 편으로 고급스러운 대화와 이야기를 풀어나가도록 구성되었다. 이 책은 강사들이나 새로운 세계를 창조해 내는 창작자들에게 아이디어와 창의력을 샘솟게 하는 자료가 창고의 보물처럼 쌓여 있다.

용혜원 지음 | 인문·교양 | 512쪽 | 32,000원

영단어 하나로 역사, 문화, 상식의 바다를 항해한다
알아두면 잘난 척하기 딱 좋은 **영어잡학사전**

이 책은 영단어의 뿌리를 밝히고, 그 단어가 문화사적으로 어떻게 변모하고 파생 되었는지 친절하게 설명해주는 인문교양서이다. 단어의 뿌리는 물론이고 그 줄기와 가지, 어원 속에 숨겨진 에피소드까지 재미있고 다양한 정보를 제공함으로써 영어를 느끼고 생각할 수 있게 한다.

영단어의 유래와 함께 그 시대의 역사와 문화, 가치를 아울러 조명하고 있는 이 책은 일종의 잡학사전이기도 하다. 영단어를 키워드로 하여 신화의 탄생, 세상을 떠들썩하게 했던 사건과 인물들, 그 역사적 배경과 의미 등 시대와 교감할 수 있는 온갖 지식들이 파노라마처럼 펼쳐진다.

김대웅 지음 | 인문·교양 | 452쪽 | 27,000원

신화와 성서 속으로 떠나는 영어 오디세이
알아두면 잘난 척하기 딱 좋은
신화와 성서에서 유래한 **영어표현사전**

그리스·로마 신화나 성서는 국민 베스트셀러라 할 정도로 모르는 사람이 없지만 일상생활에 흔히 쓰이고 있는 말들이 신화와 성서에서 유래한 사실을 아는 사람은 많지 않다. <신화와 성서에서 유래한 영어표현사전>은 신화와 성서에서 유래한 영단어의 어원이 어떻게 변화되어 지금 우리 실생활에 어떻게 쓰이는지 알려준다.

읽다 보면 그리스·로마 신화와 성서의 알파와 오메가를 꿰뚫게 됨은 물론, 이들 신들의 세상에서 쓰인 언어가 인간의 세상에서 펄떡펄떡 살아 숨쉬고 있다는 사실에 신비감마저 든다.

김대웅 지음 | 인문·교양 | 320쪽 | 19,800원

흥미롭고 재미있는 이야기는 다 모았다
알아두면 잘난 척하기 딱 좋은 **설화와 기담사전1, 2**

판타지의 세계는 언제나 매력적이다. 시간과 공간의 경계도, 상상력의 경계도 없다. 판타지는 동서양을 가릴 것 없이 아득한 옛날부터 언제나 우리 곁에 있어왔다.

영원한 생명력을 자랑하는 신화와 전설의 주인공들, 한끗 차이로 신에서 괴물로 곤두박질한 불운의 존재들, '세상에 이런 일이?' 싶은 미스터리한 이야기, 그리고 우리들에게 너무도 친숙한(?) 염라대왕과 옥황상제까지, 시공간을 종횡무진하는 환상적인 이야기가 펼쳐진다.

이 책은 실체를 알 수 없고 현실감이 없는 상상의 존재들은 어떻게 태어났고 우리의 삶 속에 살아 있는 것일까? 인간의 욕망이 만들어 낸 판타지의 주인공들이 시공간을 종횡무진하는 환상적인 이야기를 펼쳐놓은 설화와 기담, 괴담들을 모아놓았다.

이상화 지음 | 인문·교양 | 1권 360쪽, 2권 376쪽 | 각권 22,800

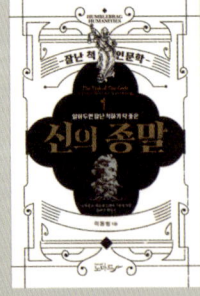

신과 종교, 죽음과 신화의 기원에 대한 아주 오래된 화두
알아두면 잘난 척하기 딱 좋은 **신의 종말**

신은 존재할까, 허구일까? 신은 정말 존재하는 것일까?' 이는 인류 역사에서 가장 오래된 질문이다. 물론 지금까지도 신의 존재를 증명할 방법은 없다. 니체는 '신은 죽었다'고 했다. 곧 신은 있었지만, 의미를 상실하고 사라졌다고 생각한 것일까?

이 책에서는 그 물음을 찾아 신과 종교의 오리진(Origin)을 긁어내려 한다. 종교는 어떻게 탄생해 어떤 진화 과정을 거쳤는지, 그리고 종교와 과학의 만남은 어떻게 이루어졌는지 믿음이라는 생물학적 유전자를 캐내며 인간의 종말과 신의 종말을 예견한다. 그래서 마지막 남은 환상인 유토피아를 찾아내어 존재하지 않는 것으로부터 위안을 받는 인간을 보여준다.

이용범 지음 | 인문·교양 | 596쪽 | 28,000원

인간은 왜 딜레마에 빠질까?
알아두면 잘난 척하기 딱 좋은 **인간 딜레마**

인간의 행동과 선택에 대한 궁금증을 풀어주는 진화심리학적 인문서. 이 책은 소설가이자 연구자인 이용범이 풀어내는 인간 딜레마, 시장 딜레마, 신 딜레마로 이어지는 인류문화해설서 중 첫 번째이다. 딜레마를 품은 존재인 인간이 어떤 기준에서 진화하고 생존하며 판단하는지를 여러 학설의 실험과 관찰 및 연구를 통해 보여준다.

전체 3부 구성으로 1부에서는 일반적인 선택의 문제를, 2부에서는 도덕의 기제가 작동하는 원리와 사회적 존재로서의 문제를, 3부에서는 남성과 여성의 입장에서 유전적 본성과 충돌하면서도 유지되고 있는 인류의 짝짓기 문화와 비합리성 문제를 살펴본다.

이용범 지음 | 인문·교양 | 462쪽 | 25,000원

엄연히 존재했다가 사라진 것들을 찾아가는 시간여행
알아두면 잘난 척하기 딱 좋은 **사라진 것들**

이 세상에 사라지지 않는 것은 아무것도 없다. 이 세상의 모든 생명체는 태어나서 융성하다가 언젠가는 반드시 사라진다. 그것이 자연의 섭리다. 모든 것은 시대 변화와 발전에 따라 사라지고 새로운 것이 등장하기를 되풀이한다.

이 책 《사라진 것들》은 제목 그대로 우리 삶과 공존하다가 사라진 것들을 다루었다. 삶 자체가 사라짐의 연속이므로 모든 것을 기록으로 남길 수는 없어서, 나름의 기준을 가지고 '사라진 것들'을 간추렸다. 먼저 우리가 경험했던 국내에서 사라진 것들은 대부분 잘 알려진 것들이어서 제외하고, 세계적으로 관심이 컸던 것 중에서 선별해 보았다.

이상화 지음 | 인문·교양 | 400쪽 | 19,800원

엉뚱한 실수와 기발한 상상이 창조해낸 인류의 유산
알아두면 잘난 척하기 딱 좋은 **최초의 것들**

우리는 무심코 입고 먹고 쉬면서, 지금 우리가 누리는 그 모든 것이 어떠한 발전 과정을 거쳐 지금의 안락하고 편안한 방식으로 정착되었는지 잘 알지 못한다. 하지만 세상은 우리가 미처 생각지도 못한 사이에 끊임없이 기발한 상상과 엉뚱한 실수로 탄생한 그 무엇이 인류의 삶을 바꾸어왔다.

이 책은 '최초'를 중심으로 그 역사적 맥락을 설명하는 데 주안점을 두었다. 아울러 오늘날 인류가 누리고 있는 온갖 것들은 과연 언제 어디서 어떻게 시작되었는지, 그것들은 어떤 경로로 전파되었는지, 세상의 온갖 것들 중 인간의 삶을 바꾸어놓은 의식주에 얽힌 문화를 조명하면서 그에 부합하는 250여 개의 도판을 제공해 읽는 재미와 보는 재미를 더했다.

김대웅 지음 | 인문·교양 | 552쪽 | 31,000원

그리스·로마 시대 명언들을 이 한 권에 다 모았다
알아두면 잘난 척하기 딱 좋은 **라틴어 격언집**

그리스·로마 시대 명언들을 이 한 권에 다 모았다
그리스·로마 시대의 격언은 당대 집단지성의 핵심이자 시대를 초월한 지혜다. 그 격언들은 때로는 비수와 같은 날카로움으로, 때로는 미소를 자아내는 풍자로 현재 우리의 삶과 사유에 여전히 유효하다.

이 책은 '암흑의 시대(?)'로 일컬어지는 중세에 베스트셀러였던 에라스뮈스의 <아다지아(Adagia)>를 근간으로 한다. 그리스·로마 시대의 철학자, 시인, 극작가, 정치가, 종교인 등의 주옥같은 명언들에 해박한 해설을 덧붙였으며 복잡한 현대사회를 헤쳐나가는 데 지표로 삼을 만한 글들로 가득하다.

데시데리위스 에라스뮈스 원작 | 김대웅·임경민 옮김 | 인문·교양 | 352쪽 | 19,800원

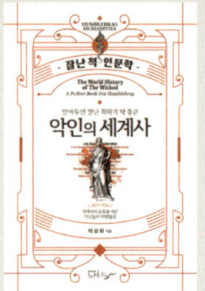

악은 의외로 평범함 속에 숨어 있다!
알아두면 잘난 척하기 딱 좋은 **악인의 세계사**

이 책은 유사 이래로 저질러진 수많은 악행들 가운데 그것이 세계사에 미친 영향을 조명하는 한편, 각 시대마다 사회를 불안과 공포에 몰아넣은 악인들의 극악무도한 악행들을 들여다본 책이다. 국익 때문에, 돈 때문에 저지른 참혹하고 가공할 만한 악행들이 사회와 국가를 뒤흔들면서 어떻게 역사의 흐름을 바꾸어 놓았는지, 오늘날 인류의 삶에 어떤 영향을 미쳤는지 따라가본다.
아울러 인간이 어디까지 잔인해질 수 있는지, 그 악행의 심리 밑바닥에 도사리고 있는 것은 무엇인지 다시 한 번 생각해보게 한다. 우리 옆 가까이에서 모습을 감춘 채 득실대는 악인들의 존재는 우리를 언제 어떻게 무슨 방법으로든 그들의 세계로 끌어들일지도 모른다. 그들과 맞서는 것을 두려워하지 않을 때 그들의 악행을 멈추게 할 수 있다.

이상화 지음 | 인문·교양 | 378쪽 | 22,800원

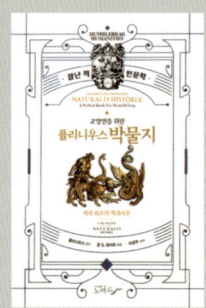

세계 최초의 백과사전
교양인을 위한 **플리니우스 박물지**

플리니우스의 『박물지』는 77년에 처음 10권이 출판되었고, 나머지는 사후에 조카인 소(少)플리니우스가 출판한 것으로 추정된다. 플리니우스는 『박물지』에서 천문학, 수학, 지리학, 민족학, 인류학, 생리학, 동물학, 식물학, 농업, 원예학, 약학, 광물학, 조각작품, 예술 및 보석 등과 관련한 약 2만 개의 항목을 많은 문헌을 참조해 상세하게 기술할 뿐만 아니라 풍부한 풍속적 설명과 이용 방식 등을 곁들여 설명하고 있다. 따라서 이 저작은 구체적인 사물에 관한 단순한 지식을 뛰어넘어 고대 서양 문화를 이해하는 데 중요한 참고문헌으로 쓰이고 있다. 플리니우스의 『박물지』는 과학사와 기술사에서의 가치뿐만 아니라 고대 로마 예술에 대한 자료로서 미술사적으로 귀중한 자료로 고대 그리스·로마 시대의 예술에 대한 지식을 담은 서적으로 이 『박물지』가 유일하다.

플리니우스 원작 | 존 S. 화이트 엮음 | 서경주 번역 | 인문·교양 | 608쪽 | 39,000원

세계 각 지역의 기이한 풍속들을 간추린 이색적 풍속도
알아두면 잘난 척하기 딱 좋은 **기이하고 괴이한 세계 풍속사**

이 책은 세계 각 지역의 그러한 독특하고 괴상하고 기이한 풍속들을 간추려 이색적인 풍속, 특이한 성 풍속, 정체성이 담긴 다양한 축제, 자신의 삶이 담긴 관혼상제, 전통의상으로 나누었다. 민족들 사이에 소통이 거의 없었던 고대(古代)에서 중세에 이르는 시기에 충격적이고 엽기적인 풍속이나 풍습이 훨씬 더 많다. 그러나 그것들이 대부분 사라졌기 때문에 되도록 오늘날에도 전통성이 이어지는 풍속들을 소개하려고 노력했다. 어느 민족의 풍속이든 그것은 인류문화의 원형이다. 하지만 시대와 환경 그리고 종교의 변화에 따라 영원히 사라지기도 하고, 다른 민족의 그것들과 결합하고 융합하면서 새로운 풍속이 탄생한다. 그것은 생존에 적응하려는 진화이기도 하다. 이 책에서는 그러한 인류의 삶을 살펴봄으로써 우리의 인문, 교양을 함양시키는 데 큰 도움이 될 것이다.

이상화 지음 | 인문·교양 | 408쪽 | 25,000원

전 세계의 샤머니즘 자취와 흔적을 찾는 여정
알아두면 잘난 척하기 딱 좋은 **샤머니즘의 세계**

샤머니즘은 관념이 아니라 실질적인 삶의 방식이자 일종의 종교 행위라고 할 수 있다. 많은 사람들이 샤머니즘을 섣불리 미신으로 치부하면서 그에 대한 탐구를 소홀히 한 탓으로 그에 대한 다양하고 풍부한 정보를 접하는 게 쉽지 않다. 이 책 『샤머니즘의 세계』에서는 샤머니즘의 본질과 근원을 비롯해 우리가 제대로 알지 못하는 샤머니즘에 대한 올바른 지식을 전하고자 한다.
샤머니즘은 흔적은 전 세계에 걸쳐 남아 있고 현재도 실질적인 샤먼이 여러 형태로 존재하고 있다. 『샤머니즘의 세계』에서는 샤먼과 샤머니즘의 이해를 위한 각종 정보를 제공하고 샤먼의 종류, 샤머니즘의 제례의식 등을 살펴본다. 인류의 오랜 종교적 문화를 담고 있는 샤먼과 샤머니즘의 세계를 엿볼 수 있는 좋은 기회가 될 것이다.

이상화 지음 | 인문·교양 | 328쪽 | 18,800원